새로운 주류의 탄생

새로운 주류의 탄생
혐오와 극단을 넘는 열여덟 번의 대화

고재석 지음

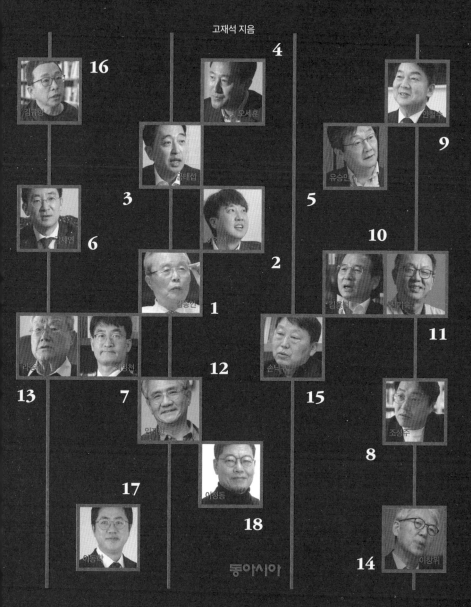

동아시아

일러두기

1   책은 저자가 《신동아》에 쓴 글을 재구성하고 새로 집필한 글을 덧붙여 엮었다.

2   책의 내용은 저자 개인의 의견일 뿐, 소속된 회사의 공식 견해가 아니다.

3   단행본은 『 』, 신문과 정기간행물은 《 》, 논문과 보고서는 「 」, 기사명은 〈 〉로 구분했다.

4   독자의 이해를 돕기 위해 일부 개념과 명칭에 한해서는 원어나 한자를 병기했다.

5   인터뷰이의 직함은 원고 마감 시점인 2024년 2월 6일을 기준으로 표기했으나, 일부에 한해서
    는 대화의 흐름을 고려해 인터뷰 당시 직함을 사용했다.

6   본문에서 저자 및 인터뷰이가 언급한 문헌은 각주로 출처를 밝혀두었다.

2052년의 시민들에게

차례

들어가며—
빨갛지도
파랗지도 않은
민주주의

나의 기자 경력을 애써 포장하고 싶지 않다. 자긍심으로 남은 기획은 많지만 대단한 수상 이력도, 소문내 자랑할 성취도 없다. 취재에 실패해 좌절할 때가 더 많았다. 불도저처럼 사실^{fact}을 캐내는 동료들을 보면 놀랍고 부럽다. 돌아보면 나를 객관화하는 과정이었다. 운 좋게 스물다섯 살에 책을 썼다. 주요 일간지에 큼지막한 서평도 실렸다. 치기 어린 마음에 내가 언젠가 '대단한 글쟁이'가 될 줄 알았다. 야구에 빗대면 오타니 쇼헤이의 역할이 내 몫인 줄 확신했다고 할까. 내공도 없는 주제에 구름 위를 걸어 다녔다. 지금은 대특종을 쓰는 홈런타자가 남의 역할이라는 걸 흔쾌히 받아들인다.

애당초 기자는 나의 계획표에 없었다. 서른 무렵 어렴풋이 가늠해본 나의 앞길은 잿빛이었다. '곤궁한 고학력 백수'의 길로 굴러가는 느낌이었다. 먹고살기 위해 입사 지원서를 쓰기 시작했다. 그나마 가진 알량한 재주가 글쓰기여서 언론사에 지원했을 뿐이다. 나에게는 월급이 대의^{大義}였고 이념이었다. 과거의 기자가 지사^{志士}였다면 요즘 기자는 샐러리맨이 됐다는 지적을 접할 때마다 낯이 붉어진다. 어쩌랴. 웅

크려 있던 나에게는 우회로가 없었거늘. 밑바닥에서 저널리즘 정신을 구현하는 동료들을 진심으로 존경한다. 그래도 나 역시 기자에 앞서 시민으로서의 염치는 지켜왔다고 말하고 싶다.

우연과 인연이 한데 뒤엉켜 신생 매체의 공채 2기 기자로 입사했다. 1기보다 입사가 5개월 늦은 사실상의 창간 기자였다. 이내 유통팀이라 불린 생활경제 부서에 배치됐다. 1기 선배와 나, 이렇게 신참 두 명이 전부였다. 주변에는 '입사하자마자 차장급이 됐다'며 농담을 던졌다. 차장급이건 부장급이건 현실은 버거웠다. 무거운 짐이면 아등바등 들어보기라도 할 텐데, 내가 어찌할 수 없는 문제로 에너지를 소비했다. 취재의 경위보다 회사를 설명하는 데 더 오랜 시간이 쓰였다. 남들 다 받는 보도자료가 나에게는 당도하지 않았다. 기자들은 취재 편의를 위해 타사 기자들과 소모임을 꾸리고 이를 '꾸미'라고 부른다. 나를 찾는 '꾸미'는 없었다.

더욱이 한국 언론에는 출입처라는, 세계적으로도 특수한 관행이 있다. 권력기관이나 주요 대기업이 생산하는 정보가 출입처의 성城 안에 있는 기자를 중심으로 유통된다. 성에 자기 자리를 마련한 기자는 반半내부자가 되기 십상인 구조다. 취재원은 성 바깥에 있는 기자를 알게 모르게 2류로 취급한다. 나의 경우 기자간담회 초청에서도 종종 누락됐는데, 책임자에게 이유를 물으면 꼭 아랫사람 평계를 댔다. "그 친구가 아직 언론을 몰라서…. 미안하게 됐습니다." 유난 떠는 사람으로 비칠까 속으로 삭였지만 당시 나의 눈에 언론계는 불합리한 곳으로 비쳤다. 나쁜 의미에서 신천지였다. 그런 일이 있고 나면 새삼 나는 소의 등급에 관해 골똘히 생각했다. 몸뚱이만으로 2등급이니 3등급이니 취급당한 소들은 무슨 심정이었을까.

어떤 모멸감은 성장의 연료라는 걸 지금은 알겠다. 나의 의지와 무관하게 성 바깥으로 튕겨 나가면서 다른 길이 열렸다. 보도자료에는 없는 진짜 현장이 보였다. 생활경제 아이템이 없을 때는 홀로 대형마트에 갔다. 괜스레 시식 코너를 두리번대다 직원에게 명함을 건네면 열 중 아홉은 경계했는데, 너스레를 떨면 분위기가 녹아내렸다. 마음의 빗장을 푸는 노하우를 익혔다. 그러고 나면 시식용 음식을 입에 넣은 채 물었다. "요새 중국 사람들이 무얼 구매하나요?" "하루에 몇 시간 일하세요? 고용 계약서는 쓰셨어요?" 여기까지 이어지면 뭘 그런 것까지 묻느냐는 표정이 나오긴 하는데, 너스레로 쌓은 정이 있어 마냥 나를 밀어내지는 않았다.

한번은 교통체증으로 몸살을 앓던 경기도 신도시의 한 백화점을 찾았다. 갈팡질팡 헤매다 근처에 서 있던 무표정한 얼굴의 50대 택시기사에게 말을 붙였다. 몇 날 며칠 꾹꾹 담아둔 말이 많았던 모양이다. 오래 묵혀둬서 작동하지 않는 수도꼭지가 한 번에 터지듯 말이 쏟아졌다. 교통체증에도 희로애락이 담겼다면 이런 것이겠구나 싶었다. 이 해당사자만이 전할 수 있는 실상을 확인하면서 겹겹의 껍질을 벗겨 속살을 들여다본 심정이었다. 그날의 감흥이 여태 뇌리에 박혀 있다.

이를테면 나의 '대화의 기술'은 8할이 저잣거리에서 단련됐다. 출근길 지하철에서 볼 법한 이웃들에게 질문하면서야 비로소 나의 업業에서 보람을 느꼈다. 들은 얘기를 실로 꿰는 공력이 부족해 쓰지 못한 내용이 한 바가지다. 그래도 내 밥벌이의 재미와 의미를 발견했으니 거기에 만족할 일이다. 그 시절이 없었다면 기자로서의 나의 여정은 금세 좌초했을 것이다. 이 기술이 훗날 정치와 경제, 안보 대가들과의 대화에서 요긴하게 쓰일 줄은 미처 몰랐다. 이 책을 읽는 성 바깥의 기자가 있다면, 당신이 오늘 겪는 시행착오가 기대 이상으로 든든한 자산이 된다는 점을 알리고 싶다.

4년 차에 이르러 나는 회사를 옮겼다. 형편은 여러모로 나아졌다. 정보의 그물망에서 배제되는 일은 줄어들었다. 정치를 취재하면서는 TV에서 보던 '날고 기는' 사람을 많이 만났다. 그럴 때면 이따금 저잣거리에서 만난 사람들이 떠올랐다. 이유를 파악하는 데는 그리 오랜 시간이 걸리지 않았다. 내가 만난 '날고 기는' 사람들은 대개 화려하되 공허한 수사修辭를 구사했다. 저잣거리의 일상과 괴리돼 있었다. 애국이니 민중이니 따위의 과도한 비장감도 짐짓 거슬렸다. 비장감은 타인보다 자신을 위한 장식품일 때가 많은 법이다. 대외에 자신의 선량함이나 사회의식을 홍보하는 그런 도구 말이다.

가장 고약하게는, 진영 감별사가 너무 많았다. '너는 어느 편이냐'는 물음이 도처에 횡행했다. 하루는 여당 의원이 날더러 '우리 편'이라 했고, 다른 하루는 야당 의원이 날 가리켜 '그쪽 진영'이라 했다. 내가 특정 진영의 척후병쯤으로 규정됐다는 생각에 모욕감이 들었다. 나는 누구의 편도 될 의사가 없었는데, 그들은 명함을 훑어보곤 나를 아군 내지 적군으로 욱여넣었다. 한국은 이런 '진영 놀음'이 곳곳에서 남발되는 나라로 전락하고 말았다. 쉬지 않고 달리는 적대의 열차가 어떤 비극을 잉태해도 이상하지 않을 시절이 도래했다. 민주주의는 빨간색도 파란색도 아니거늘, 한 갈래를 택하라고 윽박지르는 일에 아무 거리낌이 없는 사회가 돼버렸다.

존 메이너드 케인스J. Maynard Keynes는 사실이 달라지면 생각을 바꾼다when the facts change, I change my mind고 했다. 한국 사회는 케인스의 말과 정확히 반대로 달려가는 중이다. 북한이 핵을 만지작거려도 평화체제를 경전經傳처럼 되뇌어야 진보 명찰을 얻는다. 양극화의 고통이 몰려왔는데 낙수효과trickle-down effect를 금과옥조처럼 떠받들어야 보수 행세를 한다. 경계에서 한 발자국만 벗어나면 '수박'이라는 멸칭이 따라붙는다. 이 틈새에서 공적 활동인지 돈벌이인지 구분하기 힘든 행태가 버젓이 벌어지고 있다. 한국이 혁신을 기대할 수 없는 나라가 돼가는 원인은 바로 여기에 있다고 나는 생각한다.

그런 의미에서 이 책은 혐오와 극단에 지친 시민들에게 내가 건네는 대안의 지도다. 빨간색도 파란색도 아닌 회색의 텍스트다. 언젠가 소설가 장강명은 "세상이 원래 회색"이라며 "세상이 회색인 거 뻔히 알면서 본인의 이익을 위해 흰색, 검은색으로 편을 가르는 이들을 싫어한다"라고 말한 적이 있다.[1] 그의 말이 옳다. 흑과 백, 적과 청 사이의 양자택일만이 우리의 길은 아니다. 금기와 경계를 넘나드는 생각은 의외로 우리 가까이에 있다. 단지, 당파적이지 않아 도드라지지 않았을 따름이다. 이 책에 실린 열여덟 번의 대화가 다른 민주주의를 갈망하는 시민들에게 위안이 된다면 더 바랄 나위가 없겠다.

이 책은 불편한 질문에도 성실히 답해준 열여덟 분과 함께 만든 결과물이다. 그들의 이야기를 활자로 남겨야겠다는 기자로서의 욕심이 컸다는 점도 고백해야겠다. 열여덟 분이 오랫동안 숙성해 온 화두에

---

1 《조선일보》 2019년 6월 26일 자 〈세상은 원래 회색인데 왜 黑白으로 편 가를까〉.

숟가락을 얹었다. 덕분에 내가 그리는 세계에 관해 구체적인 언어로 확인할 수 있었다. 날카롭되 온기가 스민 그들의 진단을 들으면서 희망의 끈이라는 걸 놓지 않아도 되겠다고 생각했다. 열여덟 분의 생각이 지금보다 더 큰 공간을 차지하기를 기원한다. 그런 뜻에서 이 책의 제목에는 나의 바람이 고스란히 담겨 있다. 물론 책의 내용에 오류가 있다면 온전히 나의 책임이다.

이 책을 위해 2018년 6월부터 《신동아》에서 일하면서 진행한 110여 차례의 인터뷰 중 17명에 대한 내용을 추려 재구성했다. 여기에 금태섭 새로운선택 공동대표와 나눈 별도의 인터뷰를 보탰다. 과분한 기회를 준 최영철·송홍근 편집장께 고맙다는 말씀을 드린다. 취재·기획·작문의 전범典範을 보여준 동아일보 출판국의 선배들이 없었다면 이 책을 쓸 수 없었다. 이 기회를 빌려 감사의 인사를 표한다. 후배들에게는 나의 조촐한 기록이 반면교사의 사례로 읽히면 좋겠다. 출간 취지에 공감하고 후원을 아끼지 않은 동아시아의 한성봉 대표님과 김선형 팀장님께도 고마운 마음을 전한다.

살면서 가장 갖고 싶었던 미덕은 꾸준함이다. 격랑에 휩쓸려도 묵묵히 제자리를 지켜온 부모님께 얻은 가르침이다. 매일 벽돌 한 장 쌓는 마음으로 글을 쓰는 일이 두 분의 기대에 보답하는 길이라 믿는다. 먼저 생업 전선에 뛰어든 동생 덕에 곰팡내 나는 골방과도 같던 청년 시절을 버텨냈다. 미안하고 고맙다. 장인어른과 장모님을 통해 막연하기만 했던 '좋은 어른'의 본보기를 발견했다. 두 분의 격려가 지난한 집필 과정에 큰 힘이 됐다. 바쁘다는 핑계로 연락이 뜸해 늘 송구스럽다.

아내 보람이 아니었다면 이 책은 내 머릿속에서만 떠돌다 증발했을 것이다. 한 번도 아니고 두 번이나 책을 쓴다는 이유로 집 밖을 싸돌았다. 이해해 준 아내에게 어떤 말로 고마움을 표현해야 할지 모르겠다. 늘 낙관적 태도로 인생을 대하는 아내가 있어 나의 삶이 풍요로워졌다. 2022년 아들 준경이가 태어난 후 나의 시선은 종종 2052년을 향한다. 그즈음 서른을 맞이할 아들의 앞에 보다 나은 사회가 있기를 바라는 마음으로 이 책을 세상에 띄운다. 끝으로 내가 신참 기자이던 시절 저잣거리에서 만난 이웃들에게 존경의 인사를 건넨다.

2024년 1월

고재석

"권력자가
사람에
너무 집착하면
안 돼요"

주류 속

이방인

김종인

큰 선거가 있을 때마다 마치 공식처럼 그의 이름이 회자된다. 경세가經世家 김종인. 그는 뼛속까지 현실주의자다. 진보냐 보수냐의 구분법은 무의미하다고 생각한다. 중도에 놓인 그의 이념적 좌표는 좌우를 가리지 않고 권력자들에게 소구력을 발휘했다. 그러면서도 그는 늘 '비주류'에 속했다. 자신이 산파역을 맡은 정권에 서조차 권부權府의 핵심에 자리 잡지 못했다. 권력자의 멘토였으나 권력자로부터 내쳐졌고 그 권력자가 무너지는 과정을 지켜봤다. 그러므로 김종인이야말로 권력자에 대해 말할 수 있는 사람이다.

더불어민주당에서는 오른쪽으로, 국민의힘에서는 왼쪽으로 노선을 움직이기. 그의 전매특허다. 2016년 1월 민주당 비상대책위원회 대표로 합류한 그는 '우클릭' 개혁과 이해찬·정청래 의원 공천 배제 등을

김종인 ────────────────────────────────

1940년 출생 • 독일 뮌스터대 경제학 박사 • 서강대 경제학과 교수 • 제24대 보건사회부 장관 • 대통령경제수석비서관 • 제11·12·14·17·20대 국회의원 • 더불어민주당 비상대책위원회 대표 • 국민의힘 비상대책위원회 위원장

밀어붙여 당내 주류인 친문^{親文} 진영과 갈등을 빚었다. 이후 친문 측에서 그가 비례대표 2번에 공천된 것을 문제 삼자 '당무 거부'라는 초강수를 뒀다. 20대 대선을 앞둔 2022년 1월 그가 국민의힘 총괄선거대책위원장에서 물러나는 과정도 비슷했다. 상대만 친문에서 친윤^{親尹}으로 달라졌을 뿐이다.

늘 주류와 대척점에 서 있는 이유가 뭡니까.

"나는 의견이 맞지 않으면 하루도 같이 있지 않는 사람이에요. 내가 오죽하면 2021년 4·7 서울시장 보궐선거 끝난 뒷날 국민의힘을 나와버렸겠어요? 그때도 나는 국민의힘이 대선을 치러낼 수 있을지 회의적이었다고."

윤석열 대통령이 대선 경선 전에도 찾아왔고, 경선 과정에도 여러 번 찾았다고 들었는데요.

"여러 번 찾아왔지. 정치인들을 관찰해 보면, 경선할 때의 자세와 막상 후보가 되고 나서의 자세가 달라져요. 일관성이 없어요. 후보가 되면 거의 대통령이 된 것처럼 착각한다고. 50% 대통령이라고 생각하는 거야. 그런 사람을 여럿 경험해 봤어요."

윤 대통령과 대선 선거대책위원회에서 결별할 때 쿠데타라는 표현까지 나왔습니다.

"내가 무슨 목적을 이루려고 쿠데타를 해요? 내가 선대위에서 개인적 이해관계 없이 도와준 유일한 사람일 거요. 자기 당선을 위해 한 행동을 쿠데타라고 한다면 다른 할 말이 없지."

윤 대통령을 두고 꺼낸 "사람에 너무나 집착할 것 같으면 성공을 못한다"라는 말이 인상적이었습니다.

"권력자가 사람에 너무 집착하면 안 돼요. 문재인 전 대통령이 조국이라는 사람에 너무 집착하다 보니 여러 가지 문제가 나타나지 않았어요? 측근이라고 하는 사람에게 너무 집착하면 전체를 볼 수가 없다고. 문고리 같은 사람들을 너무 믿지 말라는 얘기지. 대통령 되는 사람은 측근이 있으면 안 돼요. 측근을 항상 의심하고 멀리하려 애를 써야 성공한 대통령이 될 수 있어요. 측근이 옆에 있어서 자꾸 그 사람들에게 귀를 기울일 것 같으면 성공할 수가 없어요."

단독자의 삶

강준만 전북대 신문방송학과 명예교수는 그런 그에게서 '단독자 기질'을 발견한다. 김종인의 단독자 기질이 잘 표현된 발언이 있다. 김종인이 국민의힘 비상대책위원장 임기 종료를 80여 일 앞뒀을 때 그를 만나 '임기 연장설'에 관해 묻고 들은 답변이다. 당시 보수진영 내에는 김종인이 대권을 염두에 두고 비대위원장 임기를 연장하려 한다는 식의 흑색선전이 돌았다. 말할 때 좀체 미동이 없는 김종인이 큰 손동작을 취하며 열변을 토했다.

"내가 임기 연장을 위해 뭘 한다고 하는데, 다 자기네 같은 줄 아는 거야. 나는 여태까지 누구한테 부탁하거나 청탁해서 인생을 산 사람이 아니에요. 내가 솔직히 말해서 지금까지 (손가락으로 자신의 머리를 가리키며) 머리 하나 갖고 살아온 사람이에요. 도와달라고 하면 도와줬지, 어디 가서 '이거 해주쇼' 해본 적이 없다고. 내가 비례대표 국회의원을 5번 했으니까 굉장히 아첨을 잘하는 사람인 줄 아는데, 나는 아첨이라는 걸 할 줄 모르는 사람이야."

언젠가 그와 한국 현대사現代史의 불구덩이 같은 현안을 놓고 대화한 적이 있다. 격동의 시기로 꼽히는 1945년, 그러니까 해방 즈음에 관한 이야기다. 김종인은 해방 전후사에 대해 "그전에는 혼자만 생각했지, 공개적으로 다른 자리에서 이야기한 적이 없다"라고 했다. 그가 작심한 듯 말했다.

"솔직히 이야기해서 김구 선생이 해방 이전까지 상해 임시정부에서 독립운동을 한 업적은 평가할 만하지만, 해방 이후 대한민국 정부가 탄생하는 데는 별로 기여한 바가 없어요. 소위 좌파左派 성향을 가진 사람들이 이승만을 폄하하기 위해 상대적으로 김구를 띄우는 거지. 이승만은 대한민국 건국에 크게 기여한 사람이고."

이 장면은 기이하다. 그는 초대 대법원장 가인街人 김병로(1887~1964)의 손자다. 소부를 보좌하며 정치를 처음 배웠다. 생진의 가인은 우남雩南(이승만의 호)과 수차례 불화했다. 그가 자신의 저서에서 꺼낸 표현을 빌자면 우남은 가인에게 "몹쓸 일을 많이 한"(『김종인, 대화』 중) 사람이다. 그런데도 그는 우남을 '건국의 아버지'라고 칭했다. 더불어 이승만, 박정희, 김대중 딱 세 사람만이 "대통령직에 대해 자기 나름의 생각을 갖고 준비를 한 인물"이라고 했다. 바꿔 말하면 나머지 대통령들은 준비 없이 집권했다는 뜻이 된다.

민주당 비대위 시절이던 2016년 1월 28일에는 이승만 전 대통령에 대해 "자기 스스로 건국하면서 만든 민주주의 기본적인 원칙을 소위 3선 개헌이라든가 부정선거로 파괴, 결국 불미스럽게 퇴진했다"라고 평가하지 않았습니까.

"그건 사실이죠. 해방 전 업적이나 정부 수립 과정, 6·25 사변을 극복하는 데까지는 이 전 대통령의 업적이 대단했다고 생각해요. 그런데 그 양반이 권력에 대한 욕심 탓에 1954년 '사사오입[2] 개헌'을 했고, 1956년 3대 대통령으로 출마했잖아요. 그때부터 이 전 대통령은 부정적인 평가를 받을 수밖에 없게 된 거예요."

이 전 대통령이 재선까지만 했으면 좋았을 것이라는 뜻인가요.

"재선까지만 했으면 그 양반이 우리나라의 국부라고 이야기할 수도 있었지. 대한민국 정부 수립에 기여했고, 6·25 사변 이후

---

2 사사오입四捨五入: 자유당이 이승만 당시 대통령의 중임을 허용하는 헌법 개정안을 통과시키기 위해 무리하게 동원한 논리.

발생한 상황을 정리하고 한미상호방위조약을 체결해 대한민국
이 번영할 수 있는 기틀을 만든 대통령임은 틀림이 없어요. 그걸
부정해서는 안 된다고. 그런데 권력에 대한 욕심이 너무 많아 스
스로 몰락하고 말았죠. 그 이후에 파행을 저질렀기 때문에 거기
에 대해서는 부정적으로 평가할 수밖에 없어요."

 그가 보기에 대한민국 단독정부 수립을 반대한 백범白凡(김구의 호)은 이상주의자다. 반면 이승만은 국제질서의 역학에 맞춰 건국의 설계도를 제작한 현실주의자다. 이것은 마치 '명분론 대 실리론'의 오랜 대립을 떠올리게 한다. 실현 가능한 변화를 지향하는 김종인으로서는 후자를 택하는 게 자연스럽다. 그의 말을 듣다 보면 청사진을 갖고 있던 쪽은 백범이 아닌 우남이다. 그는 이승만의 외교독립 노선을 놓고 "코리아가 국제사회에서 인정받게 된 계기를 만들었다"라고 평가했다. 그렇다면 독립운동의 또 다른 패러다임, 즉 무장투쟁의 공과에 대해 질문을 던질 수밖에 없다. 덧붙여 '친일파 청산'에 대한 입장도 물어야 한다.

한국 사회에는 독립운동의 방법으로 무장투쟁 노선을 높이 평가하는 경향이 있습니다.

"(일제 치하에서) 개별적 독립투쟁은 있었지만 (조선 사회가) 집단적인 무력투쟁을 한 적은 없어요. 2차 세계대전 직전 만주에 독립군이 형성됐지만, 그 자체가 대한민국 독립으로 이어진 건 아니잖아요."

진보진영에 속한 분들은 대한민국의 친일파 청산이 실패했다고 봅니다. 가령 故 김원웅 전 광복회장의 경우 2020년 광복절 기념사에서 "이승만은 반민족행위 특별조사위원회를 폭력적으로 해체하고 친일파와 결탁했다. 대한민국은 민족 반역자를 제대로 청산하지 못한 유일한 나라가 되었고, 청산하지 못한 역사가 지금도 계속되고 있다"라고 말하기도 했고요.

"친일파 청산과 관련해 프랑스와 비교를 많이 하는데, 프랑스는 4년간 히틀러 체제하에 있었어요. 짧은 기간에도 히틀러 체제에 협력한 사람들은 쉽게 청산이 가능해요. 우리는 36년간 식민지 생활을 했어요. 살기 위해 어쩔 수 없이 일본 관헌이 된 사람도 있어요. (물론) 이승만 전 대통령이 반민특위를 해산해버리는 바람에 민족 반역자 처벌이 어려워졌어요. 또 이 전 대통령이 권력을 유지하기 위해 일본 순사 출신들을 자기편으로 만드니 그 사람들(친일파)이 득세하는 세상이 된 거지. 지금 와서 (비판적으로) 말할 수는 있지만 해결할 수 있는 방법은 없잖아요."

지나간 역사는 지나간 대로 둔다?
"그렇지."

2020년 백선엽 장군이 별세했을 때 민주당 일각에서는 그의 친일 행적을 거론하면서 현충원 안장에 반대했습니다. 백선엽에 대한 판단도 한국에서 진보와 보수를 가르는 리트머스 시험지처럼 쓰이고요.
"백 장군이 일제 치하에서 만주사관학교(만주국육군군관학교)를 졸업하고 일본군에서 짧은 기간 복무했던 사실을 놓고 친일이라고 하는데, 그보다는 국군을 창설하고 6·25 때 세운 공적을 더 평가해야지. 내가 흔히 얘기하지만, 1950년 7~8월 당시 대한민국은 없어질 뻔한 나라에요. 그때 백 장군 같은 사람들의 공적 때문에 오늘날 대한민국이 있는 거요. 그 공은 있는 그대로 인정해줘야지."

그는 민주당 비대위에 있던 2016년 2월 9일 경기 파주에 있는 군부대를 방문해 "우리 국방을 튼튼히 유지하고 그 과정 속에 우리 경제가 보다 더 도약적으로 발전한다면 언젠가는 북한 체제가 궤멸하고 통일의 날이 올 거라고 확신한다"라고 말한 바 있다. 북한과의 화해·협력을 추구하는 민주당의 기류와는 동떨어진 발언이었다. 진영의 관성대로 앵무새처럼 읊조리는 법이 없는 사람이다.

여태 '북한 궤멸론'에 대한 생각은 변함이 없습니까.

"북한에 대해 쓸데없는 환상을 가질 필요는 없어요. 북한의 핵과 미사일이 어디를 겨누고 있는지 냉정히 평가해야 해요. 흔히 미국을 겨냥한다고 하는데, 북한이 과연 미국을 상대로 전쟁을 할 수 있겠어요? 북한의 핵과 미사일은 남한을 상대로 만드는 거예요. 과거 소련이 미사일과 핵탄두가 없어서 몰락한 게 아니라고. 그런 걸 만드느라 백성의 경제적 상황을 어렵게 만들었기 때문에 몰락한 거요. 북한도 마찬가지예요. 굶주려 죽는 사람이 있는데도 핵과 미사일만 개발하는 국가는 언젠가 궤멸할 수밖에 없어요. 지금도 그 생각에 변함이 없어요."

설령 북한 궤멸을 주장한다 해도 통일에 대한 입장은 갖고 있어야 할 텐데요.

"통일의 기회가 오면 우리가 준비가 안 됐다고 못 하겠다고 그럴 거예요? 기회가 오면 무조건 통일을 하는데 전력을 쏟아부을 수밖에 없어요."

새로운 주류의 탄생

이 대목에서 김종인을 '통일론자'라고 오해해선 곤란하다. 그는 『김종인, 대화』(2021)에서 1960년 4·19 직후 학생사회 일각이 '판문점 남북학생회담 개최'를 촉구한 것을 놓고 "몽상적인 통일을 주장하고 나섰다"고 했다. 지금 그는 한반도 위기관리 프로세스의 하나로 통일에 대한 준비가 필요하다고 주장하는 것이다.

> **결국 북한을 흡수통일 할 수밖에 없다고 봅니까.**
> "한 체제가 무너지지 않고서는 통일이 안 돼요. 동독이 서독에 흡수통일 되고 싶어 그렇게 된 게 아니라, 자기네 체제로는 백성을 먹여 살릴 능력이 없고 또 국민 스스로 서독에 들어가야겠다고 생각해 통일이 된 거지. 우리나라도 그런 상황이 오지 않으면 통일이 안 돼요."

순수한 모형의 자본주의는 존재하지 않아요

이야기는 다시 국내 정치로 돌아간다. 그는 자신이 최근까지 수장을 맡았던 보수정당의 기반이 취약하다고 본다. 자생적으로 생존할 수 없는 조직이라는 이유에서다. 한 단락의 말속에서 한국 보수의 구조적 한계가 낱낱이 드러난다.

> "원래 국민의힘은 시작서부터 대통령 당이요. 1951년 이승만 대통령이 직선제 하려고 자유당 만들었고, 4·19 혁명 나고 나서 없

어졌잖아요. 그 뒤에 박정희 대통령이 대선 출마하려고 공화당을 만들었을 때, 남은 자유당의 본류를 다 끌어들인 거고. 결국 1979년 박정희 대통령 서거 뒤에 공화당이 없어져 버린 것 아니에요? 그러다 전두환 대통령이 대통령 하려고 민정당(민주정의당) 만들어서 공화당 주류를 흡수하고요. 그렇게 온 정당이라고. 그러니 현직 대통령이나 제대로 된 대선주자가 없으면 관리 자체가 안 되는 당이야. 당이 일사불란하게 움직여지지 않는다고. 그러니까 국민의힘도 사람만 바꾸면 된다는 착각에서 벗어나야 해요. 무엇을 할 것인지 새롭게 제시할 수 있어야지."

그는 '민주 vs 반민주' 혹은 '진보 vs 보수' 따위의 진영 구도에서 자유로운 편이다. 특정 이념에 경도된 정당은 대중정당이 아니라고 생각한다. 그의 눈에 좌파니 우파니 하는 단어는 허울에 불과하다. 정당은 기본적으로 '중도'를 견지해야 한다는 게 오랜 세월 숙성시킨 그의 철학이다. 원론적으로야 맞는 말이지만 세력을 모으는 데는 불리한 위치 설정이다. 지역구 여론과 열성 지지층을 무시할 수 없는 의원들로서는 선뜻 '중도 깃발' 아래 모이기도 어렵다. 이념정당의 전사가 되는 쪽이 훨씬 남는 장사다.

국민의힘은 입으로는 대중정당을 외치지만 여전히 이념정당에 머물러 있는 셈 아닙니까. 지역구 선거를 고려하면 아예 이해 못 할 일도 아니고요.

"국민의힘의 정강정책을 내가 송두리째 바꿨는데 국민에게 별

새로운 주류의 탄생

로 어필이 안 돼요. 정강정책을 바꿨으면 당 소속 의원들이 거기에 합당한 의정활동을 해야 국민에게 (변화했다는) 뜻이 반영될 것 아니에요? 그게 안 되니 국민의힘에 대한 국민의 회의론이 존재하고 있는 거라고. 의원들이 과거의 습관에서 벗어나지 못한 거예요. 과거에는 우리나라 정당들을 보수, 진보가 아니라 여야로 나눴어요. 김대중 전 대통령이 2000년 제16대 총선에서 운동권을 많이 공천했는데, 그 사람들이 (정치권에) 와서 스스로 진보라고 표현을 한 거예요. 그러니 이쪽 사람들은 '우리는 보수다'가 돼버린 거지. 지금 한국 보수는 보수가 무엇을 뜻하는지도 몰라요. 보수가 아무것도 안 하고 가만히 있으면 망할 수밖에 없어요. 보수가 생명력을 지켜나가려면 사회를 안정시켜야 해요. 사회가 불안하면 자기네가 무너지는데 미리 개혁을 해야지."

비대위원장 시절 주창한 기본소득이 보수의 개혁론입니까.
"4차 산업혁명이 시작되고 로봇과 AI가 인력을 대체하면 사람은 있는데 일자리가 없으니 소득이 없어져요. 먹고살 게 없어지면 무슨 일이 벌어지겠어요? 소비가 안 되면 아무리 물건을 싸게 생산해도 팔리지를 않아요. 그래서 일정한 소비를 보장하기 위해 기본소득을 줘야 한다고 얘기하는 거예요."

보수 안에도 기본소득론자들이 있다. 김세연 전 의원은 정부의 행정 서비스를 무인화·자동화하고 기존 복지제도를 통폐합해 비용을 아껴 기본소득 재원으로 쓰자고 주장한다. 이에 대해 김종인은 "복지제도를 통폐합해서 기본소득 재원을 마련하자, 이번 기회에 누더기 같은 복지제도를 체계적으로 정리하자는 주장은 이상은 좋지만 현실에서 실행하기 어려운 방법"이라고 했다. 복지 수혜자의 저항에 직면할 수 있다는 거다. 여기까지만 보면 그는 좌파다.

그런데 그는 전 국민에게 보편적으로 기본소득을 제공하자는 이재명 민주당 대표 등의 주장과도 선을 긋는다. "세금 부담이 곱절은 늘어나기 때문"이란다. 그는 기본소득이 반드시 보편적으로 지급될 필요도 없다고 본다. 이렇게 보면 그는 우파다. 그는 재정의 역할을 중시하되 부채 증가 우려가 있는 확장재정 대신 재정 개편에 초점을 둔다. 진영의 문법에 휘둘리지 않겠다는 의지가 충만한 사람이다.

그는 『김종인, 대화』에서 중국 덩샤오핑鄧小平의 말을 인용한다. "자본주의에도 계획이 있고, 사회주의에도 시장이 있다." 그러면서 "자본주의가 그저 시장경제에만 몰두했다면 (사회주의에) 승리하지 못했을 것"이라고도 했다. 실리주의를 명확히 드러낸 표현이지만, 한편으로는 보수정당의 정통성을 강조하는 측과는 불화를 겪을 소지가 크다.

　　순수한 모형의 자본주의는 존재할 수 없는 겁니까.
　　"순수한 모형의 자본주의는 어느 나라에도 존재하지 않아요."

　　그럼 보수정당의 일부 의원들은 있지도 않은 순수한 자본주의의 모형에 다다르려는 건가요.
　　"자본주의의 본뜻을 이해하지 못한 사람들이에요. 왜 소련의 공산주의는 망하고 자본주의는 오늘날에도 발전하느냐 생각해봐야지. 자본주의는 스스로 상황 변화에 적응하는 능력을 갖고 (체제를) 수정했기 때문에 존재하는 거예요."

국민의힘에는 시장경제만 주야장천 외치는 사람이 많지 않습니까.
"시장의 원리는 경쟁 아니요? 경쟁의 원리에 따르면 가장 능력 있는 사람만 생존할 수 있어요. 그런데 국가에는 능력 있는 사람뿐 아니라 노약자도 있고 병든 사람도 있고 장애인도 있잖아요. 무조건 맹목적인 경쟁만 갖고는 사회가 폭발해버릴 수밖에 없어요."

그는 "삶이 팍팍해지면 사람들은 자연히 불만을 갖게 되고 아무리 감언이설을 해도 절대 넘어가지 않는다"라면서 "자본주의, 민주주의 체제 국가에서 경제를 제대로 다루지 못하는 정부는 성공을 못 한다"라고 단언했다.

비대위원장 취임 후 '약자와의 동행'을 내걸었는데, 지금은 잊혔습니다.
"IMF(국제통화기금) 외환위기가 나기 전까지는 대한민국의 경제성장률이 높아서 매년 국민의 생활이 향상됐어요. 이념 등 이것저것 가릴 것 없이 내 생계가 나아지니 항상 여당이 집권할 수밖에 없던 것 아니에요? IMF 사태 이후 중산층이 무너지고 양극화가 심화했어요. 양극화라는 말이 김대중 대통령 말기에 등장했는데, 지금도 해결이 안 된 거예요. 코로나19 바이러스로 양극의 간극이 더 벌어졌어요. 양극화를 그대로 용납하면 우리 사회가 안정적으로 갈 수가 없어요. 국민의힘이 과거에는 기득권층, 돈 많은 사람들 옹호하는 얘기만 한 것 아니에요?"

재벌과 같은 편이라고도 했죠.

"재벌의 영향력에서 벗어나지 않을 이유가 하나도 없어요. 언론사야 광고 때문에 자유롭지 못한 거고 공무원의 경우에는 그만두고 나갔을 때 어디 붙어먹고 살지 생각하다 보니 미리 알아서 기는 건데, 정당은 거기에서 탈피하고 약자를 새로운 기반으로 두자는 취지에서 '약자와의 동행'을 얘기한 거지."

여전히 보수정당 안에는 기업 활동이 어려우니 규제를 적극적으로 풀어줘야 한다고 주장하는 사람이 많습니다. 이것이야말로 한국 보수의 도그마 아닙니까.

"어떤 규제를 풀어주느냐가 문제예요. 시대 변화에 따라 풀어줘야 할 규제가 있고, 해야 할 규제가 있는 거예요. 그에 대한 구분을 잘할 수 있는 사람만이 좋은 정책을 펼 수 있어요. 흔히 '기업하기 좋은 나라'라는 말을 쓰는데, 특별한 뜻이 아니에요. 정부가 정한 룰rule을 기업이 지키느냐 마느냐만 감시하면 될 일이지 사사건건 기업 활동에 간섭하는 짓은 하지 말라는 뜻이지. 시장 경제의 가장 중요한 원리는 룰을 지키라는 거예요. 그런데 우리나라 상당수 기업에는 마치 룰 바깥에서 살아도 괜찮은 것처럼 생각하는 사람들이 있는 거지."

새로운 주류의 탄생

결국 공정한 시장경제가 무엇이냐는 질문으로 이어질 수밖에 없습니다. 김 위원장님이 생각하는 공정의 요체는 무엇입니까.

"사람이 부모님에게서 태어난 대로 살게 내버려 두는 게 사실은 공정한 거요. 그러나 그렇게 살면 사회가 조화를 이루지 못해요. 태어날 적에 능력이 많은 사람도 있고 적은 사람도 있잖아요. 능력대로 평가받는 게 시장경제 아니요? 그러면 능력 있는 사람만 남고 능력 없는 사람은 도태될 수밖에 없어요. 그런데 사회는 능력 있는 사람만으로 구성될 수 없어요. 노인, 어린이, 병자, 실업자들을 내버려 두면 생존이 불가능할 것 아니에요? 능력대로 내버려 두자고 하면 정치가 존재할 이유가 없어요. 이준석 대표는 토론 배틀 같은 경쟁으로 정당의 대변인을 뽑으면 가장 효과적이고 공정하다고 생각하는데, 공정한 것과 효과적인 것은 또 별개의 문제라고. 정당에서는 아무리 공정하다 해도 효과가 나쁘면 아무 의미가 없어요."

진정한 의미의 보수주의자

김종인이 최근 나온 책이 있다며 자리에서 일어나 책 한 권을 가져온 적이 있다. 2020년 3월 14일 토요일 오전의 일이다. 제목은 『The Narrow Corridor: States, Societies, and the Fate of Liberty』(2019) 폐허가 된 사회를 형상화한 듯한 표지 이미지가 인상적인 책이다. 당시까지는 국내에 번역되지 않았다. 후에 국내에는 『좁은 회랑: 국가,

사회 그리고 자유의 운명』이라는 제목으로 번역됐다. 대런 애스모 글루Daron Acemoglu MIT 경제학과 교수와 제임스 A. 로빈슨James A. Robinson 하버드대 정치학과 교수가 썼다. 김종인이 책을 손에 쥔 채 말했다.

> "민주주의를 발전시키고 국민 통합을 이루려면 좁은 회랑을 지나가야 한다는 얘기예요. 사회는 균형을 맞춰야 해요. 인간의 타고난 본성인 탐욕이 커지면 사회가 깨져요. 시장경제 효율을 최대한 존중하되, 시장이 해결 못 하는 최소한의 간섭은 정부가 할 수밖에 없어요."

그는 "그놈의 낙수효과는 옛날얘기지, 지금은 별로 없다"라고도 말했다. 『좁은 회랑』에는 '견제된 리바이어던The shackled Leviathan'이라는 표현이 나온다. 토머스 홉스Thomas Hobbes는 『리바이어던』(1651)에서 만인의 투쟁이 난무하는 상태를 극복하기 위해 개인은 국가에 자연권의 일부를 위탁해야 한다고 했다. 대신 국가는 성서에 나오는 바다 괴물 리바이어던처럼 강력한 힘을 갖고 국민을 지킨다. 그것이 사회계약이다.

리바이어던의 힘이 너무 커지면 개인은 쪼그라든다. 리바이어던이 사라지면 사회는 극심한 무질서에 빠질 수 있다. 둘 다 디스토피아다. 폰 하이에크Friedrich von Hayek는 리바이어던을 경계했다. 사회복지 제도의 구축으로 국가의 힘이 커지면 외려 개인의 자유를 침해하는 결과를 낳을 수 있다고 우려했다. 정작 사회복지가 도입돼 국가의 힘이

새로운 주류의 탄생

커졌지만 개인의 자유는 확장해 갔다. 자유와 번영을 이룬 국가는 국가와 사회 간 아슬아슬한 힘의 균형을 이루는 좁은 회랑을 찾아냈다는 게 책의 골자다.

경제정책만을 놓고 거칠게 단순화하면, 진보는 국가의 확장에 기대고 보수는 시민사회의 자율성에 의지한다. 하이에크는 후자에 무게중심을 실었다. 김종인은 하이에크식 신자유주의를 경계한다. 그렇다고 전자에 오롯이 동의하는 건 아니다. 그런 그가 포용적 정치·경제제도를 강조한 애스모글루와 로빈슨의 논지에 공감하는 건 자연스러워 보인다. 그는 민주당에 있을 때도 여러 정치인에게 저자들의 전작인 『국가는 왜 실패하는가Why Nations Fail』(2012)를 읽어볼 것을 권하곤 했다.

포용적 성장은 김종인의 화두이기도 하다. 그는 민주당 비대위 대표 시절인 2016년 6월 21일 국회 교섭단체 대표 연설에서 "포용적 성장은 자본주의의 불확실성을 제거하고 안정적 발전을 도모하자는 것이다. 민주주의의 발전을 위해서도 중요하다"라고 했다. 즉 김종인은 정치를 통해 국가가 전제주의로 흐를 위험과 시민사회가 무질서 상태로 질주할 우려를 동시에 차단하려 한다. 자, 김종인은 보수인가, 진보인가. 혹은 필요에 따라 변신하는 카멜레온인가. 김종인을 멘토로 꼽는 곽대중 새로운선택 대변인은 "김종인은 철저히 보수"라고 잘라 말했다. 그는 김종인과 정치·경제 등 여러 현안에 대해 자주 대화하는 사이다. 곽 대변인의 말이다.

"김종인 위원장은 복지보다 사회안전망이라는 표현을 더 선호합니다. 사회를 지켜야 한다는 겁니다. 19세기 말 독일에서 사회의료보험과 연금제도를 도입하려 하자, 자본가들이 반대했어요. 비스마르크가 '지금 협조하지 않으면 나중에는 기업가들을 보호하고 싶어도 그럴 수 없는 세상이 올 것'이라고 했습니다. 김 위원장이 자주 인용하는 사례입니다. 즉 자본주의를 지키기 위해 선제 대응하는 형태로 복지를 해야 한다는 겁니다. 김 위원장은 항상 '나는 뼛속까지 자본주의자'라고 말합니다. 자본주의를 굳건히 지키려고 이걸 하는 거지, 자본주의를 무너뜨리려는 게 아니라는 얘기죠. 그게 김종인이 가진 복지에 대한 시각입니다."

그렇다. 김종인은 '체제를 지키기 위해' 개혁을 주창하는 진정한 의미의 보수주의자다. 김종인 자신은 그와 같은 라벨에 강한 거부감을 나타내지만 말이다. 그런 그가 경세가로서 전범典範으로 삼는 인물은 독일 초대 경제부 장관(1949~1963년)이자 제2대 총리(1963~1966년)인 루트비히 에르하르트Ludwig Erhard다. 에르하르트는 '사회적 시장경제' 모델의 창시자로 꼽힌다. 이는 시장을 방임하는 대신 성장의 과실을 나누는 데 국가가 적극 개입하는 경제철학을 일컫는 말이다. 김종인은 긴 시간을 할애해 에르하르트에 관해 말한 적이 있다.

> "에르하르트가 원래는 순수한 교수였는데, 히틀러를 찬양하는 교수연맹에 가입을 안 해 학교에서 쫓겨났다고. 그 뒤 독일 경제를 어떻게 부흥시킬지에 대해 연구하면서 육필 원고를 썼어요. 행정 경험은 없고 오로지 자기 신념 하나만 있는 사람이에요. 제2차 세계대전 이후 미군 사령부가 에르하르트에게 경제 책임자 자리를 맡겼는데, 관료들의 갖은 모략에 못 견뎌 그만두고 나가버렸어요. 이후 뮌헨대 교수를 하는데도 독일 경제 부흥에 대

해서 계속 생각했다고. 1년 반쯤 있다가 영국, 미국이 합동 경제 위원회를 만들어 책임자를 찾을 때 다시 에르하르트를 데려왔지."

김종인은 1994년 대법원에서 의원직 상실 선고를 받고 야인野人이 됐다. 그 뒤 서울 종로구에 대륙문제연구소를 열었다. 에르하르트가 사실상 쫓겨난 뒤 홀로 연구를 이어간 모습과 묘하게 닮았다. 에르하르트가 전후 혼란상에 빠진 독일에서 기회를 잡았듯, 그는 1997년 IMF 위기 이후 다시 정치권의 주목을 끌었다. 이야기는 다시 에르하르트로 돌아간다.

"에르하르트가 화폐개혁을 발표하는 금요일 저녁에 그간 구상해 온 독일 경제의 나아갈 길까지 발표해버렸어요. 다음 주 월요일에 미국 헌병이 와서 잡혀갔어요. 그땐 군정 시대니까. 에르하르트가 '당신네가 나를 처벌할 권리는 있어도 나의 머리를 바꾸지는 못한다'라고 했다고. 그러면서 에르하르트가 '6개월만 내가 하자는 대로 하고, 내가 틀리면 마음대로 해도 좋다'고 했지. 결국 에르하르트 말대로 하니 경제가 살아났어요. 그러니 독일 국민이 이 사람을 독일을 살릴 구세주로 여긴 거야. 14년간 경제 장관을 할 동안에는 아데나워Konrad Adenauer 총리하고 갈등이 굉장히 심했어요. 사표를 낸 적도 있고, 소신이 뚜렷한 사람이지. 국민 지지가 높으니 아데나워가 내쫓지 못했어요. 그 사람이 전후 독일 경제를 회복시켰는데, 그 기반으로 오늘날 독일이 세계

적 경쟁력을 갖췄다고. 그러니까 내가 그 사람을 개인적으로 좋
아하지."

인물 평가에 깐깐한 그가 "좋아하는 사람"이라 칭하는 점이 눈길을
끈다. 곱씹다 보면 그가 에르하르트의 삶에 자신을 대입하고 있다는
점을 깨닫게 된다. 에르하르트가 1인자와 갈등을 겪었다는 대목은 묘
한 기시감을 준다. 자기 소신이 강한 김종인 역시 종종 마찰과 충돌을
불러일으켰다. 그의 말이 끝난 뒤 "에르하르트는 좌와 우에서 모두 공
격받았는데, 그게 김 위원장님의 운명과 비슷하지 않습니까"라고 되
물었다. 김종인은 즉답은 피한 채 "그 사람도 오직 나라를 위해서 일
하는 사람이니까"라고만 답했다.

대통령감 찾아보겠다고 생각했지

유독 젊은 세대가 정치에서 힘을 발휘하지 못하는 이유는 뭔가요.
"내가 노태우 대통령 모시고 있을 적에, '3김을 다 안고 퇴임을
하십시오'라고 말했어요. 지도자의 연령대가 50대로 내려와서
민주화된 나라를 새롭게 이끌어갈 수 있는 정치적 여건을 만들
어 달라고 했는데 결국 못 했어요. 지금도 젊은 세대에서 동력을
가진 스타가 나오지 않아요. 새로운 것을 창조할 생각은 안 하
고 기껏해야 기존 정당에 가서 국회의원이나 한번 해볼까 하는
사람들만 있지. 청년을 무조건 선호하는 것도 잘못이에요. 그 청

년이 무얼 할 수 있을지 생각해야지. 육신보다 사고방식이 젊어
야지."

정작 젊은 세대는 사회에 배울 만한 어른이 없다고 합니다.

"지금 젊은 세대들은 그렇게 생각할 거야. 다들 고만고만하고
탁월해 보이는 사람이 없잖아. 그러니까 안철수가 초기에는 젊
은 사람들이 갈망하는 인물이었어요. 그걸 본인 스스로 다 깎아
먹어버렸지 뭐."

조국 전 법무부 장관도 한동안 젊은 세대 사이에서 인기였죠.

"그 사람은 위선자니까 인기가 많았겠지. 조국이 자기가 사회주
의자라고 했잖아. 아니 그런 생활을 하는 사회주의자가 어디 있
어요? 지금 민주당이 자기네가 진보정당이라고 하잖아요. 진보
정당의 가장 중요한 가치는 평등이에요. 그럼 민주당이 평등을
위해 무엇을 했냐 이거야. 아무것도 한 게 없잖아요."

**결국 정치는 사람이 하는 겁니다. 현역 정치인 중 한국의 미래와 국제
질서에 대한 식견을 두루 갖춘 경세가가 좀체 보이지 않습니다.**

"맞아요. 솔직히 얘기해서 안 보여요. 지금 대한민국의 가장 심
각한 문제가 인구 감소예요. 나라의 존폐가 걸린 문제라고. 내가
1989년 보건사회부 장관에 임명되고 업무 보고를 받으니까 이
미 출산율이 1.9였어요. 그래서 내가 산아제한 정책을 더는 하
지 말라고 지시했어요. 그때는 당국자들이 GDP Per Capital(1인

당 총생산)이 안 올라가니 인구를 줄여야 한다고 생각했는데, 그러다가 1.9가 돼버린 거요. 어느 나라나 인구를 일정하게 유지하려면 출산율이 2.1은 돼야 해요. 보건사회부 장관을 8개월쯤 하다가 경제수석으로 옮겼는데, 후임자가 산아제한 정책을 계속한 거야. 결국 1995년에 출산율이 1.5로 떨어져 버렸어요. 그때만 해도 우리나라에서는 인구와 경제 사이의 연관 관계에 대해 제대로 아는 사람이 없었어요. 인구가 그렇게 줄어버리면 우리가 만들어놓은 모든 제도가 작동을 안 해요. 지금 이 문제에 대해 제대로 대책을 마련해보겠다는 정당이 있어요? 그러니 미래가 답답할 수밖에 없지."

정작 대통령이 되면 미래와 별 관련 없는 어젠다에 몰두하기도 합니다. 문재인 정부 시절을 상징하는 단어 중 하나가 검찰개혁이기도 하고요.

"아니, 검찰개혁이 대한민국 미래를 위해 뭐가 그렇게 중요한 거요? 나는 과거의 대통령에게도 '제발 검찰에 대한 관심을 끄십시오'라고 했어요. 대통령이 검찰에 관심을 끄면 검찰도 본연의 업무를 할 수밖에 없어요. 과거 1970~1980년대만 해도 검찰에서는 공안이 무지 셌어요. 민주화되니 공안의 힘이 줄었잖아요. 지금은 특수부가 세다고 하는데, 사회 부조리가 줄면 특수부의 힘도 줄어들 수밖에 없다고. 자연히 정상화로 가는 거예요. 대통령이건 집권당이건 자신이 없으니까 자꾸 권력기관을 자기편으로 만들어보려는 이상한 짓을 하는 거야."

새로운 주류의 탄생

그는 대통령의 자질로 다섯 가지를 꼽는다. 첫째 개방에 대한 인식, 둘째 안보에 대한 관점, 셋째 다양성에 대한 이해, 넷째 경제에 대한 지식, 다섯째 교육에 대한 의지다. 다섯 가지를 고루 갖춘 사람만이 추종자가 아닌 주체적 설계자가 될 수 있다.

여야를 막론하고 다섯 가지 자질을 갖춘 사람이 보입니까.

"그건 나한테 묻지 말고 고 기자가 알아서 판단해 봐요.(웃음)"

특별히 기억에 남는 정치인이 없던가요.

"사람 많이 만나봤는데, 별로 기억에 남는 사람이 없어요. 누가 보자고 하면 나는 거부하지 않고 만나요."

정치적 원석을 찾기 위한 노력입니까.

"사실은 내가 17대 국회에도 국회의원이 하고 싶어 들어간 게 아니에요. 민주당에서 정책정당을 하고 싶으니 도와달라고 했는데, 그때 나는 국회에 가서 대통령감을 찾아보겠다고 생각했지. 그래서 박근혜 씨를 만난 거야. 당은 달랐는데, 하루는 박근혜 당시 의원이 독일 아데나워 재단의 초청으로 독일에 간다고 그래. 내가 한독의원친선협회 회장을 하고 있을 때인데, 내가 독일에 오래 살다 왔으니 나한테 와서 독일에 가서 뭘 보고 오면 가장 좋겠냐고 물어보더라고. 그즈음 메르켈이 수상이 됐는데, 사실 메르켈은 30대에 정치에 입문한 사람이에요. 그 사람이 15년 만에 수상이 됐어 그 과정을 잘 벤치마킹하면 당신한테 도움이 될 거라고 했어요. 나는 솔직히 말해서 한 번쯤은 대한민국에 탐욕이 없는 대통령이 나왔으면 좋겠다고 생각해요. 그런데 그때 박근혜 의원을 보니까 결혼도 안 했고 자식도 없어서 대통령 그만두고 난 다음에도 부담 질 게 없고 물질에 대한 탐욕도 없을 거라 봤어요. 이런 사람이 대통령이 되면 괜찮기도 하겠다고 생각했던 거예요. 그래서 도와줬는데 결과는 영 엉망이 돼버린 거지 뭐."

탐욕의 경계가 모호하지 않습니까. 대통령이 되려면 권력의지가 커야 하는데, 사실 그것이 권력욕과 경계선에 있기도 하고요.

"트럼프 같은 사람은 탐욕이 너무 심해서 선거에 지고도 승복을 안 하려고 한 것 아니에요? 권력에 대한 탐욕은 자기 자신을 파멸로 이끌 수밖에 없어요. 이승만 대통령도 권력에 대한 탐욕 탓에 4선 하려다가 외국 가서 운명하게 된 사람 아니요? 박정희 대통령은 결국 자기 부하한테 시해당했잖아. 권력에 대한 탐욕이 종말을 가져온 셈이지. 우리나라 역사가 70년이 넘었는데도 국민이 존경하는 전직 대통령이 하나도 없어. 국민이 불쌍한 거요. 과거로부터 뭘 좀 배우면 말이에요. 대통령 되는 사람은 그런 짓을 안 해야 하잖아요. 그런데 과거에 하던 짓을 따라서 해. 가장 나쁜 짓이 뭔 줄 알아요? 야당 때는 여당에 이런 짓 하면 안 된다고 들입다 공격하면서 막상 여당이 되면 똑같은 짓을 해."

새로운 주류의 탄생

관료 장악이 대통령이 갖춰야 할 아주 중요한 능력이라고 말하곤 하시는데, 왜 그렇습니까. 산업화 과정에서 기획재정부 등 경제 관료들이 중요한 역할을 했다는 게 정설 아닙니까.

"대통령이 관료를 장악하지 못하면 정부의 기능이 제대로 작동을 안 해요. 과거 경제 개발 정책을 주도한 건 경제기획원, 재무부, 상공부 등에 있던 사람들인데, 흔히 그 사람들 덕에 경제 개발이 됐다고 생각해요. 또 그 사람들은 자기네들이 다 했다고 생각해요. 본질은 달라요. 대한민국은 국민이 일으킨 나라예요. 다른 후진국들은 경제 관료가 없고 미국 박사학위 있는 사람이 없었어요? 우리나라 국민들이 1970년대 중반까지도 하루 15시간 이상 묵묵히 참고 일을 했다고. 노사분규도 없었고. 국민들이 그렇게 협조적이었고, 1960년대에는 광부와 간호사들이 독일에 가서 외화도 벌었어요. 물론 관료와 기업인들이 큰 역할을 한 건 사실이야. 그러나 대부분의 역할은 국민이 했다는 말이에요."

김 위원장님은 노무현·문재인 전 대통령과 모두 인연을 맺었습니다. 최근 들어 노 전 대통령과 문 전 대통령을 비교하는 사람들이 많습니다. 둘 중 그나마 노 전 대통령이 유연한 사고를 가졌다고 긍정적으로 평가하는 사람들이 있고요.

"노 전 대통령은 본인이 처음부터 대통령이 되려고 노력한 사람이고, 나에게도 도와달라고 찾아오기도 했어요. 문 전 대통령은 우연히 다른 사람들에게 밀려서 (주위에서) 떠받쳐주기 때문에 대통령이 된 사람이잖아요. 차이가 있지."

노 전 대통령은 한미 FTA 등 지지층이 반대하는 정책도 밀어붙이는 강단이 있었다고 평가받는데요.

"IMF 사태를 극복하는 과정에서 양극화 현상이 심화했어요. 2002년 당시 노무현 후보는 출생 배경이나 성장 과정이 서민으로 보이니 국민이 선택했다고. 그런데 대통령 되고 나서 보니 누가 새로운 생각을 (주입)해줬는지 모르지만 깜빡이는 왼쪽으로 켜고 우회전했다는 것 아니에요? 서민들은 노무현이 대통령에 당선되면 생활이 향상되지 않을까 기대했는데 거꾸로 있는 사람만 덕을 봤잖아요. 그러니 (국민이) 경제를 아는 사람이 나오면 삶이 나아지지 않을까 싶어 이명박 씨가 공짜로 대통령이 된 거지. 나는 노 전 대통령에게 (집권에 대한) 설계가 있었다고 보지는 않아요. 대통령이 되기 위해 자기 나름대로 생각을 갖고 준비한 사람이 이승만, 박정희 그다음에는 김대중 대통령 정도가 있다고 생각해요. 내가 대통령이 되면 뭘 어떻게 해야겠다고 생각하고 대통령을 한 사람이지."

정치인은 누구 부하 노릇 하면 안 돼요

그간 여러 차례 만나며 느낀 바로는, 명문가의 자손이고 화려한 커리어를 가진 그에게서도 일종의 마이너리티 정서가 엿보인다. 주류이되 주류와는 결이 다른 사람이다. 어느 겨울에 진행한 인터뷰가 저녁 어스름 속에서 끝나갈 무렵, 그와 마지막으로 이런 문답을 나눴다.

새로운 주류의 탄생

말을 듣다 보면 김 위원장님은 '주류 속 이방인' 아닌가 싶습니다.

"내가 왜 주류 속 이방인이요?"

집안이나 그간 살아온 과정을 보면 분명 주류 라인에 있는데, 주류 안에서 독자적 목소리를 내오지 않았습니까.

"독일서 박사학위 공부할 적에 지도교수가 나보고 아주 지독한 놈이라고 했어요. 독일의 박사학위 지도교수는 운명을 쥐고 있는 사람이에요. 내가 10년을 공부해도 그 사람이 '너 안 돼' 그러면 끝이야. 내가 귀국하려던 시기가 마침 우리나라에서 유신이 발표된 시기예요. 지도교수가 나보고 '너 나한테도 그렇게 논쟁하고 덤벼드는 녀석인데, 그런 권위주의적인 체제에서 살 수 있겠어?'라고 말했어요. 그러니까 나는 지금까지 살면서 누구한테 의존해본 적이 없어요. 정치인은 누구 부하 노릇을 하면 안 돼요. 누구의 패牌가 되면 독자적인 목소리를 낼 수가 없어요. 항상 종속된 인간으로 살 수밖에 없어요. 그런 정치인은 되지 말라는 거지."

김 위원장님의 말이나 글을 접하다 보면, 결국 한국 현대사의 열쇳말은 '권력에 대한 탐욕'이고 그러니 제도적인 권력 분산 그러니까 개헌이 필요하다는 결론으로 이어지는데 맞습니까.

"맞아요."

개헌이 이뤄질 가능성은 희박해 보인다. 그렇다면 현행 대통령 중심제에서는 김종인 자신도 경세가의 뜻을 펴기 위해 권력자의 선의에 기대야 한다. 종속까지는 아니어도, 전략적 협력관계를 맺을 대통령 내지 대선주자가 있어야 그의 공간이 생긴다. 한국 정치의 아이러니다. 단독으로는 이상을 펼 수 없는 단독자의 삶. 이것이 김종인이 감당해야 할 운명일지 모른다.

새로운 주류의 탄생

새로운 주류의 탄생

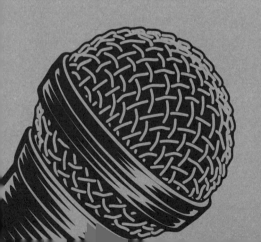

"보수도
노동·환경·인권
고민할 시기가
왔습니다"

자의식 강한

이단아

이준석

그는 대한민국에서 가장 전투적인 1985년생이다. 촘촘한 논리로 잘 벼려진 칼날을 조자룡처럼 휘두르는 사람. 과거에 이 칼날은 유시민(전 노무현재단 이사장), 노회찬(전 정의당 의원) 등 진보의 무기였다. 또 그는 "'80년 광주' 이후 태어난 제가 당대표가 됐으니 우리 당이 갖고 있던 부채를 떨쳐냈다"라고 공언하던 사람이다. '80년 광주' 앞에서 보수는 늘 진보에 타박을 받았다. 그의 등장으로 한국 보수는 진보에 대한 현대사 콤플렉스에서 해방됐다.

이준석은 2011년 12월 27일 정계에 데뷔했다. 치열한 싸움꾼이었다. 권력에 빚진 게 없으니 고개를 조아릴 필요가 없다고 보는 사람이다. 이것이야말로 그를 전국구 스타로 만든 발판이다. 고로 이준석 특유의 언행은 기질의 산출물이다. 그의 말을 듣고 있노라면 누가 적이

이준석 ─────────
1985년 출생 • 미국 하버드대 컴퓨터과학/경제학 학사 • 새누리당 비상대책위원회 위원 • 바른미래당 최고위원 • 미래통합당 최고위원 • 국민의힘 당대표 • 개혁신당 당대표

　　　　　　　　　　　　　　새로운 주류의 탄생

고 누가 친구인지 금세 알게 된다. "바보들", "시답지 않은 소리", "이상한 짓", "그 정도 정신머리", "수준 이하", "뒤통수", "좋은 아저씨 노릇이나 하려는 것", "하수인"…. 그가 국민의힘 인사들을 향해 쏟아내는 단어다. 눈치나 보면서 본심을 숨기는 행동은 안 하겠다는 투다.

자리 부탁할 처지가 아니니 거리낌이 없다. 마음에 없는 표정 따위는 짓지 않겠다는 의지로 똘똘 뭉친 사람이다. 애당초 적정선에서 휴전하자는 생각이 그에게는 없다. 보수의 주류는 그런 이준석을 경험 없고 불안한 존재로 여겼다. 거기서부터 갈등의 씨앗이 잉태했다. 주류는 이준석을 어린애처럼 훈계하려 했고, 자의식 강한 이준석은 여기에 대거리를 했다. 두루뭉술하게 말하는 일이 없는 이준석이 의견을 내놓으면 논점은 선명해졌으나 싸움은 격화했다.

한데 정치는 집단 사이의 전면전이다. 언제까지고 우군 없이 홀로 전장에 나설 수는 없는 법이다. 더구나 그가 정치를 시작한 기반은 보수가 약세인 서울, 그중에서도 노원 아닌가. 20대 대선을 두 달여 앞둔 시점, 그러니까 그가 윤석열 당시 대선후보와의 갈등을 극적으로 봉합한 직후 만나 이렇게 물은 적이 있다. 아직은 그가 당권을 쥐고 있을 때다.

반골의 탄생

> 이 대표도 현실 정치인입니다. 지역구는 국민의힘 약세 지역이고요.
> 당내에 탄탄한 기반을 갖춰야 선거에 나가기에도 수월할 텐데 너무 무

모한 싸움 아니었나요.

"보통 우리 당 정치인들이 큰 정치로 나아가는 과정에서 어려움을 겪는 이유는 당내에서 미움과 비판을 받을 용기가 없기 때문이에요. 대선에 이기면 많은 사람이 반추하겠죠. 전환점에서 승부수를 던진 사람이 누구였는지 많은 사람이 기억할 겁니다."

정말로 후회는 없습니까.

"저는 정치하면서 후회한 적이 거의 없어요. 정치를 하다 보면 '오르락내리락'을 겪겠지만, 자기 선택에 항상 책임지면 되는 거죠."

이준석은 2023년 국민의힘 3·8 전당대회에서 '천아용인'(천하람·허은아·김용태·이기인)을 지원했다. 당대표 후보로 출마한 천하람은 14.98%를 얻었고, 일각에서는 그를 '이준석의 대체재'라 칭하기 시작했다. 그로부터 한 달여 뒤 만난 이준석에게 "여권 주류 쪽에서 이 전 대표와 천하람 전남 순천갑 당협위원장(현 개혁신당 최고위원)을 갈라치기 하려는 모양새가 있지 않나"라고 물었을 때 아래와 같은 답을 들었다. 분명 질문의 요지는 '이준석-천하람 갈라치기'였는데, 답변을 곰곰이 듣다 보면 결국 본인을 주체로 둔 시각이라는 점을 알게 된다.

"열심히 해보라 하죠. 그게 되겠나. 매번 (정치권에) 젊은 사람이 등장했을 때 저를 상수로 놓고 얘기해요. 민주당에서 누구를 영입해도 첫 번째 인터뷰 보면 늘 '이준석의 대항마가 나왔다'에

요. 그게 처음이자 마지막 인터뷰인 경우가 되게 많아요. 제가
자만하겠다는 게 아니라, (대항마를) 하면 좋은 거죠. 그런데 그
게 되냐는 거죠. 정권에 줄 대 충성해서 올라가는 방식으로는 아
무리 해봤자 장예찬 최고위원보다 잘할 수 있겠습니까? 그 길이
아니라면 고행을 마다하지 않는 길로 가야 되는데, 그 길을 택한
다는 것만으로도 저는 제 동지라고 생각합니다. (천 위원장과) 없
는 살림에 싸울 일이 없어요."

그러니 반골反骨이라는 단어가 누구보다 어울리는 사람이다. 남들이
으레 가는 길로 가본 적이 없다. 그 길을 가면 자신이 소멸한다고 생각
한다. 좌충우돌과 도발을 마다하지 않는 '이준석 스타일'이다. 강준만
전북대 신문방송학과 명예교수는 그가 택한 "윤석열에 대한 증오·혐
오의 감정을 드러내는 식의 공격"이 오판이었다면서 "국민의힘 내부
에서 지지를 얻어 튼튼한 발판을 만드는 게 우선"[3]이라고 충고한 적이
있다. 이 글을 읽었다는 그는 나와의 인터뷰를 빌려 강 교수에게 이렇
게 답했다.

"강 교수께서 하는 말이 일반적 해법일 거예요. 저는 일반적 해
법을 거부하고 새로운 해법을 만들고 싶어요. 노무현 전 대통령
이 일반적 해법을 부정했죠. 호남의 '난닝구 정치인'들과 함께하
면서 (위기를) 뚫고 나가는 방식을 거부하고 새로운 지대를 구축

---

3 《경향신문》 2023년 3월 15일 자 〈[강준만의 화이부동] 왜 이준석은 그런 오판을 했을까?〉.

한 거잖아요. 그 여파로 탄핵도 당했고 고생했지만 나는 그 길이 맞다고 봐요. 3당 합당 거부는 노무현의 객기였고 그것이 노무현에게 10년간의 고행을 안겼지만, 그 결기가 십수 년 뒤 대권에 나갈 때 올곧게 행동할 시초가 됐거든요. 제가 택한 방식 탓에 고행이 있더라도 저는 투자라고 생각해요."

노무현을 이준석으로, '난닝구 정치인'을 윤핵관(윤석열 대통령 측 핵심 관계자)으로 치환해 그의 발언을 다시 읽어보자. 대강의 윤곽이 그려진다. 국회의원 당선에 연연치 않고 훗날의 대권을 위해 투자하겠다는 얘기다. 그리하여 이준석은 윤석열과의 관계를 복원할 생각이 없다. 아니, 되레 투쟁의 대상으로 삼는다. 그는 윤 대통령을 겨냥해 거악巨惡이라는 단어를 썼다. 검찰총장 출신 대통령으로서는 모멸감을 느낄만한 표현이다. 그의 말이다.

"제가 거악이라 표현한 이유는 (윤 대통령이) 서글플 정도로 여당과 대한민국 행정을 무너뜨렸기 때문이거든요. 야당의 방해 때문이라고 하기도 힘들어요. 여소야대 소리를 꺼내기 힘들 정도잖아요. 어느 대한민국 국민도 대통령을 불쌍하게 보지 않습니다."

윤석열의 국민의힘은 '박근혜의 새누리당'이나 '이명박의 한나라당'과 다른 정당입니까.
"탄핵을 겪으면서 자금력과 조직 동원력을 상실한 보수는 태극기 집회를 통해 종교계와 결탁합니다. 아스팔트 보수를 만들어 야당 생활을 했는데 2020년 선거에서 속절없이 180석 내주고 졌단 말이죠. 보수가 단결을 안 해서 진 게 아니라 단결했더니 진 거예요. 보수가 과거의 엘리트성을 회복하지 못하고 사람을 구속시키느냐 마느냐와 같은 검찰 논리 속에서 국가를 운영하면 더 이상 보수 집단이 아닐 겁니다."

내적으로는 검찰, 외적으로는 아스팔트 보수와 결합한 구도인가요.
"대학생들한테 시위에 대해 물으면 어르신들이 태극기와 성조기 들고 노래 크게 틀어 광화문에서 뛰는 것이라고 답해요. 시위는 정상적으로 의견을 투영하기 어려운 사람들의 수단인데, 20년 전에는 진보가 했고 지금은 보수가 하고 있어요. 보수가 절대적 소수가 됐다는 의미거든요. 보수가 확장성을 보이지 않으면 집권할 수 없는 상황에 이르렀음에도 현실을 모르는 거예요."

상명하복 vs 자유분방

애당초 '검찰총장 출신 윤석열'과 '직설적이고 자유분방한 이준석' 간에는 불화의 소지가 도사렸다. 야심가라는 공통점 말고는 영 어울리지 않는 조합이다. 검찰 조직에 드리운 질서·단합·상명하복 등의 단어는 이준석의 길과 아스라이 멀어 보인다.

윤 대통령이 술을 통한 교유交遊 방식을 즐긴다고 알려져 있는데요.

"정치에도 다양한 리더십 모델이 있을 수 있죠. 김무성 전 새누리당(현 국민의힘) 대표도 '큰형님 리더십'의 정치를 했어요. 의견이 충돌했을 때 '이번에 한 번 내 말 믿어봐. 나중에 책임질게'라는 시스템이 있던 거죠. 그런데 형님 믿고 갔는데 형님이 뒤통수치면 이 시스템은 끝나는 거예요. 술 한잔 먹고 '짝짝짝' 했다면 책임도 본인이 져야 하고 잘못됐을 때 미안하다고 해야 하는 거죠. 그게 사라진 상태에서의 '술 리더십'은 아무 의미가 없습니다. 상대 입장에서 불쾌한 기분밖에 안 남는 거죠."

이 전 대표가 술자리를 거절해 윤 대통령이 불쾌해했다는 얘기를 들었는데, 사실입니까.

"이준석을 나쁜 놈 만들어야 하는데 내용적으로는 할 게 없잖아요. 선거도 이겼고. 그러니까 윤 대통령이 술을 권했는데 마시지 않아서 불쾌했다는, 말도 안 되는 얘기를 만든 겁니다. 국내 정치에서는 몰라도 외무대신 출신인 기시다 일본 총리와 술 마시고 '짠짠짠'? 이건 아니죠. 정작 노조하고는 '짠짠짠' 안 해요. 꼭 자기 테두리 안에 있는 사람들하고만 하거든요. 만약 그것이 (본인이) 지향하는 정치 방식이면 이재명 더불어민주당 대표와는 왜 못 하죠?"

윤 대통령이 이재명 대표를 범법자라 인식해 못 만난다 해도 다른 민주당 인사들은 만날 수 있지 않을까요.

"이 대표가 범법자라고 생각하기 때문에 더 만날 수 있는 거예요. 그것이 대범한 정치입니다. (윤 대통령 리더십은) 김무성식 '큰 형님 리더십'과 너무 달라요. 김무성 전 대표가 젊은 사람들한테 캐리어나 굴리는 사람처럼 돼 있지만, 김 전 대표는 뒤끝은 없어요. '이렇게 가자' 했다가 나중에 잘못되면 잘못했다고 얘기하는 스타일이니 사람들이 그를 따랐던 거예요. '믿고 갔더니만 내 뒤통수를 치네?' 이러면 다 떨어져 나가죠."

윤 대통령이 국민의힘 입당 전 윤 대통령 자택에서 두 차례 만난 것으로 아는데요. 맥주를 곁들이면서 나름 속 편한 얘기를 할 만한 분위기 아니었습니까.

"저녁 먹고 만난 자리라 맥주밖에 먹을 수 없는 분위기였어요. 한 캔 마셨나 두 캔 마셨나…."

무슨 얘기를 나눴나요.
"그야말로 상견례였어요. 제 입장에서는 공개하면 안 되는 자리였고요. 당대표가 유력 대선후보를 사전 접촉한 셈이 되니 저는 공개를 안 했거든요. 나중에 언론에 기사가 나니까 우리 쪽에서 공개했느냐면서 그때부터 적대시하더라고요. (미간을 찌푸리며) 이해가 안 가요."

그나마 윤 대통령이 이 전 대표를 편하게 대했던 건 언제였습니까.
"지지율 오르니 좋아하더라고요.(헛웃음) 그런 기억(편하게 대한)은 별로 없어요. 저는 가장 충격이, (2022년 6월) 지방선거 끝나고 처음 만난 자리에서 경기지사 선거 패배를 내 탓하는 걸 보면서 깜짝 놀랐어요."

여권에서 주류와 비주류를 가르는 리트머스 시험지 중 하나는 '이준석의 대선 기여도'에 대한 태도다. 주류는 이준석 탓에 20대 여성이 민주당 쪽으로 이탈해 질 뻔했다고 주장한다. 비주류는 이준석이 내건 세대포위론[4] 전략이 효과를 냈다고 본다.

---

4 국민의힘 전통 지지층인 60대 이상과 신新지지층인 20·30대의 결합을 통해 민주당 지지층을 포위.

윤 대통령이 정치권에서 성과 내는 사람이 누군지 모른다고 말한 적이 있는데 무슨 뜻입니까.

"(윤 대통령이) 영원히 모르리라 생각해요. 지난 선거에서 이준석은 득표에 엄청난 마이너스였다고 대통령이 말하고 다니잖아요. (내가) 내부 총질했다는 것 아닙니까. 그러면 득표에 플러스된 사람이 누군지 찾아야 하는데, 이준석은 아니었다고 선언했으니 전광훈 목사인가요? (결국) 다 마이너스인데 '내가 위대한 영도자여서 선거에 이겼'는 생각으로 갈 수밖에 없어요. 이준석이 선거 때 (득표에) 플러스가 됐다는 걸 인정하는 순간 지난 1년 동안 해온 모든 것이 객기고 오만이었다는 걸 증명하는 셈이니 그걸 못 하는 거예요."

윤 대통령도 성과를 내기 위해 연금·교육·노동개혁 등 3대 개혁을 추진하고 있지 않습니까.

"노동개혁이라면서 나오는 게 '노조 때려잡기'잖아요. 이건 개혁이 아니에요. 교육개혁이면 인재를 어떻게 길러낼지에 대한 방향성을 설정해야 하는데, 좀 있으면 '교원 노조' 털겠다고 할 것 같아요. 국민이 볼 때는 개혁이 '악인 만들어 때려잡기'라고 생각하게 되는 겁니다. 마약 사범을 열심히 잡겠다고 하는데, 마약 사범이 갑자기 많아진 걸까요. 아니면 그것을 띄운 걸까요. 마약 사범은 계속 잡고 있었죠. (단지) 그것이 신문에 등장하게 만든 힘은 권력기관에 있죠."

정무적으로만 보면 박근혜 전 대통령에게는 김기춘 전 대통령비서실장, 이명박 전 대통령에게는 이재오 전 특임장관이 있었습니다. 지금은 그런 인물이 안 보이고요.

"대한민국 보수 원로 중 정책과 정무기획의 최고봉은 김종인 전 국민의힘 비상대책위원장이고, 조직이나 형님 리더십의 최고 대가는 김무성 전 대표인데 (윤 대통령이) 두 사람 다 바람맞혔잖아요. 김종인 전 위원장은 대선 때 쫓아냈고, 김무성 전 대표는 민주평통(민주평화통일자문회의) 부의장 맡긴다고 했다가 (기용설이) 사라져 버렸고. 원로들이 그 모습을 보면서 돕고 싶지 않을 겁니다. 원로들이 여야 가리지 않고 방송에 나와서 내각제 하자고 해요. '대통령 못하고 있다'는 말이거든요. 윤 대통령이 기분 나쁘겠지만 무슨 의미인지 들어야 합니다."

윤핵관의 핵심인 장제원 의원은 총선 불출마를 선언했는데요.

"그분이 정치하면서 여러 번 말을 갈아탄 것도 사람들은 알고 있죠. 윤석열 정부 집권 과정에서도 이분이 '백의종군하겠다'거나 '사퇴하겠다'는 얘기를 서너 번은 한 것 같아요. 그런데 아무 의미 없잖아요. 이번에도 마찬가지입니다."

이번에는 국회의원으로서는 아예 출마를 못 하게 된 셈 아닌가요.

"출마를 못 한다 한들 어떤 딜deal이 있으니까 움직였다고 생각하는 사람도 있을 거고요. (불출마에 대해) 그렇게 대단한 의미를 부여하지 않습니다."

새로운 주류의 탄생

Team of Rivals

『팀 오브 라이벌스Team of Rivals』(2005)라는 책이 있다. 퓰리처상을 수상한 미국 역사학자 도리스 굿윈Doris Goodwin이 쓴 논픽션이다. 부제는 '에이브러햄 링컨의 정치적 재능'이다. 국내에는 『권력의 조건』이라는 다소 생뚱맞은 제목으로 번역됐다. 책에는 링컨 전 대통령이 대선 경선 상대였던 세 명의 정적을 국무장관, 재무장관, 법무장관에 임명한 사례가 담겨 있다. 링컨은 상대 당인 민주당 출신들도 장관직에 앉혔다. 버락 오바마 전 대통령은 링컨의 용인술을 차용해 당내 경선에서 경쟁한 힐러리 클린턴을 국무장관에 기용했다. 또 공화당 출신의 척 헤이글, 존 맥휴, 레이 러후드를 각각 국방장관, 육군장관, 교통장관으로 발탁했다.

대선후보 시절 윤석열은 『팀 오브 라이벌스』에 관한 보고서를 받아본 적이 있다. 이 보고서는 훗날 국가보훈부 장관이 되는 박민식이 주도해 작성했다. 이에 관해 물었을 때 박민식은 "윤 대통령은 역사에 남는 리더가 되고 싶다는 생각을 많이 한다"라고 답했다. 통합의 리더십을 발휘할 의지가 있었다는 얘기다. 이 말을 듣고 나는 윤 대통령이 맞수에게 손을 내밀 수도 있겠다고 짐작했다. 실제 윤 대통령은 경선 경쟁자였던 원희룡을 국토교통부 장관으로 발탁했다. 최종까지 경쟁한 홍준표가 대구시장으로 가는 걸 막지 않았다. 단일화 맞상대였던 안철수를 대통령직인수위원장에 기용했고, 국회의원 보궐선거 출마길도 열어줬다.

한데 유독 유승민의 경기지사 선거 출마에 대해서는 비토veto로 비칠만한 모습을 드러냈다. 국민의힘 소속 경기도 내 당협위원장 대다수가 유승민을 배척했다. 유승민이 중도보수로서 가진 상징성을 고려하면 아쉬운 대목이다. '팀 오브 라이벌스' 정신은 가뭇없이 사라졌다. 그런 의미에서 훗날의 정치사가史家들은 2022년 경기지사 선거를 변곡점으로 기록할지도 모른다. 보수와 중도의 연대 덕에 집권한 윤 대통령이 임기 초부터 스스로 지지연합의 한 축을 잘라낸 사건이라고 말이다. 다시 이준석과의 대화로 돌아간다.

경기지사 공천 과정에서 당 주류가 조직적으로 유승민 전 의원을 배제했다는 얘기가 정설처럼 돼 있는데요. 당시 당대표였는데, 구체적으로 어떤 움직임이 있었습니까.

"언론에 나온 그대로예요. 유 전 의원도 그걸 극복하기 위한 여러 작전을 갖고 있어야 했다고는 보지만, (윤 대통령) 본인이 김은혜 후보로도 이길 수 있다는 생각에 더해, 유 전 의원에게 어떤 기회도 주지 않겠다는 생각을 결합해 그렇게 한 거잖아요. 그럼 결과에 대해 본인이 책임지는 게 맞죠. 적어도 다른 사람 탓하면 안 되죠."

경기지사 선거 패배는 김은혜 후보의 경쟁력이 약했기 때문이었다고 보나요.

"선거운동 첫날 김은혜 후보와 같이 부천역에서 인사를 했어요. 그다음부터 윤핵관이 제 일정을 다 캔슬 시켰어요. 선거 내내 경기도에서 아무 데도 못 가게 만들었어요. 후보 쪽에서 오지 말래요. 그래 놓고 선거 5일 앞두고 질 것 같으니까 갑자기 저한테 와달라고 난리더라고요. 굉장히 화났지만 나가줬죠. 자기네가 경기도 날려 먹은 뒤에 나한테 선거 진 걸 탓하는 그 마인드가 이해가 안 가요. 어떤 덜떨어진 윤핵관이 (윤 대통령에게) 가서 이준석이 경기도 선거 안 돕는다고 보고했다는 것 아니에요? (어이없다는 표정으로) 정신 나간 거죠. 그런 일이 비일비재해요. 공과 사를 구분 못 할 뿐만 아니라 자기네가 이준석 없이 이겨보겠다고 했으면 결과에 책임을 져야 하는데 나중에 가서 딴소리하고. 그냥 수준 이하입니다."

흔히 이준석을 개혁보수라고 한다. 원조는 유승민이다. 이준석의 부친과 유승민은 고교와 대학 동기다. 이준석과 유승민은 대개 한 묶음으로 인식된다. 당사자 생각이 어떻건 현실이 그렇다. 정작 이준석은 개혁보수에 부정적이다. 합리적 보수라는 단어는 쓰지만 개혁보수를 내걸진 않는다. 21대 총선이 끝나고 한 달여 뒤(2020년 5월 8일) 그를 만난 적이 있다. 그가 국민의힘 당권을 쥐는 시점(2021년 6월 11일)보다 1년여 앞선 시기다. 취재 노트에 적혀 있는 내용은 이렇다.

"제가 유승민 의원한테 개혁보수라는 단어를 폐기하자고 했거든요. 유 의원은 그간 투자한 게 많으니 그렇게까지는 하지 않은 것 같은데, 말이 어려워요. '새 정치'보다 어렵죠. 저는 우파라는 단어도 별로 안 좋아해요. '자유 우파' 이러면서 뭐 대단한 게 있는 것처럼 말하지만, 그 단어 외치는 분들이 가장 전체주의적이고 수구守舊적이에요. 인권·민주·진보가 자기네 훈장처럼 얘기하는 사람들과 뭐가 다릅니까."

대신 이준석의 세계관을 관통하는 키워드는 경쟁이다. 그는 "대한민국 경제발전과 사회 진보를 이끌어온 핵심 단어는 경쟁"이라고 했다. 이어 "그간 경쟁 앞에 '치열한'이나 '무의미한'이라는 단어를 붙여 경쟁은 나쁜 것이라 인식했지만 '조국 사태'를 거치면서 '공정한 경쟁'이 가능하고 도리어 더 낫다는 인식이 퍼졌다. 그런데 보수가 이를 뽑아내질 못한다"라고 했다. 구체적 방안 중 하나로 "국·공립대는 100% 정시 '줄 세우기'로 뽑자"라고 제안했다. 없는 집 자식이어도 공부 잘해서 수능만 잘 보면 대학에 갈 수 있는 전형은 하나 있어야 한다는 논리다. 대신 사립대는 건학 이념에 맞춰 인재를 키우자고 했다.

고로 훗날 '당수 이준석'의 브랜드가 된 능력주의는 오랜 숙성을 거친 결과물이다. 그가 '토론 배틀'로 당 대변인을 뽑고 '공직후보자 자격시험' 도입을 공언한 것도 생뚱맞지 않다. 정치는 논리의 쟁투장이기도 하지만 한편으로는 정서적인 자기장 안에 있다. 혹자는 "'조국 사태' 이후 국민이 인식한 건 '차라리 줄이라도 세우면 공정하겠다'는 것"이라는 그의 말에 부작용을 우려하나 누군가는 통쾌함을 느낀다. 통쾌한 사람이 열 중 셋만 돼도 정치인에게는 '남는 장사'다. 민주당은 능력주의가 불평등을 강화한다며 이준석을 비판했다. 논쟁이 될법한 문제 제기지만 메시지에 힘이 실리지 않았다. 민주당이 '조국 사태'의 직간접적 이해당사자였기 때문이다.

새로운 주류의 탄생

롤 모델도 멘토도 없는 사람

이준석에게는 롤 모델이나 멘토가 있을까. 그가 사숙私淑하는 김종인인가. 지금이야 각자의 길을 가지만 한때 행보를 같이했던 유승민인가. 그가 '정치 조직화의 최고수'라 평한 김무성인가. 그도 아니라면 그의 표현대로 '일반적 해법을 거부하고 올곧게 행동한' 노무현인가. 이준석에게 존경하거나 좋아하는 정치인이 있는지 물었을 때 들은 답변이다.

> "제 정치적 재능을 발견해 준 건 박근혜 전 대통령이에요. 상당히 고맙죠. 좋은 기회에 좋은 직위로 정치활동을 할 수 있게 기회를 준 거니까요. 그 뒤 정치적 기술을 가르쳐주고 (제가) 보고 배우게 해준 분은 김종인 전 위원장이에요. 그분이 가진 정책에 대한 통찰력이나, 메시지를 만드는 능력에서 많이 배웠어요. 저랑 철학을 많이 공유하는 건 유승민 의원이에요. 어떻게 보면 각자 이질적이고 서로 좋아하지도 않는 세 사람이죠. (다만) 저는 그분들을 롤 모델로 삼지는 않을 겁니다. 그분들의 장점을 흡수해 제 정치관으로 삼는 게 목적이죠."

그렇다. 이준석에게는 롤 모델이 없다. 당연히 멘토도 없다. 누군가의 길을 그대로 따라갈 생각도 없다. 똑같은 질문을 그간 수많은 정치인에게 던졌는데, 가르침은 얻었으나 롤 모델로 삼지 않겠다고 답한 사람은 이준석이 유일하다. '나 잘났소' 하는 사람만 모인 여의도에서도 자존감에 관한 한 그를 따라갈 자가 없다. 좋아하는 사람의 조언도 곧이곧대로 듣지 않는다. 지난 대선 이후 김종인은 이준석을 만나 "사회과학을 공부하러 미국에 유학을 다녀오라"라고 조언했다. 학부에서는 공학을 전공했으니 시야를 넓히기 위해 사회과학으로 대학원을 다니라는 취지였다. 김종인은 독일에서 경제학으로 박사학위를 받았다. 이에 관해 이준석에게 묻자 그가 이런 말을 했다.

> "김종인 전 위원장이 독일에 유학 갈 때는 해외에서 유통되는 내용을 공부하려면 해외에 가지 않으면 안 되는 상황이었죠. 지금은 해외 정보를 많이 접할 수 있습니다. 저에게 해외 경험이 부족하다고 생각하지는 않아요. 유학도 다녀왔고요. 해외의 학술 연구를 찾아서 스스로 체화하는 게 중요한데 그건 한국에서 할 수 있어요."

나는 그를 만날 때마다 마치 공식처럼 최근 읽고 있는 책을 묻곤 한다. 2023년 봄 이준석이 재밌게 읽은 책은 『더현대 서울 인사이트』였다. 2022년 출간된 책이다. 『트렌드 코리아』라는 책으로 유명한 김난도 서울대 소비자학과 교수를 비롯해 4명의 전문가가 공저한 책이다. 루이비통 등 3대 명품이라 불리는 매장이 없는 채로 개장했으나 출점 첫해 6,637억 원의 매출을 올린 '더현대 서울'의 성공 비결을 다뤘다. 트렌드 분석서이자 경영 전략서로 분류된다. 와신상담(臥薪嘗膽)하던 그의 처지를 고려하면 다소 뜻밖의 선택이었다.

다른 책도 아니고 마케팅 책을 말하니 의외인데요.

"'더현대 서울'은 지하철역(여의도)에서도 가깝지 않고, 백화점이라기엔 좀 특이하게 생긴 건물인데도 20·30이 갈 수 있는 곳이 됐단 말이죠. 먼저 '백화점'이라는 이름을 뺄 결심, 또 여의도를 빼고 서울이라는 이름을 붙일 결심이 컸거든요. 책을 읽어보면 정당에 치환해서도 생각할 점이 많아요. 보수정당이 앞으로 보수라는 단어를 버릴 용기가 있을까. 그리고 우파라는 단어를 버릴 용기가 있을까. 이것이 첫 번째 과제가 될 거예요. 그렇다고 해서 보수가 아닌 걸 하자는 것도 아니고 극진보를 하자는 것도 아니에요. 하지만 지금 (보수정당) 지지층 중에 보면 '나는 우파요' 이러면서 동네에서 뭐라도 되는 것처럼 하고 다니는 사람들이 있는데, 그 사람들이 보수라는 틀을 스스로 버릴 수 있을까 생각하면서 (책을) 보고 있어요. 형식적으로는 '보수요' '우파요' 이러지만 정책이나 정당 운영 방식에 있어 그걸 탈피한 지 오래거든요. 이름 하나 남은 고택 같은 느낌이거든요. 문 열고 들어가면 에어컨 빵빵한 현대식인데, 문패만 계속 보수를 달아놓고 있는 게 맞느냐에 대해 고민해 봐야죠."

복지 정책에서는 진보정당보다 더 전향적으로 나아갈 수도 있고요.
"그러니까요. 국민의힘이 보수정당으로 좁혀질 수 있겠는지에 대한 문제거든요."

김종인 전 위원장이 '보수정당이 보수를 주창할 필요가 있나'라고 말한 점과 같은 맥락입니까.

"그것이 김종인 전 위원장의 2012년 '보수 삭제' 논란이죠.[5] 김종인 전 위원장에게 항상 놀라는 게 뭐냐면, 그 어른은 저보다 10년 앞서갔던 거예요. 정당의 선거 트렌드는 10년 주기 정도로 변합니다. 1992년 3당 합당 이후 보수정당의 선거 방식은 철저한 호남 고립이었어요. 이명박 대통령으로 넘어가면서 뉴라이트 선진화 담론이 있었죠. 박근혜 대통령이 집권하면서는 복지와 중도화 담론이 (보수로) 들어온 거죠. 그런데 탄핵으로 중도화 노선을 포기하게 됩니다. 그러다 김종인-이준석 계열의 중도화 노선이 지난 대선과 지방선거를 치르면서 선거 전략으로 다시 빛을 봤거든요. 아이러니한 게 뭐냐면 맥이 끊겼던 뉴라이트 선진화 담론이 다시 대한민국을 쓸고 있는 겁니다. 선진화 담론이 MB 때 평가가 좋았나요? 그때 보인 얼굴들이 나이만 15년 더 들어 (윤석열 정부에서) 비슷한 담론을 펴고 있는데, 큰 틀에서는 걱정입니다."

드러내 놓고 이름을 언급하진 않았으나, 지금 그는 윤석열 정부의 이너서클inner circle을 공박하고 있다. 그렇지 않아도 윤석열 정부는 이명박 정부 출신이 다수 포진했다는 평을 듣는다. '이명박 정부 시즌2'라는 비아냥거림도 있다. 이와 달리 박근혜 전 대통령은 후보 시

---

5   당시 한나라당 비대위원이던 김 전 위원장이 당 정강·정책에서 '보수' 표현을 삭제하자고 문제 제기한 대목을 가리킨다.

새로운 주류의 탄생

절 경제민주화와 기초연금, 생애주기별 맞춤형 복지 구상을 내놓는 '좌클릭' 전략을 통해 과반 지지로 당선됐다. 즉 이준석은 보수 혁신의 시금석으로 '좌클릭' 혹은 '중도화'를 주창하고 있는 것이다. 굳이 보수라는 단어에 집착할 필요가 있겠느냐는 근본적인 질문을 던지면서 말이다.

보수·진보의 경계선이 사라진다

참고할만한 조사도 있다. 한규섭 서울대 언론정보학과 교수는 2021년 1월부터 이듬해 대선 직전까지 발표된 지지율 조사 600여 개 전수를 분석해 잠재적인 변곡점을 찾는 분석Change Point Analysis을 실시했다.[6] 그 결과 '대선후보 윤석열'의 지지율이 가장 많이 떨어진 시기는 역설적이게도 국민의힘에 입당했을 때였다. 무소속 윤석열이 야권 단일화 대신 국민의힘 입당을 택하면서 지지율이 최고점 대비 6~7%p 가까이 급락했다. 보수라는 울타리에 들어가자 중도성향 유권자가 대거 이탈한 탓이다. 윤 대통령이 국정 운영 스타일을 재점검해 볼 필요가 있는 이유다.

2023년 12월 13일에 다시 만났을 때 그에게서 '탈보수'에 대한 고민이 보다 깊어진 흔적이 보였다. 그가 국민의힘을 탈당하기 딱 2주 전의 상황이다. 바야흐로 이준석이 보수 깃발에 얽매이지 않겠다는 말을

---

6 《동아일보》2022년 8월 9일 자 〈[동시광장] 윤석열 대통령의 최대 리스크〉.

공개적으로 드러내기 시작한 것이다.

"윤석열 대통령 이후 보수와 진보의 경계선이 사라지고 있어요. 저는 윤 대통령이 하는 정치 방식이 보수의 경제관이나 산업관을 투영한다고 보지 않아요. 그러면 윤 대통령도 아예 보수가 아니라고 선언하는 게 낫죠. 저도 보수적인 사람이지만 정책의 틀을 보수 안에 가둬놓지 않을 겁니다. 철학이나 이념은 마음속에 담아두되 어떤 의제를 다룰 것이냐가 더 중요하다고 봐요. 성역 없이 의제를 다룰 정당이 필요하다고 생각해요. 보수정당 또는 새로운 형태의 정당이 안보·경제·교육에 이어 노동·환경·인권까지 고민해야 하는 시기가 왔습니다.

보수 유권자 중에는 신당이 국민의힘과 다시 합쳐 보수의 당이 됐으면 좋겠다고 생각하는 분도 있을 거예요. 사실 저는 그러고 싶지 않아요. 12년간 웬만한 정치인보다 국민의 사랑을 많이 받으면서 행복하게 정치했다고 생각하는데, 이것이 허업이 되지 않았으면 좋겠어요. 제가 국민의힘을 이끌어 선거에 이기고 대통령을 만든 건 그 자체로 엄청난 영광이지만 그것만으로 정치하는 이유가 성에 차는 건 아니거든요. 영속적인 변화를 만들어내려면 기존 보수정당의 틀로는 정말 어렵다는 걸 체감했어요. 어떤 사람은 나에게 '당에 있으면 총선에서 국민의힘이 쫄딱 망할 경우 기회가 올 텐데 왜 그러느냐' 할 수 있지만 설사 기회가 온들 무슨 의미냐는 거죠. 제가 흥미를 못 느껴요. 어렵더라도 군더더기가 없는 정치를 해보고 싶어요."

　　　　　　　　　　　　　　　　　새로운 주류의 탄생

그래서 최근 만나는 정치인들에게 2027년 대선까지 갈 의향이 있냐고 묻는 건가요.

"그렇죠. 신당新黨을 한다면 구호로 대선 결선투표제 도입을 강하게 얘기할 거예요. 대통령 4년 중임제나 내각제 등 다른 권력 구조 개편보다 훨씬 쉽게 받아들여질 겁니다. 대선을 결선투표제로 치르면 적어도 1·2·3등 후보가 대선에서 서로 물어뜯지는 않을 것 아닙니까. 1차에서 과반을 못 하면 3등 후보와도 연대해야 하는데, 그러면 서로가 서로에게 잘하려 하겠죠. 결선투표제가 있었다면 윤석열과 이재명이 격렬하게 붙었어도 심상정에게 캐스팅보트가 갔을 수도 있죠. 그러면 심상정은 지지율이 낮다 해도 하고 싶은 말을 마음대로 할 수 있었을 테고요. 저는 그것이 정치에서의 균형과 견제라고 봐요."

외교안보 정책에서는 어떤 입장을 취할 건가요.

"저도 미국에서 공부했지만 미국이 바뀌었어요. 과거의 미국은 조공외교처럼 주변국이 어느 정도 (미국의) 외교적 우위를 인정하고 안보 위기에 동참하면 경제적 이익은 가져가라고 열어 놨어요. 지금은 미국의 안보 이익에 동참해도 우리의 전기차 배터리 문제는 안 풀어주잖아요. 대통령의 외교를 보면 서방 국가에서 대접을 진짜 잘 받는데 무엇을 얻어왔지 생각하면 항상 물음표예요."

미국과 동맹은 강조하되 말은 할 수 있는 스탠스를 취해야 한다?

"특히 외교통상에 있어서는 미국에 요구할 건 요구해야 합니다."

YS 혹은 암 덩어리

보수 내에서도 그에 대한 평가는 극과 극이다. 조갑제는 그가 "젊을 때 YS(김영삼 전 대통령)를 닮았다"라고 했고, 황교안은 그와 유승민을 "암 덩어리"라고 칭했다. 황교안의 공세는, 자극적이기는 하되 식상하다. 온라인 공간의 댓글에서 볼법한 낙인찍기다. 이와 달리 조갑제의 '이준석론_論'은 신선하면서도 흥미롭다. 조갑제가 누군가. 한국을 대표하는 보수 논객 아닌가. 그런 그가 이준석을 두고 "보수에 경쟁과 활기를 줄 사람"이라면서 "보수의 새로운 미래상을 이야기한다"라고 했다.[7]

조갑제 대표가 YS를 거론해 화제가 됐는데요. 어떤 생각입니까.

"조갑제 대표께서 어떤 지점에서 바라보는지는 알겠어요. 지금 선출된 왕을 모시는 형태로 돌아가고 있잖아요. 보수의 책임주의나 엘리트주의는 사라지고 전전긍긍하는 사람들의 집합체가 돼가고 있거든요. 그런 세태를 비판하고 싶으신 목적도 있겠죠.

---

7 《조선일보》 2023년 12월 4일 자 〈조갑제 "이준석, 보수에 경쟁과 활기를 줄 사람… 젊을 때 YS 닮았다"〉.

또 탁월한 선동가이자 솔선수범하는 정치인이던 YS의 모습을 저에게 투영하고 싶은 게 아니었을까 생각합니다."

조 대표는 이 전 대표와 한동훈 법무부 장관(현 국민의힘 비대위원장)이 "상호 보완하며 보수의 미래를 끌고 가면 좋겠다"라고도 했는데요.
"저는 한동훈 장관이 정치하는 모습을 그릴 수가 없어요. 한 장관이 국회에 왔을 때 김건희 여사 관련 질문에 진땀을 뺐잖아요. 저도 한 장관처럼 따박따박 답변하는 삶을 살아왔습니다. 용기가 필요한 일이에요. 질문을 회피하지 않을 용기와 언젠가 가까운 사람에게 싫은 소리를 할 수도 있다는 불안감이 있죠. 이것을 극복하면 한 장관은 굉장히 (정치를) 잘할 수 있을 거예요. 그런데 지금은 한 장관이 비판할 수 없는 대상이 명확해 보이잖아요."

한 장관이 윤 대통령과 차별화하면 어떤가요.
"한 장관이 차별화하면 정치적인 인물로 크게 성장할 수 있겠죠. 그게 안 되면 대통령이 찍어 내리려 했던 흔하디흔한 2인자가 되지 않을까요?"

돌아보면 이준석은 야당 소속일 때보다 여당 소속일 때가 길었다. 권력의 지척에 있었지만 주류主流에 몸을 의탁한 적이 없다. 이명박 정부 때는 박근혜가 발탁한 비상대책위원, 박근혜 정부 때는 비박非차의 일원, 윤석열 정부가 들어서자 반윤反尹의 구심점이 됐다. 당대표를 할 때는 세勢가 부족해 주류로부터 사실상 축출을 당했다. 그런 그가 자꾸 노무현에 감정이입을 하는 것도 일견 이해가 간다. 비주류여도 정치에서 성공할 수 있다는 점을 입증하고 싶은 것이다.

그런 의미에서 이준석을 생각하면 잊히지 않는 장면이 있다. 2023년 4월에 그를 경남 진주에서 만났을 때다. 그즈음 그는 전남 순천과 경남 진주를 오가며 활동했다. 인터뷰를 마친 뒤 사진 촬영을 위해 진주 촉석루에 올랐다. 그가 나타나자 20대로 보이는 여성이 친구에게 이렇게 말했다. "TV에 나오는 사람이잖아. 나이 든 사람들이 괴롭히는 젊은 사람." 민심은 대개 권력과 충돌하는 자의 편이다. 그에 대한 호불호와 별개로, 세상엔 그를 핍박받는 자로 보는 시선이 존재한다. 이것이 이준석의 정치를 지탱하는 진짜 에너지다.

새로운 주류의 탄생

"저는 진보·보수 중간에 있는 사람이 아닙니다"

징계가 키운 리버럴 금태섭

반항아인가, 선구자인가. 공인公人 금태섭에
게 꼬리표처럼 따라붙는 질문이다. 그는 서울중앙지검 형사4부 검사
시절이던 2006년 《한겨레》에 '현직검사가 말하는 수사 제대로 받는
법'을 연재했다. 1회 연재분에서 금 검사는 "약자인 피의자가 반드시
지켜야 할 행동 지침이 두 가지 있다. 첫째는 아무것도 하지 말라는 것
이다. 둘째는 변호인에게 모든 것을 맡기라는 것"이라고 썼다. 더불어
"글을 쓴다고 하니 한 친한 검사로부터 반농담조로 '조직에서 추방당
하고 싶으냐'라는 말까지 들었다"라고 했다.

친한 검사의 우려는 진담이 됐다. 글이 나간 직후 검찰 수뇌부가 발
칵 뒤집혔다. 요직을 두루 거치며 잘 나가던 검사는 졸지에 '물의를 일
으킨 조직원' 처지로 전락했다. 10회 예정이던 연재는 1회로 막을 내

금태섭

1967년 출생 • 미국 코넬대 법학 석사 • 서울중앙지방검찰청 검사 • 제20대 국회의
원 • 더불어민주당 전략기획위원장 • 새로운선택 공동대표

렸다. 이 글을 지금 읽어보면 헛웃음이 나온다. 대단한 수사 기밀이나 내밀한 조직의 치부를 기대했다면 실망할 수 있다. 수사 실무자가 피의자에게 "상황을 파악한 이후에도 수사에 대응할 충분한 시간과 기회가 있다"라며 조언을 건넬 뿐이다. 수뇌부가 요란을 떨었다는 점이 되레 기괴하게 느껴진다.

같은 해 10월 그는 "검사로서 부적절한 글을 기고했다"라며 검찰총장으로부터 경고 처분을 받았다. 그 뒤 수사와 관련 없는 서울중앙지검 총무부로 인사 조치됐다. 결국 금태섭은 이듬해 사표를 내고 검찰을 떠났다. 그는 "검찰총장의 경고는 엄밀히 말하면 공식 징계는 아니다"라고 했으나 징계로 비치면 그것이 징계다. 결과적으로는 이 일로 12년간 일한 검찰에 대해서도 눈치 보지 않고 말할 자격이 생겼다. 덕분에 차고 넘치는 '전직 검사' 중에서도 유독 이 사람만은 다른 영토에 있다는 느낌이 인다.

변호사로 일하던 그는 2016년 총선에서 더불어민주당의 공천을 받아 서울 강서갑에서 당선됐다. 민주당에 대한 애착에 관해서라면 그의 앞에서 훈장 내밀 사람은 많지 않다. 처음 투표권을 얻은 제13대 대선에서 김대중 평화민주당 후보를 찍었고, 검사 시절 내내 민주당을 지지했다. 정작 정계에는 2012년 안철수 무소속 대선후보 캠프에 합류하는 방식으로 데뷔했는데, 박근혜를 이길 사람이 안철수밖에 없다고 판단했기 때문이란다. 그렇게 돌고 돌아 민주당 국회의원이 됐으니 그 자부심은 한껏 드높았을 것이다.

임기 첫해 대변인과 전략기획위원장을 연달아 꿰찬 그는 잘나가는 의원이었다. 변호사 시절 방송 출연 등으로 얻은 인지도는 여의도에서 그의 상징자본을 두텁게 했다. 진지함과 천진난만함이 한데 섞인 얼굴은 묘한 호감을 줬다. 지식인 사이에서는 '책 좋아하는 정치인'으로 통했다. 그 와중에 현직 의원 신분으로 《한겨레》에 '금태섭의 국회의원이 사는 법'을 연재했으니 필력은 물론 성실성도 입증됐다고 할 수 있다. 재선·3선을 넘어 큰 꿈을 그려도 이상하지 않을 자산을 차곡차곡 쌓아간 셈이다.

유유히 흐르던 금태섭의 정치 인생 물줄기는 2019년 9월 6일에 바뀌고 만다. 이날 열린 조국 법무부 장관 후보자 인사청문회에서 그는 "후보자는 학벌·출신과 달리 진보 인사라는 것 때문이 아니라 말과 행동이 다른 언행 불일치 때문에 비판받는 것"이라고 했다. 그 뒤 그의 페이스북에는 "내부 총질", "반역자", "밀정", "뒤에서 칼 꽂는 찌질함" 따위의 댓글이 달렸다. 그는 같은 해 12월 30일 국회 본회의에서 고위공직자범죄수사처(공수처) 설치법에 여당 의원으로는 유일하게 기권표를 던져 극렬 지지층의 반발을 샀다.

결국 그는 2020년 3월 12일 열린 민주당 서울 강서갑 경선에서 탈락했다. 5월 25일에는 민주당 윤리심판원이 금태섭에게 경고 처분을 내렸다. 공수처 설치법 찬성이라는 당론을 위배했다는 이유였다. 낙천에 이어 징계까지 받았으니 당사자로서는 두 번 죽은 꼴이다. 그즈음 나는 일면식이 없던 그에게 장문의 문자메시지를 보내 인터뷰를 요청했다. '주류와 불화하는 풍운아의 삶'이라는 주제로 대화를 나누고 싶다고 했다. 그는 "제가 지금 인터뷰를 안 하고 있습니다. 죄송합니다"라는 답장을 보내왔다.

그로부터 3년 6개월이 지난 2023년 11월 28일에서야 금태섭을 만

새로운 주류의 탄생

났다. 그는 새로운선택 창당준비위원회 대표 직함으로 나를 맞았다. 약속 장소는 당사였는데, 대표실이 따로 없이 모든 구성원이 동등한 크기의 책상에서 일하는 모습이 인상적이었다.

지금 와서 후회하는 점입니다

공직자로서의 이력을 보면 징계로 큰 사람 같다는 느낌이 들 정도입니다.

"저는 징계가 잘못됐다고 생각하지만, 징계가 필요하다고 생각하는 사람도 이해합니다. 제가 검찰총장의 표창을 받고 나서 검찰총장으로부터 경고를 받았어요. 민주당에 와서도 추미애·이해찬 대표의 표창을 받고 나서 징계를 받았죠. 표창을 받을 때나 경고나 징계를 받을 때나 저는 조직에 도움 되는 일을 했다고 생각해요. 징계하고 경고한 사람을 원망하지 않아요. 법률가니까 법적인 제재를 받으면 부끄러워해야 마땅한데 전혀 부끄럽지 않습니다. 불이익을 감수하고 행동했다는 점에서 자랑스럽게 생각합니다."

공수처 설치법 표결 전날 이해찬 당시 대표가 불러 밥을 먹었다고 알고 있는데요.

"민주당은 관습에서 자유로운 정당이었는데 어느 순간부터 보수정당의 나쁜 모습을 많이 배웠어요. 이해찬 대표와 밥 먹는 동안 '공수처는 문제가 많습니다. 아무 소용없는 조직이 되거나 사찰 기관이 될 겁니다'라고 얘기했어요. 이 대표가 '그런 면은 생각을 못 해봤네' 말씀하고 가셨어요. 당대표 입장에서 초선 의원과 이래라저래라 하지 않은 거죠. 그런데 이 대표 가신 뒤에 비서실장 하던 의원이 와서 '대표님이 밥까지 사줬는데 반대하면 안 된다'라고 해요. 이게 뭐 하는 짓인가 싶었죠. 아주 잘못된 모습이라고 생각합니다."

말하자면 예스맨이 되라는 것 아닙니까. 누구나 정치를 시작할 때는 '나는 예스맨이 되지 않겠다'고 다짐하지만, 결국 조직 논리에 복속되는 과정에 들어서는데 왜 그런 겁니까.

"제가 86학번인데요. 저희 때는 대학에 입학하면 부모님이 마음을 졸였어요. 자식이 데모하면 어쩌나 하고요. 주로 듣던 말이 '너희 말이 옳은데 나중에 졸업하고 직장에 가서 책임 있는 위치에서 주장해라. 너희가 많이 알겠지만 모르는 것도 많다'였어요. 그러다 늙는 거예요. 제가 검사가 될 때 이런 생각을 했어요. '마음에 들지 않는 모습을 많이 보겠지만 5년은 찍소리 말고 따라보자. 그래야 내가 조직에서 배운다'라고요. 처음부터 '이게 말이 되나요?'라고 하면 그냥 별난 놈 되는 겁니다. 처음에는 고개 숙이고 살지만 5년이 지나 10년 차가 다가오면 그땐 책임을 지고 말을 하겠다고 생각했어요. 그래서 《한겨레》에 글을 쓴 거예요. 정치에서는 대부분의 사람이 예스맨으로 끝나죠. 예스맨이 되지 않으려면 어느 시점에 용기를 내야 하는 거예요. 판단의 순

새로운 주류의 탄생

간이 옵니다. 다들 스스로는 중요한 순간을 기다리고 있다고 생각해요. 그러다 평생 기다리죠. 불이익을 각오하는 일은 아무도 안 해요. 결국 행동으로 보여줘야죠."

민주당에서 리버럴의 면모가 사라진 이유가 비단 '조국 사태' 때문일까요. 아니면 리버럴의 면모가 사라지기 시작하는 과정에서 결과론적으로 나타난 사건이 '조국 사태'였을까요.

"몇 개의 변곡점을 거치면서 진영 논리가 굳어진 겁니다. 2016년 총선에서 민주당이 큰 결단을 내리면서 김종인 비상대책위원장을 모셔 오고 진영의 상징적인 인물인 이해찬·정청래를 공천에서 자르면서 이겼어요. 당시만 해도 밑에서는 '문재인은 안 된다'는 생각이 있었습니다. 문재인을 좋아하는 사람은 많고 민주당의 대표주자이긴 하지만 문재인을 싫어하는 사람이 더 많다는 거였죠. 문재인 개인이 잘나고 못나고의 문제가 아니라 그분이 진영의 상징인 거예요. 그런데 아무도 예상치 못한 탄핵이 일어납니다. 그 시점에서는 진영의 대표주자가 나가면 무조건 대통령이 되는 거예요. 그렇게 문 대통령이 집권하면서 바뀔 기회가 사라졌어요. 그 뒤 정권의 코어에 있는 사람들이 노무현 전 대통령의 복수를 하기 시작했죠. 그러다 '이렇게 가서는 안 된다. 한국 사회를 생각해도 그렇고 민주당이 전략적으로도 이기기 어렵다'라는 얘기가 나왔는데, 또 아무도 예상치 못하게 코로나19가 오면서 총선에 대승한 겁니다."

그의 말대로라면 '자유가 사라진 민주당'은 의도라기보다 결과다. 몇 가지의 역사적 우연이 고약하게 겹친 탓에 만들어진 정치 지형이다. 허나 나쁜 결과를 순순히 받아들일 요량이면 정치인이라는 직업이 존재할 이유가 없다. 정치는 개인보다 집단으로, 신념보다 책임으로 움직이는 사람들의 업業이다.

민주당 시절 뜻 맞는 동료들을 규합해 세력화에 나서 당내 기득권과 싸우는 방법을 택할 수도 있지 않았을까요. 그런 시도를 해본 적은 없습니까.

"세력도 모으고 뭐라도 해봐야 하지 않나 싶어 굉장히 노력했죠. 그런데 저는 성격이 남한테 폐 끼치는 걸 못 합니다. 진짜 정치적으로 뛰어나고 훌륭한 분들은 함께 하는 사람들을 고난으로 몰아넣는데, 저는 그걸 못 하겠더라고요. 말 통하는 의원들한테 가서 '이 시류에 끌려가면 당선도 되고 민주당이 1당이 되는데, 그래도 나서야 한다'라고 설명할 수는 있지만 '힘들어도 함께 하자'라고 얘기하기가 어렵던 거죠. 지금 와서 후회하는 점입니다."

언론에서는 민주당 소장파의 대명사로 '조금박해'(조응천·금태섭·박용진·김해영)라는 표현을 쓰지 않았습니까. 네 사람이 함께 대안을 도모하지는 않았나요.

"언론에서 만든 표현이고요. 그때 우리 넷이 그렇게 모여 있지는 않았습니다."

새로운 주류의 탄생

사실 네 사람의 결이 달라 보이긴 합니다.

"결이 다르죠. 이제는 다 끝나버렸지만 당내에서 비슷한 고민을 하던 사람끼리 수요일마다 점심을 먹는 수요모임이 있었어요. 거기에는 조금박해가 아닌 사람도 많았죠. 왜 조금박해가 됐는지 저는 모릅니다. 조응천 의원이나 박용진 의원, 김해영 전 의원과 모두 친하고 김 전 의원과는 가끔 연락하는데 넷이 뭉쳐 있던 건 아니에요. 더 잘 통하고 자주 만나는 이들은 따로 있었죠."

금태섭은 2020년 10월 21일 민주당을 탈당했다. 이날 그는 '민주당을 떠나며'라는 제목의 글에서 "민주당은 예전의 유연함과 겸손함, 소통의 문화를 찾아볼 수 없을 정도로 변했다"라고 썼디. 언론의 주목을 받지는 못했지만, 이 글에는 카를 슈미트Carl Schmitt의 이름이 등장한다. "독일의 정치학자 카를 슈미트는 '정치는 적과 동지를 구별하는 것'이라는 얼핏 보기에 영리한 말을 했지만, 그런 영리한 생각이 결국 약자에 대한 극단적 탄압인 홀로코스트와 다수의 횡포인 파시즘으로 이어졌습니다." 대놓고는 아니지만, 간접 화법 방식으로 자신이 활동해온 조직을 파시즘이라 공박한 것이다. 사람도 조직도 추종하지 않는 자유인이어서 가능했던 일이다.

여집합 논리의 반복

그런 그는 2021년 12월 7일 윤석열 국민의힘 대선후보 선거대책위원회에 합류했다. 김종인 총괄선대위원장 직속 조직인 총괄상황본부 산하 전략기획실장을 맡았다. 그러다 이듬해 1월 5일 김종인이 사실상 쫓겨나는 과정에서 함께 나왔다. 애당초 그의 DNA와는 어울리지 않는 조직이었다.

> 활동 기간은 짧았지만 처음으로 보수 정치 세력에 참여한 셈인데 어떻던가요.
> "알고는 있었지만 역시 형편없다고 생각했어요. 윤석열 캠프에 들어가기 훨씬 이전부터 김종인 전 위원장과 여러 의논을 했습니다. 김 전 위원장의 구상은 이랬죠. '우리나라 정치가 다 엉망인데 한쪽이 엉망이면 다른 쪽도 똑같이 엉망이 된다. 한쪽을 살

려놓으면 다른 한쪽도 제정신을 차린다. 보수진영에는 대선후보로 나올 사람이 없다. 유력 후보인 윤석열이나 최재형(전 감사원장, 현 국회의원)은 모두 당 밖에 있다. 우리나라 보수정당은 대선주자에게 졸졸 끌려다닌다. 그러니까 대선후보가 정신 차리면 보수정당을 탈바꿈할 수 있다. 그렇게 되면 민주당도 저렇게 있지는 못한다.' 저도 동의했어요."

금태섭이 김종인의 주장에 무작정 동의한 건 아니다. 산전수전 다 겪은 노장 김종인에 비할 바는 아니어도 그 역시 권력의 생리에 밝은 사람이다. 국회의원이 되기 전에 이미 대선 캠프를 경험했고, 자신이 겪은 비화(祕話)에 대해 책(『이기는 야당을 갖고 싶다』)까지 남긴 사람이다. 그 나름의 대통령론이 있을 법하다.

"이명박 정부 때 보수 쪽 사람들을 만나면 이명박은 장사꾼인데 박근혜는 다르다고 했어요. 결국 박근혜 대통령은 탄핵 당했잖아요. 안철수 의원은 저도 최선을 다해 도왔죠. 당시에 주변에서 저에게 '안철수는 정치 경험은 없지만 학습 능력이 뛰어나다. 국방이나 외교 전문가가 1시간 정도 강의하면 끝날 때쯤 날카로운 질문을 던져 자료를 찾아보게 만든다'라고 했어요. 문재인 대통령을 두고도 주변에서는 '정치 경험이 없지만 학습 능력이 뛰어나다'라는 소리를 했습니다. 윤석열 대통령이 대권후보로 솟구칠 때도 학습 능력이 뛰어나다는 소리가 나왔어요.(웃음) 이 사람들이 정말로 천재일 리는 없죠. 양쪽 진영이 너무 싸우다 보니 한쪽에서 지지율 10% 넘는 대권 주자가 나오면 이 사람이 뭘 해도 방어하고 훌륭하다고 하는 겁니다. 저는 이런 식으로 한 사람 믿고 간다고 해서 성공할지는 모르겠다고 했어요."

그랬더니 김 전 위원장이 뭐라던가요.

"김 전 위원장도 제 말에 100% 동의했죠. 그래서 본인이 윤 전 총장을 만나보겠다고 했는데, 윤 전 총장 쪽에서 약속을 취소했어요. 이후에 윤 전 총장이 국민의힘에 입당한 겁니다. 그다음부터는 대선에 참여하겠다는 생각이 없었어요. 그러다가 문재인 정부 시기의 편 가르기 광풍이 5년간 또 지속되면 큰일 난다고 생각해 이것만은 막아보려고 참여한 겁니다. 그때만 해도 윤석열이라는 분을 몰랐지만 조금이라도 좋은 방향으로 바꿔놓을 수 있다고 생각했어요. 그런데 윤 대통령의 리더십은 도저히 이 시대에 맞지가 않아요. 무엇보다 보수정당은 자기네 대통령이 탄핵당할 정도가 됐으면 누군가는 책임져야 하는데 한 사람도 책임지거나 희생하지 않다가 바깥에서 윤석열을 데려와서 그 뒤부터는 땅따먹기 하고 있잖아요."

말이 나온 김에 궁금한데, 김종인 전 위원장과는 어쩌다 가까워진 겁니까.

"김 전 위원장이 민주당 비대위원장으로 오셨을 때 저는 공천을 받아야 하는 예비후보였죠. 저한테 큰 관심이 없으셨어요. 박용진 의원이 김 전 위원장과 가까웠죠. 그러다가 '조국 사태'와 공수처법 표결 당시 제 행동을 보고 좋아하시게 된 것 같아요. 민주당 경선에서 탈락했을 때도 김종인 전 위원장이 가장 먼저 전화를 걸어오셨어요. 민주당에서 금 의원을 떨어뜨릴 줄 알았다. 금 의원도 정치인이니 무소속으로 출마해라. 내 일처럼 돕겠다고 해요. 어른이 그러시는데 차마 거절을 못 하고 생각해 보겠다고 한 뒤에 끊었죠. 다음 날에 '감사한 말씀이지만 제가 아무리 억울하다고 해도 딴 데 가서 출마하면 뭐가 되겠습니까. 저는 그렇게 해서 국회의원 한 번 더 하는 게 의미가 있는지 잘 모르겠습니다'라고 했어요. 그때 좋은 인상을 받으셨던 것 같아요. 웃으시면서 몇몇 사람 이름을 대며 '그렇게 왔다 갔다 한 놈들보다 낫네. 누구는 공천 준다니까 바로 오던데'라고 하세요. 그때부터 친해졌죠."

양당을 모두 경험한 후 금태섭이 보인 행보는 주목할 만하다. 대통령 중심제에서는 성공 확률이 '로또'만큼 힘들다는 제3지대 신당 창당을 선언한 것이다. 양당 정치의 폐해를 비판하는 사람은 많지만 대항마가 되겠다고 나선 사람은 드물다. 궁극에는 양당과의 합당을 노린 '가짜 신당'은 많았으나, 지속가능한 대안 신당을 하겠다고 나선 사람은 더더욱 드물다. 이제 앞으로는 주류에 끼지 않겠다는 선언과 다름 아니기 때문이다.

그가 노리는 제3지대는 한국 정치의 중원이다. 기계적 중도가 아니라 또렷한 선호를 가진 유권자가 모인 공간이다. 적극적이라기보다는 비판적 지지층이다. 이들은 국민의힘과 민주당이 자신들의 정책 선호를 반영하지 못한다고 본다. 정당이나 인물에 대한 일체감도 약하다. 팬덤 정치에도 거부감이 크다. 외려 가치를 중심에 둔다. 어떤 면에서는 양당 고정 지지층보다 더 가치지향적일 수도 있다.

비단 한국뿐 아니라 세계 각국의 정치 현장에 존재하는 집단이다. 여기에 주목한 이가 미국의 정치학자 러셀 돌턴Russell Dalton이다. 그가 꺼낸 유명한 표현을 빌리면, '인지적 동원cognitive mobilization'이 이뤄진 비당파층apartisan이다. 돌턴의 개념을 2012년 대선에 적용한 논문[8]에 따르면, 국내 비당파층은 1980년 이후 출생한 세대에서 32.59%로 가장 높다. 결속력이 약해 유동성은 큰 편이다. 그럼에도 양당 구조 바깥에서 기회를 잡기 위해 겨냥해야 할 핵심 수요층이다. 바꿔 말하면 신당의 토양이다.

비당파층이나 제3지대를 군이 편의상 번역한 단어가 중도다. 마침 금태섭과 만났을 때, 새로운선택은 홈페이지에 '중도 대연합 정당'이라는 표현을 쓰던 참이었다.

진보·보수는 수단일 뿐 목적은 아니다

금 대표는 중도 정치인입니까.
"저는 사실 중도라는 말을 좋아하지 않습니다. 저는 군이 따지

---

8   정진민·길정아,「18대 대선에서 나타난 한국 무당파 유권자의 특성과 행태: 인지적 동원을 중심으로」,《국가전략》 제20권 3호.

자면 진보 아닌가 싶어요. 그런데 진보·보수가 수단일 뿐이지 그 자체가 목적은 아니잖아요. 삶이 이렇게 복잡한데 한 가지 답이 있을 수는 없죠. 어느 때는 보수의 길이 옳고 어느 때는 진보의 길이 옳죠. 대체로 저는 진보이지만, 어떤 국면에서는 저 사람들 얘기가 맞을 수도 있겠다고 생각합니다. 또 진영이 손해를 보더라도 사회의 공동선은 지켜야 한다고 봅니다. 예컨대 상대방 대표 선수 배우자의 논문 표절 문제를 공격하면 저쪽 지지율은 좀 떨어지겠죠. 하지만 그 싸움을 시작하면 안 된다는 공동선에 대한 인식이 있어야 합니다. 진영과 상관없이 고민해야 할 문제죠. 그것이 굳이 따지자면 저의 입장이지, 저는 진보·보수의 중간에 있는 사람이 아닙니다."

그렇다면, 공동선에 따라 진보와 보수의 해결책 중 취사선택할 수 있는 사람들이 중도입니까.
"그렇죠. 지금 우리 정치에는 그런 태도가 필요합니다."

극렬 지지층에 끌려다니는 정치문화에서 다당제 체제가 현실화하면 외려 극단적 정당들이 난립할 수 있지 않겠습니까.
"다당제가 반드시 옳다고 생각하진 않아요. 문제는 여집합餘集合 논리를 계속 쓴다는 겁니다. 공수처에 대한 문제점을 지적하면 '저쪽을 유리하게 한다'고 반응하는 식이에요. 그러니 거기에 무조건 따르라는 겁니다. 보수는 어떻습니까. 윤 대통령은 정치 경험이 없는 분이다 보니 판단 착오를 할 수밖에 없어요. 그런데도 그에 대한 지적을 못 하게 합니다. 양당제에도 강점이 있고 보완할 점이 있듯이 다당제에도 강점과 보완점이 공존하죠. 다만 지금의 한국 정치는 양당제 중에서도 가장 안 좋은 형태를 보이고 있습니다."

양당 내에서도 서로 다른 의견이 자유로이 소통된다면 양당제도 장점이 있다?

"그럼요. 자유로운 소통을 통해 그때그때 유연한 의사결정이 가능한 구조라면 큰 문제가 없죠. 그럴 경우 오히려 양당제의 강점을 드러낼 수 있습니다. 다당제에서는 극단적인 주장이 나올 수 있거든요. 과거에는 레거시 미디어가 게이트키핑gatekeeping 기능을 하면서 극단적인 주장이 사람들의 귀에 가닿지 못했는데, 유튜브가 생기면서 상황이 바뀌었잖아요. 다당제가 자칫 극단적 주장에 쉽게 노출될 위험이 있죠."

극단적 주장을 꺼내놓는 사람들의 책임도 있지 않습니까. 그들이 지지자이건 당원이건 정치인이라면 '당신 말이 무조건 옳다'고 할 게 아니라 '이런 행태는 옳지 않다'고 말할 수 있는 용기가 필요하지 않을까요.

"제가 실제로 했죠. 2017년 대선 때 제가 전략기획위원장이었어요. 경선 관리를 하는 심판 역할입니다. 문재인 캠프에 있던 임종석(전 대통령비서실장)과 김경수(전 경남지사)를 따로 만났어요. 이렇게 말했죠. '문자 폭탄이 위험 수위에 달해 있다. 만약 우리

새로운 주류의 탄생

가 집권하면 이것이 우리의 발목을 잡는다. 나 같은 사람이 하지 말라고 하면 싸움 난다. 문재인 후보가 말을 해줘야 한다.' 임종석과 김경수는 똑같은 말을 해요. '문자 폭탄이 우리한테도 결코 유리하지 않고, 또 문재인 후보가 말을 해도 안 듣는다'라는 겁니다. 제가 그래서 두 사람에게 '네티즌과 싸우라는 게 아니다. 중간에 리더 역할을 하는 사람이 있다. 김어준·유시민 같은 사람한테 전화해서 지금까지 도와준 건 고맙지만 문자 폭탄의 좌표 찍는 행동은 하지 말라고 말하면 된다'라고 했어요. 정작 대선 경선이 끝난 후에 그 유명한 '양념 발언'이 나온 겁니다."

사태의 전말은 이렇다. 2017년 4월 3일 민주당 경선 직후 인터뷰에서 문재인 당시 후보는 '문자 폭탄'에 대해 "경쟁을 흥미롭게 만들어주는 양념 같은 것"이라고 표현했다. "18원 후원금, 문자 폭탄, 상대 후보 비방 댓글 등은 문 후보 지지자 쪽에서 조직적으로 한 것으로 드러났다"라는 질문에 답하는 과정에서다. 금태섭의 회고다.

"그날 민주당 의원들이 크게 반발하니 후보 측에서 다시 메시지를 내겠다고 했죠. 며칠 후 문 후보가 의원총회에 인사하러 왔어요. 지금도 그때 하신 말씀이 기억나요. '저를 지지하지 않는다는 이유로 문자 폭탄을 받은 의원님들이 계시다고 들었습니다. 제가 알았든 몰랐든 저에게 책임이 있든 없든 이 자리를 빌려서 깊은 유감을 표하고 위로의 말씀을 드립니다.' 결국 나는 모른다는 얘기예요. 그러니까 강성 지지층의 문제가 아니라 리더의 문제예요. 리더들이 부추기는 거예요. 리더들이 승인해준 겁니다."

조곤조곤 말하던 그의 목소리에 분노가 섞이기 시작했다. 주류와 극렬 지지층의 성화에 밀려 '반강제'로 정든 둥지를 떠난 사람이니 이해가 가는 일이다. 이 분노가 그를 신당 창당의 길로 이끈 원동력이다. 객체가 아닌 주체가 되겠다는 자존감도 한몫했을 법하다. 걱정 같기도 하고 불안 같기도 한 그의 말이 이어진다.

"저는 우리가 아직 진짜 포퓰리스트를 만나지 못했다고 생각해요. 정말 엉뚱한 주장을 하는 사람이 나와서 지지층을 결집시킬수 있죠. 그런 시대가 오면 극렬 지지층의 행태를 말리지 않았던정치인들은 전부 지옥 간다고 생각합니다. 이 시대의 리더라면극렬 지지층에게 야단쳐야 해요. 정치적으로는 희생을 치르죠.한 시대의 정치인과 유권자는 함께 성장해요. 같은 종류의 실수를 저지르고 시행착오를 겪으면서 함께 깨달음을 얻습니다. 저는 결국 바람의 방향이 바뀐다고 봅니다."

말씀하신 문제의식은 공화주의와 결이 통합니다. 공화주의에서는 시민적 덕성civic virtue의 중요성을 강조하죠. 다만 '개딸' 등의 팬덤 정치가 확산한 상황에서 공화주의가 유권자의 관심을 받기는 어렵지 않을까요.
"지금 평균적인 유권자는 윤석열 대통령을 안 좋아해요. 30%가좋아하지만 60%가 안 좋아하니까요. 그런데 이들은 민주당이 다시 180석을, 아니 160석을 하는 것도 안 좋아합니다. 제가 신당을 하겠다고 선언하고 많이 듣는 얘기가 '양쪽이 치열하게 싸우는데 제3당이 발붙일 때가 있느냐'는 거예요. 지금은 유권자들이 양쪽 팬덤 정치에 대한 위험성을 느끼는 지경이 됐어요. 저는 정치인으로서 부족한 점이 많고 저보다 역량이 뛰어난 분도 많습니다만, 그래도 변화는 좀 읽는다고 생각합니다. 제가 국회의원 하면서 퀴어 축제 나갈 때 다들 미친 게 아니냐고 했어요. 그즈음 인권법학회 토론회에 가서 제가 한 얘기가 '나는 이것이 옳다고 생각하지만 순전히 정치적으로만 계산해 보더라도 지금부터 소수자 보호에 나서면 잃은 표 이상으로 얻는 표가 있다'였어요. 마찬가지예요. 지금 진영 논리를 따르는 사람들은 이미 늦었어요. 저는 바람의 방향이 바뀐다고 봅니다."

진영 논리를 두고 이념이 아니라 밥그릇의 문제라는 지적도 있죠.
"동의해요. 진영이 밥벌이 수단이 되면 바꾸기가 어려워요. 이념이 문제일 때는 어떤 이상을 위해 희생할 수도 있죠. 그런데 내가 여기서 그만두면 우리 아이 학원비를 못 준다고 생각하면 못 바꿉니다. 민주당은 이런 문제에 직면한 겁니다."

저보다 처지 나은 사람 별로 없어요

누구도 가보지 않은 길은 아니다. 그간 수많은 제3정당이 명멸했다. 2016년 제20대 총선에서 38석을 얻은 국민의당도 초라하게 사라졌다. 가치를 앞세운 제3당으로 역사에 이름을 남긴 정당은 바른정당이다. 독자적 개혁보수정당 실험이 현실화한 첫 사례다. 김무성·유승민·남경필·원희룡·오세훈·김세연 등 보수의 스타급 인사가 모두 합류했다. 훗날 '윤핵관'으로 불리게 된 권성동·장제원 의원도 중추였다. 보수정당 역사상 최대 규모의 분당分黨이다. 박근혜 전 대통령 탄핵 국면이던 2017년 1월 24일 창당됐다.

그런 바른정당도 침몰했다. 시작 단계서부터 원내교섭단체 규모를 갖췄지만 단명했다. 같은 새누리당(현 국민의힘) 출신 인사들끼리 뭉쳤는데도 내부 갈등이 심각했다. 오른쪽으로는 이준석, 왼쪽으로는 류호정을 아우를 수 있다는 '제3지대 빅텐트' 아이디어가 직면한 최대 리스크이기도 하다. 아직까지 한국 정치에서는 등장한 적이 없던 모델이기 때문이다. 널따란 규모의 교집합을 찾는 작업이 선행돼야 한다. 그간의 역사가 웅변하듯 '반反윤석열·비非이재명' 깃발만으로는 존속이 어렵다.

공언하신 신당 모델을 살펴보면 바른정당이 떠오릅니다. 바른정당 역시 가치를 기반에 둔 제3당 실험의 성격을 지녔으니까요. 바른정당의 실패에서 얻을 교훈이 무엇이라 봅니까.

"제가 정치를 10년 남짓 하면서 가장 감탄했던 일은 새누리당

새로운 주류의 탄생

의원들이 탈당해서 박근혜 대통령 탄핵에 찬성한 겁니다. 그 행동을 민주당에서 평가하지 않는다? 정말 나쁜 겁니다. 그런 의미에서 바른정당 창당에 나섰던 분들의 용기는 높이 평가합니다. 그 안에서 벌어진 일은 잘 몰라요. 그렇지만 그런 시도가 있었기 때문에 우리도 시도를 하는 거죠."

'제3지대 빅텐트'가 정말 가능하다고 보나요.

"저는 이미 답을 내고 다니는 거예요. '원 팀'이 아니면 안 된다고. 제가 신당 창당하겠다고 했더니 잘 아는 정치평론가가 왜 금태섭이 하냐. 더 젊은 사람이 해야 한다고 했어요. 그분을 나중에 만나서 '그 말씀에 100% 동의한다. 그런데 나는 안 뛰어내리고 젊은 사람한테 네가 선봉이니 뛰어내리라고 하면 말이 되냐. 내가 먼저 뛰어내려야 한다'라고 말했어요. 저는 그렇게 하고 있는 겁니다. '원 팀'을 만들어내지 못하면 저 역시 아무것도 안 됩니다. '조국 사태' 때 제가 조국 장관 지지했으면 지금쯤 아주 행복하게 살고 있겠죠. 좋은 지역구를 발판으로 민주당 내에서 손꼽히는 무언가가 될 수도 있었겠죠. 혹은 윤석열 캠프에서 버텼으면 수도권에서 여당 소속으로 출마할 사람도 없는데 웬만한데 나갈 수 있었겠죠. 그런데 저는 스스로를 '빅텐트 원 팀'이 만들어지지 않으면 안 되는 상황으로 몰아넣은 겁니다. 함께하는 사람 중에 저보다 처지가 나은 사람도 별로 없어요.(웃음) 서로 다독여가면서 하면 큰 성공을 거둘 수 있다고 봅니다."

그간 제3지대 빅텐트가 실패한 이유 중 하나는 생각의 이질성 때문이었습니다. 예컨대 젠더 문제를 얘기해보죠. 오늘날 페미니즘의 중요성이 커진 건 부인할 수 없습니다만 이면에서는 젠더 갈등 새로운 어젠다가 등장했습니다. 이와 같은 이중적 현상에 대해 어떻게 대응해야 한다고 봅니까.

"고도성장기가 끝난 선진국은 공히 인구 문제를 겪습니다. 인구 문제에는 반드시 젠더 문제가 따라가요. 진보좌파의 문제는, 이 문제에 관해 너무 가르치려 든다는 거예요. 직장인에게는 승진 자리가 줄고 취업준비생에게는 동창회에 나가 자랑스럽게 얘기할 일자리가 줄고 있어요. 그런 어려움을 인정하고 그들의 삶을 존중해야 합니다. 그렇지 않고 '너희들이 틀려먹었으니 내일 아침부터 태도를 싹 바꾸라'라고 하면 되겠습니까? 빈부 갈등을 해결할 때도 '내일 아침에 혁명하자'라고는 안 합니다. 그런데 이상하게 젠더 문제에서는 그런 태도가 나와요. 최근에 프랜시스 후쿠야마Francis Fukuyama가 쓴 책 『존중받지 못하는 자들을 위한 정치학Identity』(2018)을 읽으면서 감탄했는데요. 과거에는 좌파들에게 말이 되건 안 되건 '그랜드 플랜'이 있었다는 거예요. 그러다가 어느 순간 좌파들이 이것이 어렵다는 점을 깨달으면서 PCPolitical Correctness(정치적 올바름)와 정체성 정치에 매달리고 지나치게 힘을 주면서 아주 뻔한 사실도 말을 못 하게 했다는 겁니다. 예컨대 자신이 남자인지 여자인지 자기 생각에 따라 결정하자? 상식적으로 말이 안 되는 얘기를 하면서 먹고살기 어려운 사람한테 야단치니 트럼프 같은 정치인이 등장할 원동력을

새로운 주류의 탄생

부어준 꼴이거든요. 저는 젠더 문제가 우리한테 주어진 리트머스 시험지라고 봐요. 이것을 외면해서도 안 되지만 상호존중을 통해 점진적이면서도 지혜롭게 해결해야 합니다."

그의 부친은 판사 출신의 고^故 금병훈 변호사다. 금 변호사는 1966년 판사 생활을 시작했다. 유신헌법 반대 투쟁으로 체포된 대학생들의 영장을 기각했다. 1971년에는 '사법 파동'을 이끌다 1973년 판사 재임용에서 탈락했다. 금 변호사는 2003년 식도암으로 별세했는데, 그의 부고를 알리는 신문 기사의 제목이 "71년 사법파동 앞장 '대쪽판사'"다. 반골 기질이 부전자전인 듯싶다. 딱 한 번 금 변호사가 현실정치에 발을 들인 적이 있는데, 제11대 총선에 무소속으로 경기 용인-이천-여주에 출사표를 던진 것이다. 물론 낙선했다.

정치를 시작한 데는 부친의 영향도 있었습니까.
"아버지는 저보고 법과대학을 가라고 하신 적이 한 번도 없어요. 더군다나 제가 정치를 할 거라고는 생각하지 않으셨을 거예요. 저는 법률가로서 아버지를 굉장히 좋아하고 존경합니다. 제가 중학교 2학년 때 아버지가 낙선했어요. 그러다가 제가 고등학교 3학년이 될 즈음에 아버지에게 정말 좋은 기회가 왔어요. 장모님과 우리 어머니가 말려서 결국 안 나가셨죠. 저는 그런 생각을 합니다. 국회의원 되는 분들을 보면 그래도 다 '한칼'이 있는 사람들이에요. 그렇다 해서 실력이 있다고 국회의원이 되는 건 아니에요. 인연이 닿아야 합니다. 어떻게 보면 평상심을 유지

해야죠. 열심히 했는데 안 될 수도 있고요. 내가 못나서 그런 게
아니거든요."

아버지에 대해 말하던 그가 대뜸 말머리를 돌려 두 사람의 이름을
언급했다. 윤석열과 안철수. 금태섭의 말이 두 정치인에게 가닿기를
소망하는 마음으로 여기에 적어둔다.

"저는 윤 대통령도 그렇고 제가 최선을 다해 돕던 안철수 의원
께도 그렇고 꼭 말씀드리고 싶어요. 두 분 모두 정치를 잘 못해
요. 이것을 자존심 문제로 받아들입니다. 그럴 필요 없어요. 윤
대통령과 안 의원 모두 뛰어난 점이 많습니다. 다만 남의 얘기
를 듣고 남과 의논하고 때로는 남의 의견을 받아들이는 데 대해
자존심도 상하고 스스로가 무능하다고 느끼는 것 같아요. 그래
서 '최종 결정은 내가 한다'는 식인데, 그러다 망하거든요. 흔히
'지도자의 결단'이라는 표현을 씁니다만 정치는 그런 게 아닙
니다."

새로운 주류의 탄생

새로운 주류의 탄생

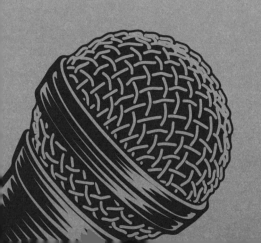

"복지는 원래
뒤처진 분들을
보듬기 위해
생겨난
겁니다"

안보와
안심소득의
기수
오세훈

마스크 사이로 상기된 표정이 스쳤다.

2021년 4월 8일. 오세훈이 3,514일 만에 서울시청에 출근하는 길이다. 그는 전날 치러진 4·7 서울시장 보궐선거에서 279만 8,788표를 얻었다. 자신의 첫 서울시장 선거인 2006년 지방선거에서 얻은 표(240만 9,760표)보다 38만 9,028표 많다. 이듬해에는 압도적 표차로 4선에 성공했다. 서울시 내 25개 자치구 425개 행정동에서 송영길 더불어민주당 서울시장 후보에 모두 앞섰다. 민주당 텃밭으로 꼽히는 동네도 그를 택했다. 확장성을 증명하며 10년 만에 본래의 자리로 귀환했다. 한국 정치사史에 남을 반전 드라마다.

'야인 오세훈은 10년간 무슨 생각을 하고 살았을까. 무엇을 주로 공부했을까. 어떤 대안을 준비했을까.' 많은 사람이 궁금할 법한 대목이

오세훈

1961년 출생 · 고려대 법학과 박사 · 제16대 국회의원 · 고려대 기술경영전문대학원 석좌교수 · 제33·34·38·39대 서울특별시장

새로운 주류의 탄생

다. 나는 2018년 11월부터 그가 서울시장으로 복귀하기 직전까지 그를 네 차례 만나 인터뷰했다. 짧게는 40분에서 길게는 150분간 마주 앉아 대화했다. 오세훈이 절치부심하며 길을 모색하던 시기다. 사람의 진면목을 알기에는 절정기보다 부침기가 유용한 법이다.

그는 자신의 이념적 위치를 두고 "개혁적 보수, 중도우파 정치노선에서 이탈한 적이 없다"라는 표현을 자주 쓰곤 했다. "중도층의 기호嗜好를 분석해 국민의힘 정체성에도 맞고 중도층도 공감할 수 있는 메시지를 내야 한다"라고도 했고 말이다. 개혁과 중도의 울타리에서 자기 자리를 찾는 사람이다. 정치컨설턴트 박성민은 오세훈을 두고 "중도가 좋아하는 보수"라 규정한다. 오세훈 역시 그러한 규정에 자부심을 느낀다.

> "제 지지층은 굉장히 넓게 분포해 있습니다. 물론 우리 당 지지층이 주축이지만 정당 색, 이념 색이 강하지 않아요. 스윙보터swing voter와 극히 일부지만 민주당 지지층이 저를 지지한다고 해요. 저는 그것을 자랑스럽게 생각합니다."

널리 알려졌듯 그는 달변達辯이다. 예시를 들어 논리적으로 말하기를 좋아한다. 쟁점을 벗어나는 답변은 좀체 하지 않는다. 경제·복지·안보에 대한 자기주장은 도드라지게 선연하다. 허나 다변多辯은 아니다. 감성적 표현도 꺼린다. 대개 정치인들은 인터뷰 앞뒤로 의례적이나마 기자와 사담私談을 한다. 그는 오히려 인터뷰 내용과 관련한 수치가 담긴 자료를 보여주는 데 시간을 할애한다. 따따한 사람이라고 볼 수 있으나, 달리 보면 효율적 소통 방식일 수 있다. 주된 업무에만 에너지를 쏟겠다는 생각이 읽혀서다. 한가로이 신변잡기나 하자고 인터뷰에 응한 게 아니라는 점을 그는 그렇게 표현한다.

그래서 그에게 흔히 붙는 말이 '샤이하다'거나 '스킨십이 부족하다'는 것이다. 김병민 전 국민의힘 최고위원은 "싫어도 그냥 '예, 예' 하면서 만나는 걸 여의도에서는 정치적 스킨십이라 이야기하는데, 오 시장은 그런 걸 잘 하지 않는다"라면서도 "대신 실용적 성향이라 일할 때 꼭 필요한 경우라면 오히려 계급장 떼고 소통한다"라고 전했다. 김병민은 2020년 총선 때 서울 광진갑에 출마해 광진을에 출마한 오 시장과 호흡을 맞췄다.

그런 오세훈이 달라졌다는 말이 2021년 4월을 즈음해 여의도에 회자됐다. 그즈음 만나는 국민의힘 인사들은 오 시장이 눈에 띄게 살갑게 변했다고 입을 모았다. 감정을 표현하는 데도 비교적 자연스러워졌다는 것이다. 선거 당일인 2021년 4월 7일 압승을 가리키는 방송 3사 출구조사 결과가 나올 때 그는 감정이 복받친 듯 눈을 질끈 감고 고개를 떨궜다.

2018년 11월에 만났을 때 오세훈은 "정치인들이 휴지기를 가질 필요가 있다. 정점에만 있으면 안 보이는 게 있다"라고 말했다. 그가 정점에서 내려온 뒤 관심을 둔 분야가 외교·안보다. 시장을 그만둔 뒤 관련 전문가들을 여럿 만나면서 생각을 정리했다고 했다. 이즈음 핵문제에 관해서도 집중적으로 학습했다. 마침 2018년은 문재인 대통령과 김정은 북한 국무위원장이 세 차례에 걸쳐 남북정상회담을 가진 해다. 아직은 무소속 신분이던 그와 당시에 나눈 대화다. 이후에 돌아간 사정을 고려하면, 그의 발언에서 곱씹어 볼 만한 대목이 많다.

북한의 비핵화 주장에 진정성이 없다고 봅니까? 핵 포기 후 경제 발전을 추구할 거라는 '결단론'과 핵보유국 지위에서 협상을 끌다 일부 핵을 남길 거라는 '술수론'이 공존합니다.

"'북이 핵과 경제를 교환하는 전략적 결단을 내렸다'는 건 우리식 사고예요. 북한은 3대 세습 정권이 안정적으로 갈 수 있느냐, 없느냐를 판단의 최우선순위에 둡니다. 인민의 배를 불리기 위해 지도자가 나섰다? 김정은의 집권 기반을 허물 수 있다고 생각하면 그런 선택에 나설 리가 없죠."

결단이건 술수이건 어쨌든 협상장에 나왔습니다.

"못 견뎌서 나왔죠. 박근혜 정부 때 개성공단 폐쇄로 시작해 대북제재에 나섰잖아요. 미국과 호흡을 맞추면서 달러 '돈줄'을 조이고 조였습니다. 다임필DIMEFIL 압박이 효과를 냈다는 걸 잊으면 안 돼요. 외교Diplomatic, 정보Information, 군사Military, 경제Economic, 금융Finance, 첩보Intelligence, 법집행Law Enforcement을 총망라한 겁니다. 그러니 북한 경제가 우리 생각보다 훨씬 더 고통스러운 지경에까지 이른 겁니다."

민주당 쪽에서는 "장마당이 시장으로 탈바꿈했고, 휴대전화도 많이 쓰이고, 고층 빌딩도 여럿 엿보인다"라는 말도 나옵니다. 송영길 의원은 주미 한국대사관 국정감사에서 "(북한은) 핵무기를 개발한 뒤로 재

래식 군비를 절감해 경제가 좋아지고 있다"라고 말하던데요.

"정말 희망 섞인 기대죠. 장마당 경제뿐 아니라 궁정경제까지 완전히 파탄 났습니다. 올해 2월에 60만 부 발행하던 노동신문을 20만 부로 줄였어요. 북한은 선전선동과 정치학습에 의해 유지되는 체제잖습니까. 노동신문이 그 기둥이에요. 기둥을 뽑아야 할 만큼 형편이 어렵다는 뜻입니다. 어떤 분들은 해외로 수출하는 석탄이 내수로 돌아서 연료 사정이 좋아졌다는 주장도 하더군요. 보고 싶은 것만 보는 겁니다. 김정은이 집권하고 나서 배급이 어려워졌습니다. 각자 벌어 먹고살라고 했어요. 그러니 군부가 자체적으로 탄광에서 석탄을 캐내 중국에도 팔고 장마당에도 팔고 집에도 가져가면서 자급자족 경제를 해왔습니다. 이 와중에 국제사회의 대북제재로 중국 수출 길까지 막혔어요. 중국에 팔아야 달러라도 들어오는데, 그게 막혀버렸으니 경제 상황이 고통스럽기 이를 데 없죠."

어려워서 나왔기 때문에 핵을 포기할 수 있다는 재반박도 가능할 텐데요.

"김정은은 미루어 짐작건대 이런 계산법을 갖고 있을 거예요. '종전선언과 평화협정을 체결해서 평화 무드가 조성되면 한·미·일 자본이 들어올 거다. 그러면 중국이 대북 영향력 감소를 우려해 더 적극적으로 나설 거다. 결국 미중 간 줄타기를 통해 중국으로부터 더 많은 걸 얻어낼 수 있다.' 북한의 전략전술이라면 그런 수순을 최상의 시나리오로 바라고 있을 겁니다."

새로운 주류의 탄생

중국은 북한의 완전한 비핵화를 원치 않을 거라고 보는 것 같습니다.

"애초에 중국은 남북 경제력 격차가 너무 커지니 북이 남에 흡수 통일되는 것 아니냐는 걱정을 했죠. 그러니 탐탁지 않아도 중국 안보에 위협되지 않을 수준의 북핵을 용인한 겁니다. 만약 소형 경량화된 핵무기가 100개에 이르면 아무리 동맹이어도 국경을 맞대고 있으니 신경 쓰일 테죠. 하지만 5개 정도면 남북 간 세력 균형 측면에서 필요하다고 생각할 수 있죠."

그러니 중국은 핵무기 일부를 남기는 걸 원할 것이다?

"북한이 '핵 리스트 다 신고하고 핵 폐기 시간표 낼까요?'라고 물어보면 중국은 동의 안 할 가능성이 높습니다. 미북관계가 개선돼 수교가 이뤄지고, 미국 자본이 북한으로 들어가면 북의 대중 경제의존도가 낮아질 게 분명하죠. 중국이 생각하는 최악의 시나리오죠."

퍼거슨 보고서를 소개한 이유

그가 이즈음 수차례 언급한 문건이 일명 '퍼거슨 보고서'다. 2015년 4월, 찰스 퍼거슨Charles Ferguson 미국과학자협회FAS 회장은 보고서를 통해 한국이 독자 핵 개발에 나설 수 있다고 주장했다. 월성원전에서 추출한 플루토늄을 통해 짧은 기간에 수십 개 핵탄두를 만들 수 있다는 것이다. 오세훈은 퍼거슨 보고서에 관심이 많았다

퍼거슨 보고서를 소개하고 다니시더라고요. 핵 개발 능력을 활용해 이를 지렛대 삼아 미국의 핵우산을 보장받고, 중국이 북한 비핵화를 압박하도록 전략을 짜야 한다는 생각으로 읽힙니다. '핵 개발 능력을 활용하자' 역시 넓은 의미에서 '핵무장론' 아닙니까?

"분명히 말해두지만 저는 핵개발론자가 아닙니다. 굳이 저를 '~~론자'로 불러야 한다면 '히든카드론자' 정도로 해두죠."

히든카드요?

"보고서의 결론은 미·중이 북핵 폐기에 더욱 적극적으로 나서도록 한국이 외교용 핵폭탄을 만들 수 있다는 거죠. 뜻을 이루지 못하면 핵 질주로 중국을 압박할 수 있다는 시나리오도 담겨 있어요. 그러니 한국이 불안하지 않도록 끊임없이 핵우산을 제공하겠다는 약속을 해서 확신을 갖게 해줘야 한다는 겁니다. 이런 내용만이라도 전달되면 국민 마음이 많이 바뀔 수 있다고 생각합니다."

외교협상용이다?

"실제로 핵을 만들자고 하기는 어려워요. 하지만 가능성을 열어놓고 전략적 모호성을 유지하는 선택도 고려해보자는 게 위험한 발상인가요? 야당이 이런 주장을 슬쩍 흘리는 식으로 정부여당의 선택지를 넓혀줄 수 있어요. 지금 문재인 정권은 이런 걸 고려하지 않고 무조건 '북한과 화해해서 경협하고 북 스스로 핵을 폐기하도록 하겠다' 이런 스탠스 아니에요? 왜 우리 스스로 선

새로운 주류의 탄생

택 가능한 옵션에 한계를 둬야 합니까. 북한이 핵무장하면 한국도 당연히 핵무장을 고려하고 일본도 가만있지 않을 거라고 경고한 사람은 키신저예요."

북한은 '한반도 비핵화' 즉 미국의 핵우산 제거까지 원할 텐데요. 이를 고려하면 그런 옵션을 내세우는 게 북한 비핵화에 전략적으로 도움이 안 될 수도 있습니다.

"우여곡절 끝에 북핵 폐기에 실패할 경우 우리도 핵개발에 나설 수 있다는 입장을 내놓는 게 중국과 미국을 움직이는 데 도움이 될 수 있다는 겁니다. 핵의 독자 개발은 접더라도 미국 전술핵을 한반도에 재배치할 가능성을 검토해볼 수 있다는 여지를 두는 것도 중국을 움직이는 데 도움 되지 않겠어요? 국민이 한번 판단해볼 만하죠. 핵 실험 직후 여론조사긴 하지만 우리 국민 중 핵 개발하자고 답하는 사람이 60%가 넘어요. 아니, 왜 이런 여론을 활용을 안 해요?"

그로부터 약 석 달 뒤 다시 오세훈과 마주 앉았다. 이즈음 그는 자유한국당(현 국민의힘) 전당대회에 출마한 참이었다. 그의 핵무장 준비 태세 아이디어는 '극우 낙인찍기'에 노출돼 있었다. 그와 이 문제에 관해 대화해 본 나에게는 그런 규정이 매우 부당하게 느껴졌다. 민주적인 공론 형성 과정과는 거리가 멀다고도 생각했다. 나는 핵무장에 관한 한 적절한 토론의 공간이 열리기를 고대했다. 냉정히 직시하자. 한반도 비핵화는 물 건너갔다. 북한은 이미 핵을 가졌고, 우리는 머리에

핵을 이고 살아야 하는 국가의 숙명을 받아들여야 한다.

그렇다면 진보건 보수건 원점으로 돌아가야 한다. 원점에서는 어떤 아이디어도 배제해선 안 된다. 미국이 반대한다고? 미국은 한국의 동맹국이지만 영원불변하게 한국을 지켜주는 존재는 아니다. 미국 국내 정치의 역학이 바뀌면 언제든 한미동맹의 성격도 달라질 수 있다. 동맹은 의존과 동의어가 아니다. 나는 그런 마음으로 그에게 정치 현안 대신 안보 문제에 대해서만 인터뷰를 하고 싶다고 말했다. 오세훈은 주말 오후에 시간을 낼 수 있다고 답했다. 그의 자택 근처에 있는 한 사무실에서 만나 대화를 나눴다.

핵개발을 논의할 수 있다는 발언을 두고 일부 언론은 '극우 표심 얻기 위한 핵무장론'이라며 폄하하는 듯한 보도를 내놨더라고요. 나름대로 오래 숙성시킨 고민의 결과물일 텐데, 억울한 마음도 들겠습니다.

"억울할 것까지는 없습니다. 아니, 핵무장론자가 우리나라에서 정치하면 안 되나요? 그런 오해를 받는 게 중요한 게 아닙니다. 메시지가 가감 없이 정확히 전달되면 국민 누구라도 동의할 수 있는 생각이죠. 외교협상은 여러 가지 옵션이 있을수록 유리해요. '한국도 핵으로 무장할 수도 있다' 혹은 '미국의 전술핵을 한반도에 재배치할 수 있다'는 두 가지 입장을 논의하고 있다는 사실만으로도 주변국을 압박할 수 있어요. 북핵은 우리 힘만으로 폐기할 수 있는 게 아닙니다. 미국과 중국 중 북한에 영향력을 행사하기에는 중국이 더 필요한 존재죠. 한국이 핵개발을 논의하기 시작했다는 것만으로도 중국 정부를 굉장히 곤혹스럽게

새로운 주류의 탄생

만들 겁니다. 논의가 구체성을 띠어갈수록 중국의 정책 결정권자들은 복잡한 셈법에 빠질 거예요. 결국 북핵 폐기가 한국 정부의 핵개발 고려를 막을 수 있는 가장 바람직한 선택이라는 쪽으로 유도할 수 있죠."

핵무장 준비 태세만 선언해도 경제에 리스크로 작용할 우려는 없습니까? 우리 경제는 대외의존도가 상당히 높은데, 당장 투자자만 떠나도 문제가 빚어질 수 있지 않겠습니까?

"그 정도는 아니라고 봅니다. 몇 년 전 트럼프 대통령과 김정은 사이에 북폭이니, 코피bloody nose 전략이니 얼마나 말 폭탄이 험했습니까. 곧 무슨 일이 벌어질 것 같은 상황도 겪지 않았나요? 우리가 핵 준비 태세 선언을 하는 것만으로 경제에 데미지가 올 거라는 주장은 지나친 기우에요. 설혹 경제에 일부 영향이 있더라도 그 정도는 감수할 가치가 있는 전략적 스탠스죠."

한미 합의하에 북한에 특정 시한까지 핵을 포기하지 않으면 전술핵무기를 재배치하겠다고 경고하는 방식도 협상 카드가 될 수 있을까요?

"그게 제가 주장했던 카드죠. 역사적인 성공 사례가 있어요. 1979년 소련의 SS-20 미사일 650기가 동유럽에 배치됐어요. 유럽이 깜짝 놀랐습니다. 지금 우리 사회의 논의와 똑같은 논의가 이어졌어요. 핵 폐기가 서유럽 진영의 논리인데, 저쪽이 핵을 배치했다고 이쪽에서 핵 배치로 공포의 균형을 만드는 게 과연 논리적으로 맞느냐 고민한 거죠. 헬무트 슈미트Helmut Schmidt 독일 총리가 정치적인 결단을 했어요. 그러면서 이를 '이중결정이론double-track decision'이라고 이름 지었습니다. 소련에 4년의 시간을 줬어요. 배치한 미사일 전부를 소련으로 철수하지 않으면 같은 수준의 전술핵을 미국으로부터 받아 재배치하겠다고 공표했죠. 결국 4년이 가까워지니 소련이 군축에 동의하고 미사일을 전부 소련으로 가져갔습니다. 핵은 핵으로 맞서야 해결된다는 이야기가 그래서 나왔습니다. 지금 좌파들처럼 핵개발도 금기시하고, 미국 전술핵 재배치한다는 얘기에조차 '평화협정 국면에 무슨 소리냐'는 식으로 반문하면 북한은 눈도 깜짝 않습니다. 전술핵을 갖다 놓겠다는 얘기 정도는 나와야 중국과 북한이 움직이죠."

'핵'이라는 단어가 금기시되다 보니 외교안보에서 선택 가능한 모든 옵션에 대해서는 토론이 전무하고 '평화' vs '핵' 같은 이분법만 횡행합니다.

"힘에 의한 평화만이 평화로서 본질적인 기능을 합니다. 상대방 자비심에 기댄 평화는 언제라도 깨질 수 있는 부실한 평화, 가짜 평화죠. 설사 백 보를 양보해 북핵이 폐기된다고 치죠. 정작 한반도를 향한 중국의 군사력은 그대로 배치돼 있습니다. 중국이 2016년에 군 체계를 5개 전구戰區로 개편했어요. 그런데 북부전구 위치가 동북3성과 산둥반도로 나뉘어 있습니다. 지도로 보면 북부전구가 한반도 위기 상황에 대비한 군사적 배치라는 걸 바로 알 수 있어요. 북부전구 군사 전력을 놓고 보면 북핵은 어린

애 장난이라는 생각이 들어요."

동북3성과 산둥반도는 지리적으로 떨어져 있다. 한데 산둥반도의
일부가 북부전구에 포함됐다. 산둥반도는 한반도와의 거리가 가깝다.
북부전구가 한반도에서의 군사적 충돌을 대비하고 있다는 해석이 나
온 이유다. 산둥반도 지역의 전력에는 함대도 포함돼 있다. 유사시 다
양한 범위의 작전이 이뤄질 수 있다. 중국의 최고 권력자가 '중국몽'을
외쳐온 시진핑이라는 점도 고려해야 한다. 다시 오세훈과의 문답이다.

　　결국 문제는 중국이라는 뜻인가요.
　　"북핵 폐기가 무슨 의미가 있나 싶을 정도로 중국은 한반도를

향해 굉장한 군사력을 배치해놓고 있습니다. 중장거리 미사일부터 시작해 육해공 병력을 전부 최첨단 전력으로 배치해놨어요. 이런 상황에서 북핵을 제거하면 평화가 올 거라는 생각은 큰 착각이죠. 통일된 상황을 가정해보죠. 그때 평화는 어떻게 보장받을 건가요. 그 점을 생각하지 않을 수가 없죠. 그래서 전술핵 재배치와 핵개발에 대한 논의를 할 수 있어야 한다고 주장하는 겁니다."

핵우산은 결국 우리의 핵 선택권을 미국이 빼앗으면서 보호해주는 것 아닙니까.
"국제정치에서 미국과의 동맹관계는 비대칭입니다. 미국이 우리를 군사적으로 보호함과 동시에 우리에게 일정 부분 군사적으로 한계를 유지하도록 하는 서로 간의 묵계가 있죠. 그 현실을 무시할 수는 없어요."

훗날 시장으로 복귀한 오세훈이 안보를 화두로 삼은 건 그래서 예견된 일이었다. 2023년 11월 2일 열린 '서울시 핵·미사일 방호 발전방안 포럼'에서 그는 이렇게 말했다.

"제 기억이 정확하다면 서울시가 안보 관련 토론회를 개최하는 건 처음일 겁니다. 10년 전 제가 시장직을 수행할 때도 이런 건 없었으니까요. 휴전선에서 불과 38km 떨어진 서울시에서 이 문제로 한 번도 토론이 이뤄지지 않은 점이 오히려 이상하다고 생

새로운 주류의 탄생

각합니다. 도시에서 혹시라도 테러나 전쟁이 일어나거나 통신이 마비됐을 때의 상황도 한번은 점검해야 할 것 같습니다."

같은 해 12월 19일 그는 "종국적으로 우리 스스로 누를 수 있는 핵 버튼을 가져야 한다"라고 주장했다. 사실 이런 태도는 의외다. 지금의 오세훈은 야인이 아니기 때문이다. 대권을 꿈꾸는 사람이 군이 찬반이 갈리는 이슈의 복판으로 들어갈 이유는 없다. 조용히 자기 자리에서 득점하면 될 일이다. 반대로 보면 그의 말에 귀를 기울일 이유도 여기에 있다. 정치적 유불리와 관계없이 생각을 견지하고 있기 때문이다. 권력이 있건 없건 말의 내용이나 철학이 다르지 않다. 안보에 관한 이 사람의 소신은 진짜배기라는 인상이 든다.

어머니의 마음으로

다시 시곗바늘을 과거로 돌린다. 2020년 서울 광진을에서의 총선 패배는 그가 미처 예측하지 못한 일이었다. 광진을에서 보수정당 역사상 최다 득표를 했으나 거기까지였다. 또 제도권 진입에 실패했다. 그해 초여름 광진구 자양동에 있는 '오세훈 법률사무소'를 찾았다. 대로변에 있는 낡은 건물이었다. 간판에 붉은색으로 아로새겨진 그의 이름이 금방 전투를 끝냈다는 인장印章처럼 느껴졌다. 보수의 풍운아風雲兒는 이곳에서 와신상담臥薪嘗膽의 계절을 보내고 있었다. 이날 오세훈의 표정은 밝지 않았다. 사무실에도 무거운 적막감이 흘렀다.

"패배의 충격을 추스르느라 보름 정도 시간이 걸렸어요. 2~3주 지나면서부터는 좌절하고 있으면 안 되겠다는 생각이 들었죠. 그때부터는 수습을 하고 지역구부터 챙겼어요. 요즘에는 분발하려 노력하고 있습니다."

공교롭게도 이 말을 한 시점은 7월 8일로, 박원순 전 서울시장이 사망한 채 발견되기 하루 전이었다. 누구도 다음날에 일어날 비극을 예상치 못했다. 오세훈 개인에게는 서울시장 보궐선거 출마가 아예 선택지에 없었을 때다. 나는 이날 그와 대화하면서 앞날을 알 수 없는 사람에게서 엿보이는 난감함을 느꼈다.

그는 나름의 정치적 돌파구로 연구소를 만들려고 했다. 그가 당초 구상한 연구소의 철학을 살피면 그가 가진 복지관觀을 어렴풋이 가늠할 수 있다. 오세훈의 말을 들어보자. 언뜻 보면 민선 4·5기(2006~2011년) 서울시장 시절에 대한 자기성찰처럼 읽히기도 한다.

"우리는 그동안 아버지와 같은 마음으로 나라를 경영해 왔습니다. 아버지들은 좌절할 때가 많죠. 밖에 나가 피땀 흘려 돈 벌다 보면 자존심을 팔 때도 많잖아요. 못 먹는 술 먹어가면서 가장家長 노릇 하려 노력해 가계를 일궜는데 아이들은 아빠 볼 때 뜨악하단 말이에요. '아버지는 술만 먹고 다녀. 가족에 애틋한 마음을 표시한 적도 없어.' 저는 우파정당이 그런 아버지 처지가 된 게 아닌가 싶어요. 부족한 점이 많았지만 나라를 부강하게 만드는 데 일조했다는 자부심을 갖고 있는데, 국민으로부터 버림받았습니다. 아버지의 마음에서 어머니의 마음으로 바꾸어야 할 때가 됐어요. 그 방법을 연구하려 해요. 연구소 이름을 가칭 '미래10'이라고 지었어요. 10년 내의 미래에 우리가 어떻게 해야 국민으로부터 신뢰를 회복할 수 있는지를 정책 측면에서 구체적이고 심도 있게 연구하는 곳이라고 정의하면 정확할 것 같습니다."

이 말을 꺼낼 즈음 그는 '기본소득'을 주제로 이재명 당시 경기지사와 방송 토론을 했다. 이를 통해 '이재명표' 기본소득과 '오세훈표' 안심소득 간의 구도가 선명해졌다. 그로부터 9개월여 뒤 서울시장으로 복귀한 그에게 안심소득은 대표적인 복지 모델이 됐다.

이재명 지사는 월 50만 원으로 기본소득을 차츰 늘려가자 합니다.
"이 지사가 기본소득과 관련해 다종다양한 토론을 수십·수백 회하다 보니까 아주 호도의 달인이 됐어요. 연 20만 원에 넘어가면 안 돼요. 월 1만 6,000원입니다. 웃음이 나오지 않으세요? 국민을 속이고 있죠. 장기적으로는 월 50만 원을 준다고 해요. 그러려면 300조 원이 필요합니다. 장기적이라는 수식어를 붙여서 불가능한 것을 호도하고 있죠. 참 솔직하지 못한 정치인입니다. 의미 없거나 불가능한 얘기를 정말 재주 좋게 하고 있어요."

안심소득의 골자는 기준소득(ex: 4인 가구 기준 연소득 6,000만 원)을 정하고 그 이하 계층에 일정액을 차등 지급하는 것이다. 가령 연소득이 1,500만 원일 경우, 기준 6,000만 원과의 차액인 4,500만 원의 절반(2,250만 원)을 보전해 주는 방식이다. 같은 기준으로 연소득 4,000만 원인 가구는 1,000만원을 보전받는다. 가난한 계층일수록 더 많은 지원을 받는 구조다. '우파 버전 기본소득'으로 불린다. 그와 인터뷰하면서 "큰 도움이 필요한 사람에게 더 주고, 도움이 적게 필요한 사람에게 덜 주는 '스마트 복지'가 필요하다"라는 얘기를 들은 적이 있는데, 이를 반영한 제도다. 오세훈의 말이다.

> "안심소득은 기본적으로 실현이 가능하고 또 효과도 분명합니다. (중위소득 이하에) 하후상박으로 드리기 때문에 기본소득 범주에 들어가는 게 아니고 일종의 복지정책이죠. 최하위 20%에는 지금도 많은 현금 지원이 이뤄지고 있어요. 그것을 더 두텁게 하되, 곤란한 상황에 처한 국민께 필요 이상의 조건을 갖추라는 스트레스를 주지 않고 나눠드릴 수 있는 제도예요. 빈부격차를 해소할 수 있고, 근로의욕도 떨어뜨리지 않습니다. 지금은 예컨대 기초생활수급자가 월 50만 원을 벌면 소득이 복지 기준을 초과해요."

그러면 국가로부터 지원을 못 받죠.
"그러니까 숨어서 일하거나 일을 안 해요. 그와 무관하게 일정액을 보장받게 되면 일할 기회가 있을 때 더 적극적으로 나서죠. 그래서 저는 근로의욕을 북돋는 복지정책이라고 표현해요. 경제정책으로서의 기능도 있어요. 코로나19 긴급재난지원금 사례에

새로운 주류의 탄생

서 보듯이 어려운 분들은 지원금이 나오면 바로 씁니다. 소비를 진작시키는 데 사용될 확률이 높아져요. 그것이 경제학의 기본 이론 아닙니까. 즉 중위소득 이하의 분들에게 지원하는 제도가 훨씬 효과적이라는 겁니다. 거기다 공무원이 할 일이 많이 줄어요. 이것저것 묻지 않고 소득수준만 계산해 하후상박 원칙에 맞춰 현금 지원하니 국세청만 일을 하면 됩니다. 복지부 인력은 반감시킬 수 있습니다. 작은 정부가 가능해지죠. 기본소득과는 아예 이질적으로 설계된 제도입니다."

안심소득에도 수십조 원의 재원이 필요할 텐데요.
"2023년을 상정해 정확히는 53조 원입니다. 그중 11조 원은 원래 기초생활수급자에게 주어지는 7가지 급여 중 3가지를 폐지해 그 예산을 전용해 마련할 수 있습니다. 그러면 42조 원이 남죠. 증세할 필요가 없어요. 매년 늘어나는 자연증가분 정도로 해결할 수 있죠."

구도는 과거 '보편복지 vs 선별복지'와 비슷한 것 아닌가요.
"중위소득 이하에만 해당하니 자꾸 선별이라고 하는데, 보편은 선이고 선별은 악처럼 전제해서 비교하면 저쪽 프레임에 걸려들어 가죠. 복지는 원래 경쟁 대열에서 뒤처진 분들을 보듬기 위해 생겨난 겁니다. 재원이 충분하면 다 드리면 좋죠. 빚 안 내고 드릴 수 있으면 좋지만, 이미 국가재정이 한계 상황에 내몰리고 있는 건 국민 여러분도 다 알고 계신 것 아니에요? 빈부 격차 해소

를 위해 안심소득을 주장하는데 또 똑같이 나눠주자 하면 그거
야말로 바보스럽죠."

안심소득을 구상하게 된 계기가 있나요.
"4차 산업혁명에 따라 비정규직과 실업자가 급증할 겁니다. 여
기다 팬데믹(감염병의 세계적 대유행)까지 와버렸어요. 안심소득이
아니면 감당하기 힘든 상황이 올 거라는 확신이 들었어요. 그게
마침 김종인 비대위의 '기본소득' 논의와 맞아떨어진 거죠."

그가 서울시장으로 복귀한 직후 안심소득 시범사업이 실시됐다. 이
를 위해 서울시는 1단계로 2022년 7월부터 484가구에 안심소득을 지
원했다. 급여 지급 기간은 3년이다. 정책 효과를 검증하기 위해 비교집
단 1,039가구도 선정했다. 검증 결과를 보면 인상적인 내용이 등장한
다. 1단계 시범사업 대상 중 104가구(21.8%)는 2023년 11월을 기준으
로 근로소득이 증가했다. 이 중 4.8%(23가구)는 가구소득이 중위소득
85% 이상으로 늘어 안심소득을 더는 받지 않을 정도였다. 근로의욕을
저해하지 않는다는 그의 말이 숫자로 입증된 셈이다.

뼈가 아프다

2011년 이후 오세훈은 늘 패장의 멍에를 썼다. 2016년부터 2020년
사이에는 큰 선거에서 세 차례나 패했다. 총선에서 두 번, 전당대회

에서 한번 낙마했다. 이 중 두 번은 정치 신인(고민정 의원, 황교안 전 대표)에게 지고 말았다. 정작 이 기간 동안 그의 대권 지지율은 별반 내려가지 않았다. 그가 가진 상품성이 보수와 중도층에서 계속 주목받았다는 방증이다. 2020년 총선 낙선 직후 대선 출마 여부를 물었을 때 오세훈은 낮은 어조로 이렇게 답한 적이 있다.

> "노력하는 과정에 있다고밖에 답변을 못 드리겠어요. 국회에 들어갔으면 하고 싶은 일이 몇 가지 있어요. 오늘 말씀드린 내용이 대부분이죠. 차질이 빚어진 건 어쩔 수 없는 일이죠. 인적자원의 저변을 넓혀야 하고, 정책은 디테일에서도 허술함이 없도록 준비가 필요합니다."

너무 세勢가 없는 게 아니냐는 질문을 덧붙이자 그는 "원내 진출 못한 게 뼈가 아프다"라고 말했다. 오세훈으로서는 가장 듣기 싫은 질문이었을 것이다. 이후에 벌어진 일은 우리가 아는 그대로다. 동토凍土를 돌다 서울시청으로 돌아온 그가 다시 세를 키울 기회를 얻었다. 말과 글이 아니라 행정력으로 대권 주자로서의 역량을 증명할 때다. 그에게는 다시 열린 기회의 문이자 마지막 승부수다.

"저성장이
당연하다면
밝은 미래는
없는 거예요"

돈키호테형
소신파
유승민

꺼지지 않는 불씨 같은 정치인이 있다. 유승민이 그렇다. 극단과 극단이 충돌하면 세상은 으레 그를 호출한다. "이 꼴 저 꼴 다 보기 싫을 때, 유승민"[9]이라는 표현은 그가 선 자리를 웅변한다. 2015년 4월 8일은 유승민에게 의미가 남다른 날이다. 이날 그는 새누리당(현 국민의힘) 원내대표 자격으로 국회에서 교섭단체 대표 연설을 했다. 단언컨대 유승민은 이 연설 하나로 한국 보수의 지평을 넓혔다. 백미는 이것이다.

"빈곤층, 실업자, 비정규직, 초단시간 근로자, 신용불량자, 영세 자영업자와 소상공인, 장애인, 무의탁노인, 결식아동, 소년소녀 가장, 다문화가정, 북한이탈주민. 이런 어려운 분들에게 노선과

유승민 —————————————————————————
1958년 출생 • 미국 위스콘신대(매디슨) 경제학 박사 • 한국개발연구원(KDI) 연구 위원 • 한나라당 여의도연구소 소장 • 제17·18·19·20대 국회의원 • 새누리당 원내대표 • 바른정당 대표

새로운 주류의 탄생

정책의 새로운 지향을 두고, 그분들의 통증을 같이 느끼고, 그분들의 행복을 위해 당이 존재하겠습니다."

먼발치로만 지켜보던 유승민과 만난 날은 2021년 4월 9일이다. 4·7 서울·부산시장 보궐선거 이틀 뒤였다. 탄핵 사태 이후 연패를 거듭하던 보수가 다시 기지개를 켜는 참이었다. 그는 "민심이 놀랍고, 또 두렵다"라고 말했다. 2019년 국회 행사장에서 그의 연설을 들은 적은 있다. 자존심이 강하고 표정이 단조로운 사람이라는 인상을 받았다. 마주 앉아 대화해 보니 달랐다. 그는 표정이 비교적 풍부했고, 잘 웃었다. 사교적이라는 느낌이 들었다. 주장은 또렷하나 완고해 보이지는 않았다.

그리고 자신만만했다. 모든 현안에 대해 정리된 의견이 있었다. 나의 경험에서 대선주자급 정치인 중 참모진 배석 없이 1대 1로 인터뷰에 응한 건 '야인' 시절의 오세훈 서울시장을 제외하곤 그가 유일하다. "이 내용은 오프 더 레코드Off the Record로 해달라"는 말도 하지 않았다. 중간중간 책과 논문에 관한 얘기를 경유했다. 누가 "그간 만난 정치인 중 가장 지적인 사람이 누구냐" 물으면 유승민이라고 답하겠다. '준비된'이라는 수식어가 전매특허처럼 어울리는 정치인이다.

더불어민주당은 민심이 잔인하다고 생각할 것 같은데요.
"그럼요. 민생에 관심이 큰 중도층이 선거를 좌우하는 현상이

---

9 김소희,《한겨레21》1433호 〈이 꼴 저 꼴 다 보기 싫을 때, 유승민〉.

심화했다는 느낌은 들어요. 문재인 정부가 부동산 규제를 강화할 때 서민들은 '부자들의 문제'라고 생각했죠. 종부세, 재산세도 부자에게나 해당할 문제이지 내 문제는 아니라고 생각한 겁니다. 몇 년 지나니 주택 공급이 확 줄었고 세금이 가격에 전가돼 주택 가격과 전월세 값이 미친 듯이 오릅니다. 부동산 정책이 잘못되면 대다수가 불행해진다는 점을 국민들께서 약간의 시차를 두고 자각했어요. 민심을 움직이는 건 민생이고, 민생이 실패하면 국민이 투표에서 용서하지 않는다는 점을 깨닫게 됐죠."

유승민은 2017년 대선에 바른정당 후보로 출마했다. 2000년 2월 여의도연구소장으로 정계에 데뷔한 지 17년 만의 일이다. 최종 220만 8,771표(6.76%)를 득표했다. 기호도 4번, 성적도 4위였다. 노동에 관한 한 진보 색채가 또렷한 공약을 앞세웠다. 자유시장경제의 결함을 고치겠다던 그로서는 노동 문제에서 기존 보수와 차별점을 강조해야 할 터였다. 그러니 용기가 필요한 일이다. 멸시나 조롱까지는 아니어도 '네가 민주당과 무엇이 다르냐'는 싸구려 낙인찍기와 맞서야 해서다.

2017년 대선 때 '안전고용(비정규직 정규직화·실업수당 대폭 인상)' '안심임금(최저임금 대폭 인상·임금체불 국가 지불)' '안전현장(산업안전 확실 보장)'을 강조했습니다. 문재인 정부가 추진한 노동정책과 유사해 보이는데요.

"상당히 진보적인 노동 공약에 가깝죠. 다만 노동 공약 중 제가 지난 4년 동안 국민들께 사과한 게 있습니다."

새로운 주류의 탄생

최저임금 인상….

"네. 문 대통령이 취임 첫해 최저임금을 16.4% 올려서 깜짝 놀랐어요. 경제가 안 좋을 때 최저임금을 올리면 오히려 실업자를 양산하거든요. 2018년 중소기업중앙회에서 열린 중소기업 신년교례회에 가서 마이크를 잡고 '최저임금 1만 원 공약, 잘못됐습니다. 이 자리에 계신 기업인들께 사과드립니다'라고 말했어요. 그러고 나서 3월에 청와대에서 오찬이 있어 문 대통령 옆에서 밥을 먹었습니다. 그 자리에서 '저나 대통령님이나 대선에서 최저임금 1만 원을 공약했는데, 이게 잘못됐습니다. 벌써 부작용이 나타나고 있지 않습니까. 부탁드리건대, 올해부터는 최저임금을 물가 상승률 수준에 맞춰주십시오'라고 했는데, 문 대통령이 듣는 둥 마는 둥 하더니 또 엄청나게 올려버렸어요. 최저임금 1만 원 공약은 제가 후회하는 대목입니다."

다른 공약에 대해서는 생각이 그대로입니까.

"노동시간 단축, 육아휴직, 직장에서의 남녀차별 해소 등에 대해서는 2017년 대선 때와 입장이 같습니다. 구의역 스크린도어 사고 등 산업재해를 당해 목숨을 잃는 분들이 있잖아요. 사용자가 원청업체건 하청업체건 노동자 안전을 위해 철저한 감독을 해야 하는데, 이를 안 한 책임을 엄격히 묻는 것도 여전히 생각이 같습니다. 우리가 흔히 '회사형 인간'이라고 하잖아요. 근로시간이 너무 길다 보니 가정에서 육아를 맡을 수 없고, 엄마 아빠가 맞벌이로 일하면 아이를 못 키우니 아이를 안 낳게 되고, 이런 문제를 해결하기 위해서라도 노동시간 단축과 육아휴직에 대해서는 진취적으로 접근해야 한다고 생각해요."

상층 정규직의 양보 없이 청년 일자리를 만들 수 있겠느냐는 지적이 나옵니다.

"노조가 조직된 곳은 대부분 좋은 직장이거든요. 상층 대기업과 금융사, 공기업, 공무원. 정규직과 비정규직 사이에 임금뿐 아니라 복지와 안전 문제 등에서도 격차가 엄청나잖아요. 세계적으로 이 문제에 대한 대응은 두 갈래로 나뉩니다. 미국의 로널드 레이건Ronald Reagan이나 영국의 마거릿 대처Margaret Thatcher처럼 파업에 대해 공권력을 투입해 파업에 강하게 나가는 방법이 있죠. 그런데 유럽에서도 덴마크나 네덜란드, 독일, 스웨덴은 노사정 간 대타협을 중시합니다. 저는 우리나라 역시 노사정 대타협의 길로 갈 수밖에 없다고 생각해요. 그러려면 노동개혁을 해야 합니다. 유럽의 경우, 대기업 노동자들이 임금 인상을 양보했어요. 그렇게 마련된 돈으로 하청업체와 비정규직을 돕는다는 데 동의하되, 실업자가 될 경우의 안전망을 늘려달라고 한 겁니다. 정부는 당신이 일을 하다 해고되거나 경기가 나빠져 일감이 줄면 보조하겠다고 약속했고요. 대기업은 대기업대로 세금을 더 내서 약자를 돕겠다고 했습니다. 이 과정에서 정부는 '선량한 중재자' 역할을 한 거죠. 우리나라도 그 모델로 가야 한다고 생각해요."

새로운 주류의 탄생

'비정규직의 정규직화'에 대해 지금은 어떻게 생각합니까.

"비정규직의 정규직화는 저도 주장했어요. 대기업과 금융사, 공기업은 정규직을 쓸 수 있으면 쓰라는 거죠. 인천국제공항공사라면 현재 있는 비정규직을 무조건 정규직으로 만들어주자는 게 '문재인식'이죠. 저는 정규직으로 전환할 때 인천국제공항공사에 들어오려는 바깥의 청년들에게도 공정한 기회를 주자는 겁니다. 정규직 전환 과정에서 내부 사람에게만 특혜를 주지 말고 바깥에도 공정하게 기회를 주겠다는 거면 저도 찬성해요. 대신 정규직에 대한 과도한 보호, 비정규직에 대한 과도한 차별을 없애려면 노동법을 손대야 하는데, 민주노총과 한국노총이 머리 싸매고 반대합니다. 문재인 정부는 민주노총 눈치 보느라 노사정 대타협은 하는 척만 했는데, 해고는 자유롭게 하되 노동자가 경제적으로 취약한 상태에 빠졌을 때는 실업급여가 됐건 공적 부조가 됐건 사회안전망을 확실히 보장하는 방향으로 대타협을 해야 합니다. 재벌 대기업에 치우친 정부도, 노동에 치우친 정부도 안 돼요. 정부가 한쪽 편을 들면 다른 한쪽이 협상 테이블에 나오지 않습니다. 노사 공히 양보하지 않으면 정부는 강하게 나가야 합니다."

민주당 정권이 민주노총 눈치를 본다는 말도 이해는 갑니다만, 사실 국민의힘도 한국노총 출신 비례대표 몫이 있는 것처럼 보입니다. 국민의힘이 조직화되지 않은 노동의 목소리를 어떻게 받아낼지 의문이 듭니다.

"국민의힘도 한국노총에 비례대표 자리 제공하고, 노동절 등 때만 되면 찾아가는 버릇을 고쳐야죠. 한국노총이나 민주노총 행사장에 가보면 심상정 정의당 대표 올 때 (참가자들이) 환호해요. 속으로 '심 대표는 정의당 대표인데 비정규직 문제에 더 신경 써야지, 정규직이 모인 자리에서 뭘 이렇게 환호받나' 싶었어요. 비정규직은 흩어져 있잖아요. 고용주와의 관계에서 심각한 갑을 관계에 있기도 하고요. 보수정당이 권익을 보호해야 할 노동자

새로운 주류의 탄생

는 대기업 정규직이 아니라 중소기업과 소상공인, 비정규직이어야 합니다. 보수정당이 정의당보다 더 적극적으로 비정규직이 인간답게 노동할 권리를 누릴 수 있게 해야 해요. 비정규직의 노동권 문제를 반영하려면 정부가 노사정 대타협 테이블에 비정규직의 목소리를 대표할 수 있는 사람을 앉혀야죠."

나라를 다시 일으키려면 분배만으로는 안 됩니다

그렇다고 유승민이 분배주의자는 아니다. 그의 방점은 성장과 복지의 균형 발전을 추구하는 데 찍혀 있다. 이것이 유승민과 한국 진보를 가르는 단절선이다. 유승민이 2015년에 쓴 교섭단체 대표 연설문에도 "양극화 해소 못지않게, 성장 그 자체가 시대의 가치가 되어야 한다"라는 표현이 나온다. 그가 미국에서 유학한 경제학 박사로, 탄탄한 이론적 기반을 갖췄다는 점도 기억해야 한다. 성장 전략이 없는 정권은 유승민의 눈에 무책임한 권력이다. 고속 성장의 시대는 끝났으나 성장을 지레 포기해버려선 안 될 일이다. 제대로 된 복지국가를 만들기 위해서라도 성장은 중요한 과제다. 약자를 위해 돈을 쓰려면 일단 돈을 벌어야 한다. 그렇다. 유승민에게 경제성장은 목표가 아니라 도구다.

늘 경제성장을 강조하던데, 성장 담론은 구시대적 발상이라 치부하는 분위기도 있습니다.

"경제성장을 구시대적이라고 말하는 사람들이 야간 더 멋있이 보여요. 그분들은 저성장이 당연하고 고착화돼있다고 말합니다. '고용 없는 성장'도 이야기하고요. 그분들의 말이 옳다면 우리나라에 밝은 미래는 없는 거예요. 저출산·양극화 문제도 해결을 못 할 것이고, 대한민국은 선진국 문턱에만 가보고 쇠락하는 나라가 될 겁니다. 김세직 서울대 경제학부 교수는 YS·DJ 이후 5년 단위로 정권 바뀔 때마다 성장률이 1%p씩 하락한다고 해요. 진보와 보수를 가리지 않았습니다. 인구는 지난해(2020년)부터 감소하고 있어요. 그런 나라가 나중에 무슨 돈으로 복지를 해결하고 양극화 해소를 합니까."

무슨 방법으로 다시 성장할 수 있습니까.

"4차 산업혁명 시대에는 인재와 과학기술이 성장에 가장 중요합니다. 엊그제도 어느 자리에서 얘기했지만 어느 언론도 안 써주던데, 디지털 혁신 인재 100만 명을 양성하자는 겁니다. 문과건 이과건 가리지 말고 AI나 빅데이터 등 전 국민을 대상으로 4차 산업혁명 교육을 하는 데 돈을 쓰자는 얘기입니다. 제 아이디어가 아니에요. 저하고 초등학교 때부터 친구인 차상균 서울대 교수(데이터사이언스대학원 초대 원장)가 하는 얘기에요. 과학기술, 교육, 디지털 혁신 인재 이야기하면 표가 안 되죠. '전 국민 재난지원금 100만 원.' 이래야 표가 되는데, 그런 거 갖고 성장할 수 없잖아요. 인재와 과학기술만이 답이고, 그러려면 교육 시스템 뜯어고치고 R&D 정책도 혁신해야 한다고 호소할 거예요. 이를 통해 일자리가 만들어지고 세금을 더 걷을 수 있으면 저출산과 양극화 문제가 비로소 해소되는 겁니다."

교육개혁에 대해서도 논해야 하고 기술 문제도 언급해야 하니 그야말로 인기 없는 주제가 될 텐데요. 다른 대선주자들은 주로 공정을 이야기하고요.

"인기 없는 주제인데, 그렇게 해야 경제가 살아날 수 있다는 점을 쉬운 말로 설득력 있게 해야겠죠. 나라를 다시 일으키려면 분배만으로는 안 됩니다. 성장의 가치를 재인식해야 합니다. 삼성만 쳐다보고 있을 일이 아닙니다. 물론 대기업도 잘돼야 합니다만, 새로운 기업가가 자꾸 태어나야죠. 시대정신은 공정이라고 하는데, 거기에는 '오케이' 할게요. 그런데요. 그것만 하면 대한민국이 살아날까요? 그러니 제가 경제에 대해 자꾸 열변을 토하는 거죠."

그런 그가 기본소득에 신중한 입장을 취하는 것도 자연스럽다. 마침 그를 만나기 7개월 전 국민의힘은 당 정강·정책을 바꾸며 강령 1조 1항으로 "국가는 국민 개인이 '기본소득'을 통해 안정적이고 자유로운 삶을 영위하도록 적극적으로 뒷받침하여 4차 산업혁명 시대를 대비한다"라는 문장을 명시했다. 김종인 비상대책위원회 시절 고안된 작품이다.

기본소득을 강령에 새긴 정당은 국민의힘밖에 없습니다.

"기본소득에 대해 실험하고 검토할 수는 있어요. 그런데 다음 정권, 그다음 정권까지도 기본소득을 도입할 상황은 전혀 아니라고 생각해요. 기본소득은 4차 산업혁명으로 로봇이나 AI가 인간의 노동을 완전히 대체해 국민 상당수의 일자리가 없어질 때나 하는 거죠. 벌써 많은 사람을 실업자로 간주하고 기본소득을 한다는 건 말이 안 돼요. 김종인 전 위원장께서 기본소득이 쉬운 게 아니고 장기적으로 검토해야 한다는 말씀도 하셨어요. 김 전 위원장이 기본소득을 화두로 던져 우리도 진보 이슈를 검토한다는, 음 뭐라 그럴까요. 당 이미지 변화에 도움을 주셨을지는 모르죠."

이재명 경기지사(현 민주당 대표)**는 장기적으로 월 50만 원의 기본소득을 주자고 합니다.**

"월 50만 원이면 1년에 600만 원이고, 거기에 5,000만 명을 곱하면 300조 원이에요. 지금 우리나라 전체 복지예산보다 많아요. '복지를 다 없애고 기본소득을 할 거냐?' 이 지사한테 물어보면 기존 복지제도에 기본소득을 얹어 준다고 해요. 건강보험의 혜택은 아플 때 받잖아요. 부자건 빈자건 전 국민이 보험료를 내고 필요한 사람한테 건강보험기금에서 돈을 빼서 주는 거죠. 이것이 사회보험의 원리거든요. 기본소득은 필요 여부나 소득 및 재산 수준도 따지지 않고 똑같이 막 주는 겁니다. 독거노인이 고독사를 하고 몇 년 전에는 송파 세 모녀가 70만 원 남겨놓고 스스로 목숨을 끊었어요. 그런 사각지대를 찾아내 그분들이 사회안전망에 들어올 수 있게 해야죠. 그런 일은 보수정당이 더 화끈하게 하자는 겁니다. 왜 재산과 소득 많은 사람한테 돈을 줘야 합니까. 또 이재명 지사는 무주택자에게 소득과 재산에 관계없이 기본주택을 제공하겠다고 해요. 극빈층은 월 20만~25만 원짜리 고시원과 단칸방, 쪽방에 살고 계세요. 이분들께는 공공임대주택이 필요해요. 제가 생각하는 공공임대와 주거 복지는 그런 겁니다. '이재명식' 악성 포퓰리즘은 민주당과 허경영의 국가혁명당 중간 어디쯤에 있어요."

그래도 이재명 지사가 대권 주자 지지율 1위를 달리는 건 현실 아닙니까.

"그것이 정치 현실이니까요. 5년마다 대통령을 뽑는데, 국민들이 뽑아놓고 늘 후회한다고 말씀하시는 것과 닿아 있다고 해야할까요. 선거 전에 정책이나 국정을 어떻게 운영하겠다는 것에 대해 TV 토론 서너 번 하고 치우잖아요. 제가 언론에 늘 불만이, 언론은 정치인들이 정치적인 말을 하면 크게 써줘요. 정책에 대해 이야기하면 크게 안 써줘요. 우리가 문재인 대통령이 대통령되기 전에 부동산 정책이나 세금 정책에 대해 심각하게 검증해본 적 있습니까? 매번 대선 전에 수박 겉핥기로 '쓱' 하고 TV 토론 몇 번 하고 지나가는데, 선진국형 선거는 누가 입당을 하는식의 이슈보다 정책 현안이 훨씬 중요합니다. 미국 선거에서 늘중요한 게 뭡니까. 메디케어medicare, 교육, 세금이잖아요. 우리나라도 그런 이슈가 중요해지는 정치로 갔으면 좋겠어요. 뽑아놓고 '저 사람이 이렇게 세금 때릴 줄 몰랐다'고 이야기하지 말

논리적으로 빈틈이 없으나 정치인의 메시지라기보다는 전문가의 진단서 같다. 선진국의 정치 기사와 한국의 정치 기사가 다른 건 옳은 분석이다. 영국《가디언The Guardian》이 선거 기사를 쓰는 방식에 대해 알아본 적이 있다.《가디언》에는 후보 간 말다툼이나 비방, 정치 공방, 협잡 등을 다루는 보도가 없다. 주로 유력 후보가 내세운 세금 감면이나 공무원 임금 삭감 공약 등 보통 사람에게 막대한 영향을 미치는 정책 이슈를 조명했다. 한국 언론이 성찰해야 할 대목이 많다.

그렇지만 영미권 선거 혹은 언론과 한국의 그것이 가진 차이를 논하는 건 학계의 일이다. 저잣거리에서 아등바등해야 할 대선주자가 할 일은 아니다. 정책이 물론 중요하나, 미디어에서 다룰 만한 정치적인 말에 대해서도 고민해야 한다. 자칫 소신은 강하되 대중과 주파수를 맞추려는 의지가 없다는 평가를 들을 수 있다. 그것이 나에게 남은 유승민의 인상이다.

결정적 순간에는 '죽고 사는 문제'가 더 중요하죠

윤석열 대통령의 당선으로 보수정당은 비로소 '탄핵의 강'을 건넜다. 정작 유승민은 지금도 전통적인 보수층에서 비토를 받는다. 함께 탄핵 열차를 탔던 그 많은 사람이 '나는 참보수요' 하며 직職을 하나씩 꿰찼는데, 유독 이 사람에게만 냉정한 게 아닌가 하는 인상마저 들 정도다. 탄핵으로 물러난 대통령도 사면된 마당에 왜 유승민이 배신자라는 멸칭을 감내해야 하는가. 마침 같은 멸칭에 시달리는 김무성(전 새누리당 대표)에게 이렇게 물어본 적이 있다. '김 전 대표와 박근혜 전 대통령 간 화해가 필요하다는 주장에 대해 어떻게 생각하느냐'고. 유승민에게도 물었다. 그는 호칭으로 박 전 대통령과 그분을 번갈아 썼다.

박근혜 전 대통령과 화해할 수 있느냐는 질문에 김무성 전 대표는 "만나서 화해할 방법만 있으면 화해하겠다"라고 답했습니다. 같은 질문에 무어라 답하겠습니까.
"공적으로 그분과 생각이 다를 때 갈등도 있었죠. 그분이 취임한 지 2년 만인 2015년에 제가 새누리당 원내대표를 했어요. 친박이 엄청나게 반대했지만 제가 선출됐어요. 돌아보면 국정이 잘못 가고 있는 점에 대해 당시 더 강하게 반대해야 했던 게 아닌가 후회가 들죠. 제 말이 대통령과 정권 실세들한테 통했으면 박 전 대통령이 임기를 성공적으로 잘 마쳤을 거고, 이런 불행한 일도 없었으리라 생각합니다. 탄핵에 대해서도 여전히 제 생각은 똑같아요. 제가 2004년부터 그분을 도와드리기 시작했으니 가까이서 일한 시간만 해도 십수 년이 되는 인연입니다. 인간적으로는 박 전 대통령이 겪은 고초가 너무 안타깝고 가슴이 아픈 사람이에요. 그런데 저는 박 전 대통령 덕을 본 일이 없습니다. 박 전 대통령이 임명하는 자리에 한 번도 가본 적이 없어요. 대구·경북 사람들이 저 사람이 박 전 대통령 덕에 정치적으로 성공했다고 오해해요. 저는 여당 9년 하면서 외국 특사 한 번 니기본 적 없어요. 국방위원장이고 원내대표고 모두 제가 손들고 나선 겁니다. 그렇기 때문에 진박·친박 등 박 전 대통령의 눈과 귀를 막았던 그 사람들이 진짜 원망스러워요."

유승민은 끝내 화해라는 표현은 쓰지 않았다. 외려 '쓴소리를 제대로 했어야 했다'는 회한의 감정을 내비쳤다. 처지가 어렵다고 태도를 바꾸겠다는 쪽이 아니다. 그로 인한 손해는 감수하겠다는 투다. 유승민의 대선 경선 캠프에서 활동했던 여당 인사는 유승민에 대해 "주변에서 정무적으로 이득이 되는 판단을 하시라 조언해도 그런 것에 잘 따르지 않는 건 맞다. 정치인이어도 윤리적으로 아니라고 생각하면 따르지 않는다"라고 말한 적이 있다. 윤석열 대통령과 대립각을 세우는 모습을 평하면서 꺼낸 말이다. 이를테면 유승민은 예나 지금이나 돈키호테형 소신파다.

마지막으로 그와 안보 얘기를 해보자. 유승민은 16년간 국회의원을 했다. 이 중 8년을 국방위원회에 있었다. 2012년 6월~2014년 5월에는 국회 국방위원장을 지냈다. 경제학자 출신으로서는 이례적이다. 사드THAAD(고고도미사일방어체계)의 경우, 친박근혜계에서 반대할 때도 먼저 나서 찬성했다. 안보는 경제와 함께 그의 정치 인생을 구성하는 키워드다.

한국이 미·중 사이에서 선택을 강요받는 모양새인데요.

"중국이라는 나라를 옆에 둔 게 불행이기도 하고, 또 끊임없이 도전 의식을 키워주는 것이기도 하죠. 근대 역사만 보더라도 중국이 우리한테 호의적이었던 적이 한 번도 없습니다. 물론 36년 동안 고통을 준 일본에 대해서도 늘 냉정하게 생각해야죠. 중국이 사드 갖고 보복할 때, 우리도 전략적으로 실수를 했어요. 3년 동안 '미국의 요청도, 협의도, 결정도 없다'는 '3노NO' 전략을 펴다가 어느 날 갑자기 해버렸거든요. 중국이 속았다는 생각은 들었을 거예요. 방어용 미사일 배치하는데 중국의 눈치를 보는 정말 어이없는 상황으로 갔는데, 중국의 경제보복이 얼마나 극심했습니까. 그래서 제가 안미경중安美經中의 시대는 끝났다고 하는 겁니다. 우리의 의지와 상관없이 미·중 갈등은 피할 수 없고, 앞으로 더 심해질 겁니다. 안보와 경제가 같이 간다고 생각해야 해요. 안보는 '죽고 사는 문제'고, 경제는 '먹고사는 문제'인데, 결정적 순간에는 '죽고 사는 문제'가 더 중요하죠. 나는 미·중 경쟁이 상당 기간 미국 우위로 갈 거라 봐요. 대한민국을 잘못 건드리면 크게 다친다는 두려움을 줄 정도의 '거부적 방위'가 가능한 국방력을 갖춰야죠. 거기다 한미동맹을 추구해 안보를 굳건히 지키고 한미일 안보협력도 철저히 해야 합니다."

중국이 가만히 있겠습니까.

"어렵다는 걸 저도 알아요. 중국이 거칠게 나올 거고 보복도 할 겁니다. 그렇지만 중국도 혼자 살아가는 경제가 아니에요. 중국에 '무역과 투자, 문화 협력은 계속하길 원한다. 하지만 안보는 우리를 지키기 위해 어쩔 수 없다'라고 해야죠. 저는 국회의원 중에서도 사드 배치를 가장 먼저 주장한 사람이에요. 또 우

리 스스로 핵 개발을 안 할 생각이면 나토NATO(북대서양조약기구)
수준 이상의 핵 공유를 미국과 할 수밖에 없다고 주장해왔습니
다. 안보에서 지킬 건 지키면서 경제 문제에 대처해야 한다는 겁
니다."

문재인 정부를 거치면서 북한 핵 문제를 톱다운top-down(하향식) 방식
으로 풀 수 있다는 신화는 사라진 것 같습니다.
"한미가 대북 정책에 있어 100% 공조하는 건 반드시 필요해요.
그렇지 않으면 북한은 그 틈을 노려 치고 들어옵니다. 북한이 우
리를 '패싱'하고 미국과 '딜deal'하면 우리는 바보가 되는 겁니
다. 북핵 문제에 있어서는 압박과 대화를 병행하는 것 말고는 방
법이 없어요. 바이든 정부가 전임 트럼프 정부가 행한 싱가포르
합의나 하노이 합의에 신경이나 쓰겠습니까."

유승민의 전쟁

얄궂게도 안보 전문성은 결정적 순간 유승민에게 도움이 되진 않았
다. 이와 관련해 국내 주요 여론조사업체에서 고위 간부로 일한 적이
있는 전문가와 유승민에 대해 대화를 나눈 적이 있다. 그는 유승민에
게 호감을 가진 인사다. 그런 그는 "이 사람은 자기 지지 기반이 누군
지 모른다. 그래서 정무적 판단이 현저히 떨어지는데, 앞으로도 걱정
스럽다"라고 말했다. 이 전문가가 제시한 사례가 2021년 4·7 서울시

장 보궐선거다.

당시 국민의힘 내에서는 '유승민 차출론'이 불거져 나왔다. 이에 대해 유승민은 "생각해 본 적이 없다"라고 말하면서 출마 가능성을 단칼에 잘랐다. 앞선 전문가가 보기에는 서울시장 선거에 당연히 출마했어야 했다. 한국에는 안보보수와 경제보수가 있는데, 유승민을 지지하는 사람은 경제보수이고 지역적으로는 대구·경북이 아니라 서울에 있기 때문이다.

이 전문가의 눈에 2017년 대선 때 '유승민 선거대책위원회'의 캠페인은 실패작이다. 당시 유승민이 공들여 강조한 어젠다가 사드다. 정작 유권자는 유승민에게서 안보보다는 경제 이미지를 연상한다. 앞선 전문가의 진단을 빌리면, 사드 이슈가 커지면 안보 불안감이 형성될 수밖에 없고 이는 다른 보수 후보 즉 홍준표 자유한국당 후보의 선거 운동을 도와준 꼴이 된다.

데이터를 보면 이 말에는 그 나름의 근거가 있다. 두 명의 보수 후보(홍준표, 유승민)와 한 명의 중도 후보(안철수)가 대선 본선에 모두 나온 2017년 대선을 보자. 대선 직후 강원택 서울대 정치외교학부 교수가 「2017년 대통령선거에서의 보수 정치: 몰락 혹은 분화?」[10]라는 논문을 발표했다. 한국 보수 정치를 분석하는 데 이정표가 될 만한 논문으로 꼽힌다.

논문에는 강 교수가 연구를 위해 각 후보를 지지한 유권자들의 주관적 이념의 평균값을 구한 결과가 있다. 10점 척도로, 1점에 가까우

---

10 《한국정당학회보》16권 2호, 5~33쪽.

면 진보 10점에 가까우면 보수다. 그 결과, 홍준표 지지자들의 평균
은 6.88로 나타나 매우 강한 보수적 이념 성향을 보였다. 유승민 지지
자들의 경우 5.62로 나타나 홍준표 지지자에 비하면 상대적으로 온건
했다. 안철수 지지자들의 평균은 5.10이었다. 특히 주목할 만한 대목
은 세대별 패턴이다. 홍준표 지지자의 평균연령은 60.3세, 안철수 지지
자의 평균연령은 52.3세였다. 유승민 지지자들의 평균연령은 42.9세
였다.

　세 후보 지지자들에게 좋아하는 역대 대통령도 물었다. 홍준표 지지
자들의 71.3%는 박정희를 가장 좋아하는 대통령으로 택했다. 유승민
지지층에서 박정희가 가장 좋다는 응답은 15.6%였다. 반대로 노무현
을 가장 좋아하는 대통령이라 응답한 비율이 51.6%로 가장 높게 나타
났다. 이에 대해 강 교수는 "박정희에 대한 강한 선호를 드러낸 홍준
표의 지지층이 '전통적 보수'를 대표하고 있다면, 오히려 노무현을 선
호한 유승민의 지지층은 이들 '전통적 보수'들과 구분되는 상이한 정
체성을 갖는 '새로운 보수'의 등장을 보여주는 것이라고 할 수 있다"
라고 썼다.

　쟁점 정책에 대한 각 후보 지지자들의 태도도 상이했다. 사드 배치
에 대해 홍준표 지지자들의 95.1%가 찬성한 반면, 유승민 지지자들은
72.7%만 찬성했다. 사드 이슈를 부각할수록 홍준표 선거운동을 도와
주는 셈이라는 앞선 여론조사 전문가의 말이 근거가 있는 셈이다. 대
북정책에서도 홍준표 지지자의 80.6%는 적대적 대북정책을 선호했
고, 유승민 지지자에서 그 비율은 70.9%였다. 복지 대 성장에서는 홍
준표와 유승민 지지자 간 시각의 차이가 가장 확연히 나타났다. 홍준

표 지지자의 77.6%가 성장을 중시한 반면, 유승민 지지자에서 해당 비율은 51.3%로 크게 낮아졌다. 대신 유승민 지지자의 48.7%가 복지가 중요하다고 답했다.

정리하면 유승민의 지지층은 매우 젊고, 사드 배치나 적대적 대북정책에서는 상대적으로 유연하며, 복지에 대해서는 전향적이고, 박정희보다는 노무현을 좋아하는 그룹이다. 대체로 정책 민감도가 높은 편이다. 그간의 한국 정치에서는 가시화한 적이 없는 그룹이다. 데이터는 개혁보수가 실체를 갖춘 집단이라는 점을 암시하고 있다. 유승민이 그만큼 어려운 방정식 위에 놓여 있다는 말도 된다. 보수 정치인으로서 안보에 대한 어젠다도 제시해야 하지만, 그것을 전면에 내세우기 어려운 복잡한 상황에 처해 있다는 이유에서다. 바꿔 말하면 정치인 유승민이 상징하는 노선이 진영으로부터도 자유로울 수 있다는 뜻도 된다.

다시 2021년 4월 9일 인터뷰로 돌아가 보자. 이날 유승민은 "헌법에는 자유 말고도 공정·정의·평등·복지·인권·생명이 있는데 보수는 너무 자유에만 매달리고 나머지 가치는 등한시했다"라며 "그러니 저 얼치기 사이비 좌파들이 공정·정의·평등·복지·인권·생명을 전부 자기네 것이라고 하면서 그동안 거짓말만 했다"라고 말했다. 단 두 문장으로 이뤄진 이 말에 그가 세상을 바라보는 시각이 모두 녹아 있다. 당선 가능성도 없는 '바른정당 대선후보 유승민'을 찍었던 유권자들의 정체성을 오롯이 관통하는 관점이라 말할 수도 있다. 동시에, 한국 보수의 주류와는 절대 가까워질 수 없는 세계관이기도 하다. 그리하여 유승민의 전쟁은 끝나지 않는다.

"기본소득·
기후변화가
보수의 핵심
어젠다여야
합니다"

미래에서 온

보수

김세연

김세연을 처음 본 건 2010년, 그러니까 내가 졸업을 앞둔 대학생일 때다. 정치외교학과에 개설된 '정치지도자론' 수업에 38세의 초선 의원이던 그가 왔다. 단과대 계단을 오르다 담당 교수보다 먼저 와서 복도에 서성이는 그를 봤다. 수행비서 없이 홀로였다. 학생들에게 전하려는 말을 곰곰이 복기하는 듯한 표정이 스쳤다. 그를 모르는 학생이었다면 '첫 강의를 준비하는 박사과정생'쯤으로 봤을 법하다.

담당 교수가 오자 90도로 인사하고 강의실에 들어온 그는 놀랍게도 '다문화 사회의 가치'를 역설했다. 당시 유럽에서는 보수의 의제가 다문화, 환경, 젠더 등으로 확장하는 중이었다. 부산을 지역구로 둔 보수 정당 의원인 그는 그때부터 '보수의 현대화'에 관한 촉이 남달랐다.

김세연 —————————————————————————
1972년 출생 · 서울대 국제경제학 학사 · 제18·19·20대 국회의원 · 경제민주화실천모임 대표 · 여의도연구원 원장 · 국회 보건복지위원회 위원장

새로운 주류의 탄생

그를 다시 만난 건 2019년 5월 국회에서다. 그새 3선 의원이 된 그에게 옛 일화를 꺼내니 그는 반가운 얼굴로 휴대전화 주소록에 저장된 몇 사람의 이름을 보여줬다. "당시 수강생 2~3명과 지금도 교류하고 있다"라는 말과 함께. 국회의원이 대학 특강에서 만난 학생들과 10년 가까이 소통한다는 이야기를 나는 이때 말고 들어본 적이 없다. 1시간여의 인터뷰 후 그는 태블릿 PC와 한 뭉치의 서류를 들고 수행비서 없이 다음 일정으로 발걸음을 옮겼다. 9년 전 캠퍼스에서 봤던 '초선 의원 김세연'의 모습 그대로였다.

그는 '죄송하다'는 말이 입에 밴 사람이다. 말본새에 겸손과 반듯함이 묻어 있다. 언젠가 '야성이 부족한 게 아니냐' 물었더니 "정치의 본질은 투쟁이 아닌 자유와 평등, 인류애"라고 답한 적도 있다. 중심을 향한 쟁투장 같은 여의도에서 그는 퍽 이질적인 존재였다. 얼굴 알리는 데 관심이 없고, 얼굴이 알려지지 않은 데 대해 안도감 같은 걸 느끼는 사람이었다. 전당대회는 물론 원내대표 경선에 단 한 번도 나선적이 없다. 남들이 한 번쯤 거쳐 가는 대변인조차 하지 않았다. 왜 그랬느냐는 질문에 그는 나직하면서도 분명한 어조로 이렇게 답했다.

> "정치에 들어오면서 스스로 정한 역할은 옆이나 뒤에서 돕는 것이었습니다. 더 훌륭한 분들이 전면이나 중심에 서면 도와드린다는 생각으로 이제까지 왔고요."

그러니 그가 스스로를 직업 정치인이 아닌 "정치권으로 파견 나온 시민"으로 규정한 건 일견 자연스럽다. 그런 사람이 총선 불출마를 선언하며 꺼내놓은 말은 놀라웠다. 직업이건 파견이건 자신이 둥지로 삼아온 보수정당을 두고 "존재 자체가 역사의 민폐"이자 "생명력을 잃은 좀비 같은 존재"라고 규정한 것이다. 그러면서 현역 의원 전원 사퇴와 당 해체를 주장했다. 현실화하기는 어려운 요구였다. 그는 12년에 이르는 자신의 정치 인생마저 부정하려던 참이었을까. 그즈음 만났을 때 그에게 물었다.

정치를 하면서 행복한 적은 없었습니까. 12년간 의정 활동하면서 '국회의원 하길 잘했다' 하는 순간이 있었을 것 같은데요.

"정치인이 되기 위해 국회에 들어온 건 아닙니다. 공적인 일을 하면서 공동체에 의미 있는 보탬이 되고 싶었습니다. 공적인 삶은 개인으로는 불행에 가까운 것 같습니다. 다만 공적인 일을 하면서 의미 있는 결과를 만들었을 때 보람찬 순간이 가끔씩 있었습니다."

고故 김종필JP 전 총리가 '정치는 허업虛業'이라 말한 게 떠오릅니다.

"(김 전 총리가) 정확히 말씀하신 것 같아요. 다만 김 전 총리의 경우 권력 최정상 직전까지 가셨다가 하산하신 경우고요. 저는 그 정도의 큰 틀에서 '허업'이라고 말할 입장은 아닌 것 같습니다.(웃음)"

존경하거나 좋아하는 보수 정치인이 있습니까.

"제 캐릭터와는 많이 다른데, 그래서 배워야겠다고 생각하는 사

새로운 주류의 탄생

람이 윈스턴 처칠Winston Churchill입니다. 한 인간의 흔들리지 않는 강철 같은 의지가 세상을 살렸다고 생각하는데요. 역사에 가정은 무의미하지만 영국이 그때 버티지 못했으면 아마 지금 우리는 파시즘 치하에 살고 있을지도 모를 일이고요."

현실 정치를 하며 주로 교류하거나 영향받은 인사는 누구인가요.
"아직도 많이 미흡하지만, 정치를 바라보는 철학적 관점을 갖추는 데 윤평중 한신대 철학과 명예교수님이 많은 도움을 줬습니다. 세상을 바라보는 관점에 있어서는 김종인 전 위원장께서 여러 많은 가르침을 줬고요. 유승민 전 의원과는 여러 정책에서 거의 각론까지 해법이 비슷했습니다. 조순형 전 의원으로부터도 많이 배웠고요."

네 분 모두 주류가 아니라는 공통점이 있네요.
"(옅은 미소를 보이며) 음, 그런가요?"

특히 김종인 전 위원장은 보수라는 단어조차 필요 없다고 생각할 만큼 '탈이념'주의자입니다. 하지만 김 의원께서는 보수주의자를 명확히 자처하잖습니까. 두 사람의 결이 같으면서도 다른 것 아닌가요.
"저는 보수라는 단어가 부끄럽다고 생각하지 않습니다. 수구 정당이 보수를 참칭하니 보수가 부끄러운 것처럼 보이지만, 보수는 사회 변화를 항상 수용하면서 점진적이지만 끊임없이 변화해야 합니다. 지금은 보수라는 단어를 쓰는 순간 선입견과 낙인에

간합니다. 김종인 전 위원장님이 보수라는 단어를 쓸 필요가 없다고 말씀하신 건 그와 같이 아주 현실적인 판단에서 비롯했을 겁니다. 뒤로 가면 반동反動이고, 서 있으면 수구입니다. 앞으로 가면 보수인지 진보인지 뚜렷한 경계선을 찾기 어려울 수 있고요. 보수의 역할은 급진 정책이 도입돼 사회적 비용이 커지는 것을 예방하는 데 있습니다. 그런 의미에서라면 기본소득제와 기본자산제 도입도 열린 관점에서 봐야 하고요. 논의 초기에는 기본소득, 기후변화 등이 진보의 어젠다였을지 모르지만 사회적으로 논의가 성숙했을 때는 보수의 핵심 어젠다가 돼야 합니다. 이런 주장을 아직까지도 적대시하면서 말만 꺼내면 좌파로 몰아버리는 보수정당 내 분위기가 있는데요. 답이 보이지 않는 상황이라고 봅니다."

의원 시절 경제민주화실천모임에서 활동했습니다. 42살 때는 모임의 대표도 지냈고요. 김종인 전 위원장의 트레이드마크 중 하나가 경제민주화인데, 지금은 입장이 어떻습니까.

"(김 전 위원장이 박근혜 캠프 국민행복추진위원장을 맡았던) 2012년에는 재벌로의 지나친 경제력 집중이 경제의 핵심 문제였습니다. 박근혜 정부 때 지배구조 변화보다 행위 규제 쪽에 초점이 맞춰졌지만 많은 경제민주화 조치가 시작됐고요. 그 뒤 경제구조가 지각변동 했습니다. 대기업들이 과거처럼 지배력을 행사하기 쉽지 않습니다. 덩치가 크면 도리어 불리한 상황이 됐고요. 아직 남은 경제민주화 이슈에는 계속 대처해야겠지만, 지금은 일자리

새로운 주류의 탄생

급속 증발 시대에 어떻게 지속 가능한 사회경제 체제를 설계할 것이냐를 논의해야 할 때입니다."

개혁보수라는 단어조차 정치적으로 오염된 것 아닙니까. 한국 정치에서 개혁보수의 현주소는 어떻게 진단하나요.
"개혁보수는 동어반복의 말입니다. 보수라는 단어 안에 점진적인 자기 개혁이 내재하고 있습니다. '개혁'자를 붙인 건 한국적 상황에서 작동하는 '보수=수구'라는 프레임 때문에 '수구적이 아니다'라는 강변의 의미를 담았던 거고요. 저는 극우나 강경 보수와는 다르되, 특히 대외관계 인식에서 상당한 문제가 있는 한국 진보와도 확연히 다르다는 의미에서 중도보수라는 단어가 더 적절하다고 생각합니다."

엘리트들의 기이한 행태

한국 보수정당은, 사람에 비유컨대 언뜻 보면 거인巨人이고 자세히 보면 기인奇人이다. 일을 맡길 덩치는 갖췄는데, 맡기면 기행을 일삼을 것 같아서다. 성찰보다 마찰이 앞서고, 가치보다 금배지가 우선순위에 놓인 세력에 혁신은 풀지 못할 숙제다. 판·검사와 경제 관료 등 한국 주류 엘리트가 똘똘 뭉친 정당에서 왜 기이한 행태가 반복되나.

김세연은 그 한복판에 '당원 문제'가 있다고 말했다. 그중에서도 60대 이상의 장년층 당원들을 겨냥한다. 예나 지금이나 보수정당을 지탱하는 핵심 지지층이다. 산업화 시대의 감성과 판단으로 사안을 재단하는 지지자들이 혁신을 가로막는 장애물이라는 얘기다. 지금 이 사람은 한때 자신에게 표를 줬던 사람들에게도 '바뀌어야 한다'고 소리치고 있는 것이다. 정치라는 영역에서 다시 직職을 얻는 데 집착하지 않겠다고 마음먹은 사람만이 꺼낼 수 있는 발언이다.

당원들이 시대착오적 인식을 갖고 있다고 했는데, 이들은 이른바 보수의 '집토끼' 아닙니까. 현역 정치인들이 받아들일 만한 문제의식이겠습니까.

"현역 의원 처지에서는 각 지역구에서 득표 기반의 마지막 보루이기 때문에 놓을 수는 없을 겁니다. 그래서 점점 더 보수정당의 회생이 어려운 상황으로 흘러갈 것 같고요."

당원 일부의 극우적 인식이 문제라면, 당원 교육을 통해 바꾸는 건 불가능합니까.

"사람의 생각을 바꾸려면, 형식적 교육이 아니라 생각의 뿌리부터 바꿔야 하는데 경험상 쉽지 않을 겁니다. 경험이 축적될수록 자기 생각의 범위에서 벗어나기가 쉽지 않기도 하고요. (60대 이상 세대의 경우) 20대에게 이야기하는 것보다 훨씬 더 많은 노력을 들여도 효과가 그만큼 나지 않을 가능성이 큽니다. 더 큰 문제는, 당원을 비롯해 보수정당 전반의 생각이 바뀌어야 한다는 절박한 필요성을 느끼는 사람의 숫자도 많이 줄어 있다는 것이고요. 지금 상황에서도 별문제가 없다고 생각하니 그런 교육 프

새로운 주류의 탄생

로그램이 나오기도 어려울 겁니다.

외려 대선과 지방선거를 비롯해 최근의 큰 선거에서 모두 이겼으니 그와 같은 문제의식이 약해졌을 수도 있겠네요.
"네. 인간이기 때문에 권력을 쥐었을 때 거기에 도취되고 현실을 있는 그대로 보지 못하는 경우가 많습니다. 지금의 보수정당이 그런 상태에 빠져 있는 것 같고요."

집권을 하긴 했는데, 구조적으로는 한국 보수가 지역·세대·이념에서 비주류가 됐다는 분석도 있습니다.
"결국 중도가 캐스팅보트를 쥐고 있는데, 2017년 대선에서는 중도층이 상대적으로 진보인 더불어민주당을 찍었습니다. 2022년 대선에서는 민주당 정권의 실정에 실망한 중도층이 보수정당에 조금 더 힘을 실어준 덕에 대선에서 승리할 수 있었고요. 지금은 (보수가) 자기 능력에 대해 과신하고 우리 사회의 중간을 관통하는 합리적인 시각을 외면하면서 코너에 몰리고 있습니다."

현재 국민의힘에는 중도보수 정당의 색채가 안 보입니까.
"2021년 보궐선거와 2022년 대선 및 지방선거에서 승리할 수 있던 건, 평가는 분분한 면이 없지 않지만 김종인 비상대책위원장과 이준석 당대표로 이어지는 리더십하에서 중도까지 포괄하는 통합적 관점을 (유권자들에게) 시그널로 줬기 때문입니다. 지금은 과거 자유한국당 시절로 회귀하는 과정에 있는 것으로 보여 앞으로 선거가 쉽지 않을 수 있겠다고 우려합니다."

이념적으로 고립된 일종의 강경 우파적 행태 말인가요.
"세대로 보자면 주로 70대의 국민들이 가지고 계신 세계관, 그러니까 산업화 시대의 관점에 갇혀 고립돼 있었는데, 잠시 고립에서 벗어나는 듯하다가 자발적으로 고립 상태로 돌아가는 모양새 같습니다."

1980년대 중반 출생인 제 눈에는 한국 정치가 1970년대 정당(국민의 힘)과 1980년대 정당(민주당)이 '어공'(어쩌다 공무원) 일자리를 놓고 사활을 건 채 싸우는 전장처럼 보입니다.
"제 인식과 정확히 일치합니다. 양대 정당의 주류가 1970∼80년대 관점으로 현재를 보니까 이해가 안 가는 겁니다. 이들도 국민을 이해하지 못하고, 국민도 이들을 이해하지 못하고요."

말이 나온 김에 세대 얘기를 더 해보자. 그는 '830세대'라는 단어의 원작자다. 보수뿐 아니라 진보진영에서도 830(1980년대생·30대·2000년대 학번)으로의 급격한 전환이 필요하다고 주창해왔다. 그가 보수정당을 '좀비'라고 규정하면서 당 해체론에 불을 지필 즈음, 이렇게 물어본 적이 있다. '당 해체론이 진정성을 얻으려면 새 정당의 설계도가 명확해야 하는데, 그간 연구한 모델이 있나'라고. 그는 마치 이런 질문을 예상했다는 듯 독일의 사례를 꺼냈다. 자세히 보면 결국 혁신의 가늠자를 세대교체에서 찾아야 한다는 소신이 느껴진다.

"가령 청년 조직 같으면, 독일 기민당의 청년위원회 격인 '영유니온Junge Union'이 있습니다. 영유니온은 별도의 전당대회를 합니다. 하나의 '당내 당'으로 인식되는 뜻이죠. 기민당의 철학과 가치, 강령을 공유하지만, 기민당 집행부에 대해서도 거침없이 쓴소리를 합니다. 그리고 영유니온의 지도부가 지속적으로 기민당 지도부와 의원으로 유입돼왔고요. 이런 건강한 충원구조를 갖고 있어야 하는데, 보수정당의 청년조직은, 물론 많이 바꾸려 애는 썼지만 그간 행사가 있을 때 경호와 의전을 담당하는 정도의 역할로 인식돼왔습니다. 인재를 계속 쓰고 버리고 하다 보니 당내 청년조직에서 활동했던 사람들도 기대를 접은 상태가 됐고요."

1980년대생이 그간 정치 영역에서 핵심 실무를 접할 기회가 거의 없었습니다. 세력도 없고 훈련받을 기회도 없었던 830이 또 얼굴마담으로만 소비되지 않겠습니까.

"그래서 원내와 원외정당을 분리하자고 주장하는 겁니다. 의원들이 당직을 겸하면 상임위 활동에 지역구 관리까지 해야 하는데, 어느 것 하나 제대로 소화하기 어렵습니다. 원내대표가 이끄는 원내정당과는 별개로 원외정당은 선거 기획, 전략, 조직, 홍보, 교육, 인재 발굴 등 선거에 이기기 위한 조직으로 거듭나야 합니다. 830세대가 얼굴마담이 아니라 (원외정당에) 브레인으로 참여해야 하고요. 그들에게 훈련, 집행 기회를 부여해 정당의 인재로 성장하도록 해야 합니다."

여의도연구원장을 하면서 밀레니얼 세대와 주파수를 맞추는 정당을 만들겠다고 공언했던 기억이 납니다. 그 목표는 결국 수포로 돌아간 건가요.

"그간 뿌린 씨앗이 잘 자라서 열매가 열리기를 바라고 있습니다. 추진하던 프로젝트 중 지속성 있는 주제는 정책센터라는 이름을 달고 분야별로 꾸렸는데요. '소상공인 정책센터' '공간문화 정책센터', '삶의 질 정책센터' '미디어 정책센터' 등을 연구원 안에 운영하고 있었습니다. 또 '기후변화 TF' '아동권리 TF', 소유개념에서 임대 개념으로 패러다임을 옮기는 데 주안점을 둔 '주거 TF', '공유경제 TF' '게임이용장애 질병코드 TF', '반려동물 TF'가 있었고요. 당이 바뀐 시대상을 흡수할 수 있는 능력을

새로운 주류의 탄생

갖추는 데 도움이 되려 했는데 뭐 중간에 잘린 거죠.(웃음)"

잘렸다는 말의 전후 사정은 이렇다. 그는 2019년 12월 당 싱크탱크
인 여의도연구원 원장직을 내려놨다. 하지만 이후 일괄 사퇴 의사를
표시한 당직자 중 상당수가 유임됐다. 이에 '김세연 찍어내기' 아니냐
는 지적이 나왔다. 기후변화부터 반려동물에 이르기까지 그가 내건 어
젠다가 보수정당의 한복판으로 들어왔다면 어땠을까. 지금과는 사뭇
다른 색채의 보수정당을 목도할 수 있었을 것이다. 모두가 알 듯 그런
일은 일어나지 않았다.

조용히 벽을 부수려는 사람

보수는 진보와는 대화하고 수구와는 싸워야 한다. 나는 김세연이 내
심에는 그런 문제의식을 품고 산다고 생각한다. 그간 그를 여러 차례
만나오면서 내 나름대로 내린 결론이다. 그는 투쟁이 정치의 본질은
아니라고 했으나, 어떤 의미에서는 매서운 투사다. 그저 조용히 벽을
부수려는 사람이라 도드라지지 않았을 뿐이다.

경제민주화를 주창하는 40대에게 한국의 보수정당은 썩 어울리는
곳이 아니다. 지금의 보수정당 풍토에서는 멸종돼버린 종種이다. 다른
한편 그는 "보수정당이 녹색당의 환경정책, 정의당의 노동정책 중 과
격하고 급진적인 부분은 걸러낸 후 수용할 수 있는 건 최대한 수용해
야 한다"라고도 했다. 자기가 속한 집단의 헤게모니와 반대로 걸어가

는 일이 유쾌할 리 없다. 그 거칠고 험한 시간을 12년이나 버텼으니 투사라는 수식어가 비단 어색하지만은 않다.

그런 그를 보면 미래에서 온 보수라는 느낌이 인다. 그 미래가 아직도 아득히 멀어 보인다는 비관적 감정도 들지만 말이다. 5선을 지낸 아버지(故 김진재 전 의원)의 후광으로 의원이 됐다는 비아냥거림 때문에 더 치열했을지도 모르겠다. '금수저'는 그를 깎아내리려는 쪽에서 가장 빈번히 활용한 단어였으니까.

2020년 하반기부터는 아예 '기본모임'을 결성해 기본소득의 구체적인 안에 대해 연구했다. 그에 앞서서는 초당적 입법 연구 모임 'Agenda 2050' 설립을 주도했는데, 여기서 다룬 주요한 의제도 기본소득이었다. 보수가 무슨 기본소득이냐 할 수도 있겠으나, 그의 구상에는 보수주의자의 정체성이 짙게 스며들어 있다. 그의 주장이 논쟁의 영역 속에 들어오면 좋겠다는 바람에서 가감 없이 기록해 둔다.

김 의원이 주창하는 기본소득제의 전제는 정부조직 축소 등 행정비용을 줄이는 것으로 알고 있습니다. 보수정당에서도 논의를 해봄 직한 내용 같은데요.

"시장 실패와 정부 실패가 동시에 발생할 때는 이를 보완하기 위해 '사회적 경제'를 충분히 논의할 수 있습니다. 보수는 기본소득이 분배 일변도 평등주의 정책이고 재정 건전성을 무너뜨린다고 반대해 왔습니다. 또 기본소득이 고소득층, 고액 자산가에게까지 불필요하게 예산을 지출한다고 공격하고요. 이는 정부의 조세 정책을 통해 소득 재분배 기능을 작동시켜 사후적으로 세수를 거둬들이면 됩니다. 충분히 가능한데, 보수가 이 모든 논의를 거부한다는 게 문제고요. 기존 예산 범위 내에서 해결할 수 있다고 생각하고 논의를 시작해야지, 무조건 반대해서 될 일이 아닙니다. 보수가 기본소득 논의를 할 때는 정부가 제공하는 행정 서비스를 무인화·자동화하는 등 규모와 기능을 줄여야 한다는 전제를 깔아야 합니다. 인구 5,000만 명에게 1인당 월 50만 원의 기본소득을 지급하려면 연간 250조 원이 필요합니다. 약 500조 원의 정부 예산 중 기본소득과 중첩되는 부분을 걸러내고, 정부가 굳이 관여하지 않아도 될 영역에서도 예산을 줄이는 강도 높은 작업을 선행해야 하고요. 쉽게 될 일은 아니죠. 대단히 어려운 사회적 합의 과정이 있어야 할 겁니다."

기본소득 도입을 통해 복지 제도를 단순화함으로써 효율을 꾀하겠다는 뜻입니까.

"기존 복지 제도로는 기초생활수급 대상자를 별도 관리해야 하고, 사각지대가 없는지 계속 확인해야 하고, 차상위 계층까지 고려해야 합니다. 차상위 계층도 자동으로 파악할 수 있는 게 아니고, 최저생계비 기준을 잡고 이에 맞춰 정의해야 하고요. 행정비용이 막대하게 쓰이고 있습니다. 이런 노력을 다 제거하고 그 재원을 온전히 기본소득에 투입하되, 사정이 더 어려운 분들께는 소득을 두텁게 보전하는 것이 앞으로 가야 할 길이라고 생각합니다."

이재명 민주당 대표도 기본소득을 주창합니다. 보수의 기본소득과 무

엇이 다른가요.

"저는 '이재명표 기본소득'이 무늬만 기본소득이고 실제로는 이름만 가져와서 써먹는 접근이라고 봅니다. 이 대표의 기본소득은 1년에 50만~100만 원 지급하는 걸 기본소득이라고 참칭하면서 소요 재원에 대해서는 제가 여러 번 질문했는데도 인신공격만 하고 답을 안 하더라고요. 수백조 원 규모의 재원이 소요되는 체제가 되려면 정부 기능도 근본적으로 재편해야 하고 예산의 방만한 지출 구조와 공기업의 방만 경영도 정리해야 합니다. 많은 경우 사무자동화를 통해 공무원 수도 획기적으로 줄이는 등 국가를 새로 설계하는 작업이 필요하고요. 기존 정부 기능은 손대지 않으면서 연 50만~100만 원으로 시작해 월 수십만 원이 나가는 기본소득을 시행하겠다고 하는 건 거의 완벽한 유권자 기만행위입니다. 그렇게 되면 '정부 파산'이 10~20년 안에 현실화할 텐데, 그런 구조가 가능하다고 주장하는 건 매우 부적절하고요."

그는 "슬픈 일인데, 국가의 모든 기능이 망가져 있고 부분적으로 개혁한들 시스템의 개선으로 이어지지 않을 수도 있다"라고 말했다. 희망이라고는 찾아볼 수 없는 진단이 이어진다.

"기존 방식대로 국민의 삶을 지킬 수 없다는 게 명확해지면 지금의 국가시스템 폐기가 불가피한 시점이 의외로 빨리 올 수 있다는 위기감을 느낍니다. 나라의 문을 닫는 비극적 선택을 하지

새로운 주류의 탄생

않는 것이 최선이고, 그럴 역량을 시민 전체가 키워가는 게 첫 번째 과제가 될 겁니다. 그것이 안 될 경우에는 새로운 나라를 지금부터 설계해야 급작스러운 공백 상태가 발생했을 때 대안을 갖고 움직일 수 있고요."

너무 비관적인 것 아닌가요.
"임진왜란 때처럼 왜倭가 쳐들어오지 않으리라고 낙관하기보다는 쳐들어올 거라고 비관하는 것이 미래를 대비하는 제대로 된 자세라고 생각합니다."

들어보니 보수주의자의 역할 같기도 하네요.
"보수주의의 행동양식은 좀 다르지만, 적어도 미래 예측을 보수적으로 하는 것은 우리 공동체 전체의 안전을 위해 나쁘지 않습니다."

이제 그는 정치인이 아니다. 가장 최근 그를 만난 장소는 을지로다. 청바지에 후드티셔츠를 입고 나온 그와 평양냉면을 먹었다. 여느 직장인의 일상과 다르지 않다. 얼굴은 편안해 보였다. 최근 읽은 책 얘기를 할 때 그의 얼굴에 미소가 번졌다. 그 모습이 잊히지 않는다. 그에게 물었다. '정치를 그만두니 무엇이 가장 좋으냐'고.

"(잠시 뜸 들이다) 무의미한 허례허식에 소진되는 시간을 더 유익한 곳에 쓸 수 있는 점이 가장 좋습니다."

"민주당,
억강부약 말고
부강부약
합시다"

친기업
외치는 진보
최병천

2022년 10월 6일 서울 여의도. 최병천 신성장경제연구소 소장이 불러준 주소로 갔을 때 당황했다. 문 앞에는 잘 알려진 보수 성향 연구소의 간판이 부착돼 있었다. 문을 열자 최 소장이 손을 흔들며 나를 맞았다. 간판의 속사정을 물으니 저서 『좋은 불평등』(2022)을 내면서 연구소를 꾸리게 돼 아직 정리 중이라는 답을 들었다. 그는 대수롭지 않다는 투였지만 실은 복선 같다고 생각했다. 책을 읽고 난 뒤 그를 두고 '보수와 대화가 가능한 진보'라고 여기던 참이었기 때문이다.

그는 자신이 '고운'이라 했다. '고'등학교 '운'동권. 한때 '고운 세대'가 있었다. 1987년과 1992년 사이. 그러니까 6월 항쟁이 터지고 김영삼 정부가 출범할 즈음까지. 고등학생도 으레 혁명적 분위기에 휩

최병천 ─────
1973년 출생 • 국회 보좌관(더불어민주당) • 한국사회여론조사연구소(KSOI) 부소장 • 민주연구원 부원장 • 서울특별시장 정책보좌관 • 신성장경제연구소 소장

쓸렸다. 1973년생인 그도 그 세대의 일원이었다. 그는 '고출'이라고도 했다. 노동 현장으로 들어간 대학생들을 '학생운동 출신 노동자' 일명 학출이라고 불렀다. 그는 고운 출신이라 고출이었다. 구로공단 3공단 비디오 헤드 만드는 공장에서 노동자로 일하기 시작해 독산동, 천안에서 일했다. 전기용접 자격증도 땄다.

고로 이 사람은 진보 안에서도 비주류다. 거창한 운동단체의 리더 직함을 가져본 적이 없다. 최종 학력은 석사과정 수료라는데, 스스로는 "고졸 멘탈리티를 갖고 있다"라고 했다. "고운이긴 했지만 대학 학생운동을 하지 않았기 때문"이란다. 스스로의 장점이자 단점이 "학생운동 출신이 아니라는 것"이라고 했다. 그는 진영 내에서도 네트워크가 없는 단독자다. 이것만으로도 강한 호기심을 불러일으키는 인물이다. 그에게 '경계인 같다'고 말을 건네니 '맞다'는 답이 돌아왔다. 그는 "진보에 오랫동안 몸담고 진보에 애정을 갖고 있으면서도 진보 주류에 비판적 시선을 갖고 있다"라고도 했다.

외딴섬에 고립돼 있는 사람 같지는 않다. 어쨌든 더불어민주당 싱크탱크인 민주연구원 부원장을 했고 한국사회여론연구소KSOI 부소장을 지냈으며 고故 박원순 서울시장의 마지막 정책보좌관으로 일했다. 여의도에는 그 각각의 자리를 노리는 사람이 차고 넘친다. 그런데 박사급 인력도 즐비한 정당에서 '고졸 멘탈리티'로 정책 요직을 두루 꿰찼다. 성공담에 끼워 넣음 직한 스토리다. 민주당의 핵심부는 아니었지만 '이너서클' 언저리에 있었다. 혹시 그는 지금 '아웃사이더 마케팅'을 하는 게 아닐까. 그런 의심이 들 찰나에 그가 말했다.

"고故 신영복 선생께서 '변혁은 변방에서 일어난다'라는 표현을 쓴 적이 있어요. 실제로는 중심부의 변방에서만 변혁이 일어난다고 봐야 하거든요. 아주 변방은 세상 돌아가는 걸 알 수가 없고 자원도 동원할 수 없어요. 중심 한복판에 있으면 변혁할 이유가 없고요. 그래서 실제로는 중심부의 변방에서만 변혁이 일어난다고 봐야 하는데, 제가 그런 위치에 있는 사람인 셈이죠."

그의 고향은 강원 정선이다. 아버지는 광부였다. 강원 사투리가 느껴지지 않았는데, 다섯 살 때 서울로 이사했고 주로 동대문구에 살았다고 했다. 자신이 기층 민중의 정서를 갖고 있단다. 과장이나 피해의식이 아니다. 그의 집은 영세민, 그러니까 오늘날의 기초생활수급대상자였다. 그는 『좋은 불평등』 첫 장에 "1938년 태어나, 한평생 노동하다, 2020년에 돌아가신, 사랑하는 우리 어머니 윤길순 여사와 그 시대를 함께했던 모든 어르신께 이 책을 바칩니다"라고 썼다.

진보 인사들이 쓰는 책에는 노년 세대를 언급하는 것 자체가 드문데요.

"그런 유의 진보 쪽 정서에 저는 불만이 많아요. 빈곤이 심각한 세대는 75세 이상 후기 노인에 집중돼 있어요. 1930~1940년대생이 여기에 해당하죠. 저희 어머니가 1938년생이거든요. 이분들이 무학 세대, 초졸 세대에요. 우리나라의 불평등 문제는 실은 세대 문제에요. 압축 성장하는 과정에서 이분들은 사회보장제도에 들어오는 과정이 한 박자 늦었죠. 국민연금 사각지대에 해

새로운 주류의 탄생

당하는 경우도 많았고요. 1차 베이비부머 초입에 해당하는 60대 초반의 경우 국민연금 가입률이 60%를 넘어요. 즉 1차 베이비부머 초입 세대가 노인의 주류를 형성하면 실은 노인 빈곤 문제도 해결되는 거예요. 기초연금 100%를 할 게 아니라, 후기 노인(75세 이상 노인)에게 집중해야 해요."

어머니는 무슨 일을 했습니까.
"공장을 다니셨고 그 뒤에 빌딩 청소부 일을 하셨어요. 이태리 타월 같은 걸 팔러 다니시기도 했고요. 동대문에 있는 초등학교를 다녔는데, 급식비를 못 냈어요. 급식받는 친구들이 부러웠고요. 우리 집은 가난하다는 생각을 항상 갖고 살았어요. 중학교 시절에는 어머니가 친구네 집 파출부를 해서 부끄러웠어요. 나이가 들면서 부끄러워했던 나 자신이 더 부끄러웠고요."

고등학교 때 운동권이 된 계기는 가난이었습니까.
"가난 때문이기도 했고, 또 아버지 같은 사람이 되고 싶지 않았어요. '괴롭히는 아빠, 괴롭힘당하는 엄마' 같은 프레임을 갖고 있었거든요. 어린 마음에 '엄마의 편이 돼야겠다'라는 생각을 했죠. 그것이 사회로 투영됐고요. 돌아가신 분 중에 저에게 가장 많은 영향을 미친 세 사람을 꼽으라면 어머니, 전태일, 마르크스입니다."

그렇다면 사상적으로 강한 충격을 준 텍스트도….

"『전태일 평전』과 카를 마르크스의 책이에요. 마르크스적 사고의 핵심은 역사적 분석과 유물론적 분석이잖아요. 보통 역사 유물론이라고 표현하는데, 현대적으로 해석하면 역사적 분석과 경제학적 분석이거든요. 제 책에서도 역사적 분석을 시도했어요. 마르크스적 사고방식이 남아 있는 거죠. '방법론 마르크스'가 있고 '결론 마르크스'가 있는데, '결론 마르크스'는 혁명하자는 거예요. 저는 '방법론 마르크스'의 전통을 이어가려 하는 거고요."

바꿔 말하면 '결론 마르크스'에 더는 관심이 없다는 뜻이 된다. 그는 시장·경쟁·이윤·기업의 중요성을 강조했다. 발화자를 지우면 진보 정책통이 꺼낸 말로는 여겨지지 않는다. 보수 쪽에 있다면야 모르겠지만, 진보 쪽에서라면 설 자리가 좁은 노선이다. 그럼에도 철학과 가치관을 분명히 밝힌다. 그러니 이 사람의 이야기를 귀담아들을 필요가 있다.

최 소장의 말과 글을 접하다 보면 친기업적인 마인드가 읽힙니다.
"'반기업 진보주의 하지 말고 친기업 진보주의를 하자' '억강부약 말고 부강부약 하자'가 내 메시지의 핵심이에요."

운동권 시절부터 친기업 마인드가 있었나요.
"친기업 진보주의와 반기업 진보주의를 가르는 분기점은 사회주의 정서를 기반으로 한 운동권 마인드를 아직 갖고 있느냐 폐기했느냐에 있어요. 사회주의 문화의 자기장 안에 있으면서 공장으로 갔어요. 1991년 소련 붕괴, 1993년 문민정부 출범을 기점으로 '학출'의 상당수가 철수했어요. 저도 뒤늦게 사회주의가 정말 틀렸는지, 틀렸다면 왜 틀렸는지 알기 위해 독학을 했죠. 특히 스웨덴 사민주의를 열심히 공부했어요. 그러면서 스웨덴 사민주의 세력이 가진 경제정책적 유능함이 있다는 걸 알게됐어요. 경제학적 지성의 힘으로 건설한 체제가 스웨덴 복지국가죠."

기업 하기가 좋은 나라이면서도 복지국가를 건설할 수 있다는 논리 아닙니까.
"맞아요. 스웨덴은 투자 촉진형 복지국가예요. 사회주의 이론 자체가 반기업 진보주의예요. 사회주의에서 사민주의로 돌아오는 과정은 반기업 진보주의에서 친기업 진보주의로 돌아오는 것과 같거든요. 그렇다고 해서 기업이 다 옳다고 하는 게 아니에요. 기업을 착취의 공간이 아니라 혁신의 주체로 보는 거죠. 다만 노동과 자본 사이의 힘의 균형은 그것대로 추구하고요. 또 사회복지는 자영업자와 어르신 등 비非노동을 포함하는 거죠."

동아리에는 관심이 없어요

그는 민주노동당에서 오랜 기간 활동했다. 민노당 분당 뒤 진보신당에 합류해 서울시당 부위원장도 지냈다. 그런 그는 2012년 19대 국회 개원과 함께 민병두 당시 민주통합당(현 민주당) 의원의 보좌관으로 국회에 들어왔다. 그의 나이 39세 때다. 당시 소식을 알리는 《시사IN》 251호 기사는 "'고운' 출신 운동가의 이유 있는 '우회전'"이라는 제목을 달았다.[11]

진보정당에서 민주당으로 왜 옮겼나요.

"민주노동당에는 크게 세 개의 파派가 있었어요. NL^{National} ^{Liberation}(민족해방 계열)과 PD$^{People's\ Democracy\ Revolution}$(민중민주 계열), 그리고 제가 속한 SD$^{Social\ Democracy}$(사회민주주의 지향). 민주노동당 내 1당은 NL이고 2당이 PD였죠. 저는 제3세력에 속한 셈이고요."

3당에서도 3당….

"그렇죠. 민주노동당은 원래 복지국가라는 표현을 쓴 적이 없어요. NL과 PD는 혁명이론이기 때문에 사민주의와 복지국가를 혐오하는 논리 구조를 갖고 있었어요. 민주당이 2010년 무상급식을 내건 걸 보고 저는 노선 전환으로 이해했어요. 일시적인 쇼가 아니라 시대사적 변화로 봤어요. 노무현 정부 시절 열린우리당은 '반독재 민주화' 어젠다는 있지만, 노동·복지·재벌 등 사회경제 어젠다는 취약했거든요. 그게 민주노동당이 먹고살 수 있던 이유였죠. NL과 PD 공히 이념적 편향성이 있지만, 어젠다에서

---

11 정희상,《시사IN》251호 〈'고운' 출신 운동가의 이유있는 '우회전'〉.

미래 지향성을 띠었으니까요. 그런데 무상급식을 통해 민주당이 진보정당화하고 있다고 봤어요. 그러면 여기(민주노동당) 있을 이유가 없는 거죠."

복지국가에 관한 한 이 사람은 뜻을 굽힐 생각이 없다. 거침없이 자기 이야기를 한다. 복지국가를 명분 삼아 둥지를 옮긴 사람이니 당연한 일이기도 하다. 근래 만난 진보인사 중 이 정도로 순도 높은 복지국가론자를 본 기억이 없다. 이내 옛 둥지에 대한 날 선 비판이 이어진다. 듣다 보면 최병천이 서고자 하는 자리가 뚜렷하게 그려진다.

"NL, PD와 친하게 지내는 건 제 관심사가 아니었어요. 나에게는 복지국가를 실제로 만들 수 있느냐 없느냐가 중요했던 거죠. 유럽에서 사민당과 노동당은 집권 세력이잖아요. 집권을 지향하지 않는 정당은 큰 의미가 없어요. 저는 녹색당이나 해적당 유類에 관심 있는 사람이 아니거든요. 동아리에는 관심이 없어요. 집권 세력이 되냐 안 되냐가 관심이지. 그러니 민주당으로 옮기는 게 어려운 일이 아니었어요. 저는 원래 노선 중심으로 사고해요. 제가 대학교에서 학생운동을 안 했기 때문에 그렇기도 할 거고요."

네트워크에 얽이지 않기 때문인가요.
"매몰비용이 별로 없죠. 선·후배와 고구마 줄기처럼 얽여 있는 사람은 네트워크도 단절해야 하잖아요. 나는 그러거나 말거나…. 복지국가를 실제로 만들 수 있느냐 없느냐가 나에게는 중요한 기준이죠."

한국 진보는 재벌 편향 정책, 신자유주의 편향 정책, 비정규직 남용 정책이 불평등을 심화시켰다고 본다. 그의 명명대로라면 '3대 적폐론'이다. 그가 보기에는 잘못된 통념이다. 한국은 GDP(국내총생산) 대비 수출 비중이 매우 높은 나라다. 수출이 잘되면 불평등은 증가한다. 한국 경제의 수출 주력은 여전히 제조업을 영위하는 대기업이다. 한데 이것은 '좋은 불평등'이다. '나쁜 평등'보다는 낫다. 그러니 대기업의 역할이 중요하다. 그는 '기업대학'을 적극 검토할 필요가 있다면서 예시로 "삼성 반도체 공대, 현대 미래차 공대, SK 정보통신 공대, 네이버

새로운 주류의 탄생

웹툰 대학"을 언급한다.

한국 경제에서 재벌의 역할을 강조한 장하준 SOAS School of Oriental and African Studies **런던대 교수의 의견과도 비슷해 보이는데요.**

"조금 다르죠. 장 교수는 재벌을 옹호하는 성격이 강하고 저는 대기업을 옹호하는 성격이 좀 더 강하죠."

장 교수는 비즈니스에서 오너십의 역할을 강조하잖습니까.

"저는 재벌, 대기업, 산업은 구분해야 한다고 봐요. 재벌 개념의 핵심은 소수 가문이 작은 지분으로 과도한 영향력을 행사하는 겁니다. 재벌 개념과 근본적으로 충돌하는 건 주식회사 개념이에요. 다만 한국 현대 경제사에서 재벌도 공과가 있죠. 그런 의미에서 재벌개혁은 점진적으로 해야 합니다. 그런 점에서 장 교수와는 강조점에 차이가 있죠."

재벌개혁론자들이 문재인 정부에 여럿 참여했지만 막상 문재인 정부 임기가 끝나고는 재벌개혁이라는 단어 자체가 폐기돼버린 모양새인데요.

"박정희에 대한 가장 정확한 평가는 경제성장에 기여한 독재자라는 거예요. 재벌도 비슷해요. 지배구조는 불공정했으나 효율적이었던 거예요. 기존의 재벌개혁 운동은 재벌 체제가 가지는 빛과 그림자 중 그림자를 계속 부각했어요. 완전히 틀린 말은 아니지만 절반의 프레임이죠."

그는 "민주당의 일부는 스타트업·벤처는 찬성하고, 대기업을 반대한다"라면서 "현실과 동떨어진 발상이다. 스타트업·벤처 역시 대기업과 연동해서 발전하는 게 일반적"이라고 했다. 이어 "스타트업 성공의 지표는 첫째 상장, 둘째 엑시트M&A다. 달리 표현하면 대기업이 되거나, 대기업에 팔리는 것"이라고 덧붙였다. 말한 사람이 민주당 소속임을 고려하면 파격적 주장이다.

얘기를 듣다 보면 1997년 IMF 위기가 한국 경제에 반드시 나쁜 게 아니었다는 뉘앙스도 읽힙니다.

"IMF 당시 고통을 겪은 분들의 아픔을 공감합니다. 다만 역사를 길게 보면 새옹지마의 성격이 있었다는 얘기를 하고 싶어요. 일본식 모델에 가까웠던 한국 자본주의가 미국식 모델로 전환되는 분기점이 됐어요. IMF는 우리 사회에 세 가지로 영향을 미쳤어요. 먼저 그 자체로 국민적 쇼크로 작동했습니다. 또 정치를 바꿀 에너지로 이어지면서 정권이 교체됐고요. 그리고 이건희 삼성전자 회장의 역할이 굉장히 중요했어요. 혹시 삼성 반도체와 우리나라 전자산업이 일본을 월등히 앞서고 있다는 건 알고 있나요?"

과거에 삼성을 취재한 적이 있어 알고 있습니다.

"저는 솔직히 말해 몰랐거든요. 최근 몇 년간 공부하면서 알게 됐는데 깜짝 놀랐어요. 일본 경영학자들이 쓴 '삼성에서 배워야 한다'는 유의 책들을 보면 1993년 프랑크푸르트 신경영 선언 이

새로운 주류의 탄생

후에도 삼성 내부에서는 이 회장의 말이 잘 안 먹혔다고 해요. 그러다 IMF가 터지니 이 회장이 구조조정을 장려하죠. 삼성이 리딩 기업이었기 때문에 다른 재벌도 삼성식 구조조정을 재빨리 모방했고요. 그전까지 한국 자본주의는 문어발 경제로 상징되는 영토 확장 전략을 폈잖아요. IMF 이후 부채비율을 급격히 줄이면서 조직을 효율화한 겁니다. 그러면서 중국 경제의 부상과 디지털화라는 변화에 굉장히 기동적으로 대응하는 조직으로 바뀌었고요. 질적 전환의 분기점이 된 셈이죠."

그가 제시한 데이터에 따르면 불평등은 1997년이 아니라 1994년 시작됐다. 그는 원인이 1992년 8월 24일 한중수교 체결에 있다고 했다. 이로 인해 섬유·가죽·신발산업에서 수많은 노동자가 일자리를 잃었다. 이들이 도·소매업, 숙박·음식업, 부동산·임대업으로 이동했다. 대신 중국의 급성장으로 한국 대기업이 특수를 누렸다. 중국이 한국의 최대 교역국으로 자리매김한 건 당연한 일이다. 상층의 소득이 급증하자 하층과의 격차가 더 커졌다. 그의 말대로라면 "나쁜 일과 좋은 일이 공존"한 시기였다.

진보의 집단지성이 일으킨 오류

진보의 스타 지식인인 김상조·장하성·홍종학 교수가 모두 문재인 정부에서 장관급 요직을 맡았지만 세상이 평등해진 것 같지는 않습니다.

집권여당이 다수당이었으니 누가 방해해서 못 했다고도 말할 수 없는 처지인데요.

"다수당 정도가 아니라 국회 선진화법의 제약을 받지 않는 180석 이상 정당이었죠. 장하성 전 정책실장은 SOC(사회간접자본) 예산을 팍 줄이는 데 큰 역할을 했죠. 한국 진보경제학계의 상당수는 비판이론은 갖고 있는데, 대안적 국정운영 이론은 갖고 있지 않은 겁니다."

문재인 정부는 진보 진영이 25년간 축적해 온 어젠다를 거의 받아들였다고 주장했던데요. 그 덕에 지지율이 임기 말까지 45% 안팎을 유지했다고 볼 수 있지 않나요.

"맞습니다. 그런데 정권을 뺏겼잖아요. 노무현 전 대통령은 진보성향 유권자와 생각이 다를 경우 '돌격 앞으로'를 한 스타일이에요. 반면 문재인 전 대통령은 진보성향 유권자의 의견을 반영하려 노력한 거예요. 말하자면 노 전 대통령은 한미 FTA(자유무역협정)를 포함해 정책적으로 옳았지만 정무적으로 어려움을 겪었고, 문 전 대통령은 정무적으로 안정됐지만 정책적인 어려움을 겪었습니다. 저는 둘 다 정답이 아니라고 봐요. 우리 지지층과 같이 변해야 합니다. 저는 우리 지지층이 모여 있는 광장에 논리 폭탄을 던지는 거죠. '여러분 우리가 그동안 틀렸습니다. 같이 바꿉시다'라고. '민주당이 틀렸다거나 문 전 대통령이 틀렸다거나 친문親文이 틀린 게 아니라 우리가 틀렸습니다'라고 주장하는 거죠."

새로운 주류의 탄생

방향이 바뀌면 중도나 개혁보수 유권자 그룹도 넘어올 수 있어 보이네요.

"지금 가장 마음 둘 곳 없는 사람들은 민주주의와 복지를 찬성하되 경제 최일선에 있는 개혁 진영 유권자들이에요. 이들은 과거에 유승민과 안철수를 지지하던 그룹이고, 탄핵 연합의 한 축이었어요. 그들을 당기면 민주당이 다수파가 됩니다. 그들을 놓치면 소수파에 안주하는 세력이 되고요."

최병천은 문재인 정부가 추진한 최저임금의 급격한 인상이 패착이었다고 본다. 그의 말대로라면 진보의 집단지성이 오류를 일으킨 사례다. 그 오류가 하필 사회경제적 약자의 삶에 가시처럼 틈입했다. 고단한 밑바닥의 삶이 그야말로 복마전이었다. 정부는 최저임금을 올려 최하위층 소득을 늘리면 소비력이 커져 경제가 재차 반등할 거라 봤다. 실제로는 최저임금 인상이 사람을 줄이는 방아쇠가 됐다. 인건비 상승 압력에 취약한 중소업체는 경쟁력을 완전히 잃었다. 의도치는 않았겠지만 시장을 위축시켰다. 진보정권 시대의 거대한 역설이다.

소기업이 중기업으로 크는 길은 오래 걸립니다. 최저임금을 올리는 건 빠르니 '5년 단임 정권'으로선 소득주도성장이 정무적으로 효율적인 길이라고 생각하지 않았을까요.

"아마도 그랬겠죠. 그런데 정무적 효율성과 정책적 정합성을 동시에 충족해야 해요. 정책적 부작용이 생기면 나중에 정무적 역풍도 반드시 맞게 됩니다. 최저임금을 성장률+CPI(소비자물가지 수) 합계보다 너무 많이 올리면 '일자리 충격'이 발생해요. 그래 놓고도 멀쩡했다면 다른 나라도 다 시도했겠죠. 3대 저부가가치 산업 종사자가 약 1,000만 명입니다. 그쪽 산업 종사자들에서 강한 반감이 생길 수밖에 없죠."

소득주도성장에 반대했는데 2018년 소득주도성장 특위에는 왜 참여했나요.

"지금도 페이스북에서 제 이름과 최저임금을 같이 검색하면 수십 개의 글이 뜰 겁니다. 저는 소득주도성장에 비판적인 입장이라는 걸 알고도 채용된 경우에요. 솔직히 말하면 생계 문제가 1순위였죠. 물론 내부에서 역할을 할 생각도 있었어요. 내부에서 어떤 생각과 어떤 고민을 하는지 경험할 수 있는 기회였고요. 실제로 큰 도움이 됐습니다."

문재인 정부가 추진한 종합부동산세 인상은 어떻게 평가합니까.

"종부세에는 주택분 종부세와 토지분 종부세가 있거든요. 2021년 주택분 종부세가 2018년과 대비하면 대상자가 3배, 과세액이 14.3배 늘었습니다. 제정신이 아닌 거죠. 저는 대선 직후 '정권교체 촉진세'라고 표현했어요."

정의당이 민주당의 2중대가 아니라 민주당이 정의당의 1중대라고 주장했던데, 무슨 뜻입니까.

"정책 관점에서 보면, 민주당과 구분되는 진보정당의 특징은 진

새로운 주류의 탄생

보적 노동정책과 진보적 복지정책이에요. 이 두 가지를 담론으로 만들어서 내놓은 게 소득주도성장입니다. 정의당의 주장을 상당 부분 수용한 겁니다. 그러니까 문재인 정부는 온건 민노당 혹은 온건 정의당 정권이었다고 봐야 해요. 1997년 외환위기 이후 한국 진보 세력이 25년간 주장한 진보 정책을 실천한 25년짜리 진보 정부였습니다. 문재인 정부는 왜 진보 정책을 펴지 않았느냐고 말하는 진보 쪽 교수들은 정말 세상 물정 모르는 분들이에요."

지식인 사이에는 그런 주장을 하는 사람이 많잖아요.
"많죠. 왜냐하면 세상과 팩트에 관심이 없거든요. 그분들이 하라는 대로 해서 작살났다는 걸 아는 게 중요해요. 문재인 정부 경제정책은 2018년·2019년·2020년 이후 세 국면을 구분해서 봐야 해요. 2018년은 임금주도성장론, 2019년은 노인주도성장론을 폈습니다. 2020년부터는 코로나19 경제위기 관리 정책을 썼어요. 그건 잘했어요. 2018년은 부작용이 컸어요. 복지정책에서는 공도 있죠. 치매 국가 책임제, 건강보험 비급여의 급여화 및 보장성 강화, 고용보험 사각지대의 부분적 해소는 잘한 일입니다. 잘했건 못했건 (진보가 주장한) 어지간한 정책은 다 해봤다는 게 중요해요. 그러니 지난 대선에서 거대 담론이 없어진 겁니다."

수위가 높다. 아군도 과감하게 두발한다. 논쟁적이며 칠지다. 제년을 살려줘야 할 선·후배가 없기 때문에 나온 자유로움 같다. 누가 따지고 들면 데이터로 반박해 주겠다는 자신감도 느껴진다. 당신들이 잘못해 기회를 날렸다는 반감도 읽힌다. 진보 진영의 뜨거운 감자에 관해서도 묻고 싶어진다.

민주당과 민주노총의 관계는 어떻게 설정돼야 합니까.

"민주노총은 최대 규모의 노동조합 대표체잖아요. 저는 대한노인회도 마찬가지 맥락에서 보는데, 이념적 스펙트럼과 무관하게 대중조직은 존중해야 합니다. 다만 민주노총의 중심은 상위 10% 대기업과 공공부문이에요. 상층노동을 주로 대표하죠. 유럽의 노총은 국정 운영의 주체로서 경험이 많아요. 국정 운영의 파트너라는 마음으로 정책을 고민하죠. 반면 민주노총은 전투적 조합주의 전통이 워낙 강해서 문제 제기를 주로 하지 국정을 책임지는 자세로 정책을 제안하는 경우가 별로 없습니다. 민주당이 (민주노총의) 제안을 넙죽넙죽 받아먹으면 안 된다는 얘기에요. 사안별 연대가 옳습니다."

상위 중산층인 노조가 양보해야 한다는 주장도 있잖습니까.

"그건 보수 버전의 적폐론이죠. 도덕적 비난을 위한 프레임입니다. 한국 양극화의 실체는 대기업 정규직과 비정규직 사이에 있지 않아요. 고부가가치 대기업과 저부가가치 영세기업 사이에 있습니다. 올바른 해법은 법과 제도의 개혁인데 결국 세금과 사회안전망, 계층 사다리 정책이 중요하죠. 정치권이 하면 될 일입

새로운 주류의 탄생

니다. 양보는 엉뚱한 개념이죠. 삼성전자 직원이 동네 식당 노동자에게 월급을 양보해야 한다는 말과 뭐가 다릅니까."

나그네 정당의 강박관념

이재명 민주당 대표가 첫 번째 교섭단체 대표연설(2022년 9월 28일)에서 "각자도생을 넘어 기본적 삶이 보장되는 기본사회로 나아가야 한다"라고 주장했습니다. 결국 기본소득 하자는 얘기인데요.

"이 대표가 판을 완전히 잘못 읽고 있어요. 성남시장이나 경기도지사와 대선후보의 성공 경로는 다릅니다. 지자체에서는 옆 동네 안 주는데 우리 동네만 돈 주면 좋아할 수 있겠죠. 그런데 전국적으로는 효과가 없어요. 전국적으로 돈을 준다고 하면 그 돈 어디서 나오는지부터 연상하게 돼요. 기본소득과 국토보유세는 진보 내부에서 주도권을 잡는 데는 도움이 될지 모르지만, 이 대표는 이미 진보 내부에서 주도권을 잡았잖아요. 본인의 미션은 중도 확장이에요. 이 대표 본인에게 손해죠."

『좋은 불평등』이 나오자 수많은 언론이 최병천을 찾았다. 나와 인터뷰하는 와중에도 연신 기자들에게서 전화가 걸려 왔다. 자세히 보면 묘한 맥락이 있다. 그의 책은 보수 성향 일간지와 경제지에서 관심을 받았다. 진보 성향 일간지는 그에게 좀체 마이크를 쥐여주지 않았다. 그의 주장이 불편하기 때문일 수 있다. 그의 처지에서 보면 고약한 일이다. 그는 '우리가 틀렸다'고 목소리를 높이는데 막상 그 '우리'의 자장 안에서 주류 의견이 되지 않는다면 무슨 소용이란 말인가. 진보 내부에서 토론되지 않는데 민주당이 움직일 리가 있겠는가. 그래서 물었다.

아무리 생각해도 '친기업'은 민주당 주류의 분위기상 어려워 보입니다. 민주당이 성장을 전면에 앞세우면 보수와 어떻게 차별화할 수 있나요.

"2012년 대선에서 박근혜 후보가 경제민주화를 주장했잖아요. 그렇다고 박근혜를 보수가 아니라 진보로 생각하는 사람이 있었나요? 민주당이 친기업을 표방한다 해서 민주당을 반노동으로 생각하는 집단이 누가 있겠어요. 최장집 고려대 정치외교학과 명예교수가 말했듯 한국 민주주의 특징은 운동에 의한 민주화예요. 저를 포함해 민주당 정치인 대부분이 운동권 출신이고요. 과거에는 친노동을 주장하거나 선명한 차별화 전략을 펴서 비주류 총결집 노선을 추구해야 했습니다. 범야권 골목대장 노선이자 45% 결집 전략이죠. 효과가 있던 이유는 45%도 안 되는 세력이었기 때문이에요. 당시 민주당 지지율이 25% 내외였습니다. 지금은 보수와 국민의힘이 허약해졌고 진보와 민주당은 과거보다 훨씬 더 강해졌습니다. 그러니 51% 이상을 확보하는 다수파 전략이 필요해요. 그런데 자꾸 45% 차별화 전략에 연연하는 거죠. 자해 전략이죠."

새로운 주류의 탄생

말한 대로 보수는 과거보다 약해졌습니다. 한데 민주당은 상대가 강하다고 하면서 자꾸 유령을 만들고 있다는 느낌도 드는데요.

"한국 사회를 움직이는 중심 세대는 40·50세대입니다. 민주당은 이들 주류 세대의 지지를 받는 정당이에요. 그런데 민주당 정치인 대다수는 비주류 세계관을 갖고 있어요. 주인의식이 아니라 나그네 의식을 가진 나그네 정당인 겁니다. 문재인 정부 시절 민주당은 국민의힘의 왼쪽임을 입증하려는 강박관념을 가졌어요. 국민의힘의 왼쪽임을 입증하려 안달하지 않아도 돼요. 국민의힘보다 유능함을 입증하면 그것으로 충분합니다."

"'반독재
민주화'
세계관은
끝났습니다"

중원에 간
입체적 반골
조성주

낙선자를 만나러 망원동에 간다. 그것도 4.48% 득표한 사람을. 당사자도 계면쩍은 듯 첫마디가 "왜 저를 인터뷰해요?"다. 열 명쯤 있어도 좁지 않을 사무실에 (전직) 정의당 마포구청장 후보만 덩그러니 있는 걸 보고 "그러게요"라고 답할 뻔했다. 간이 책상 하나를 함께 옮겨 앉을 자리를 마련했다. 인터뷰 도중 부동산 중개인이 고객을 데려와 사무실을 둘러봤다. 곧 임차 계약이 끝난다고 했다. 이제 와 고백하면 이런 분위기에서 진보 정치에 대해 논한 게 자못 그로테스크했다. 제8회 전국동시지방선거 엿새 뒤, 그러니까 2022년 6월 7일의 일이다.

이 사람의 이름은 조성주다. 1978년생이다. 청년유니온의 설계자였고 서울시 노동협력관이었다. 2015년에는 정의당 전당대회에 출마해

조성주 —————————————————————————
1978년 출생 · 연세대 천문학과 중퇴 · 청년유니온 정책기획팀 팀장 · 서울특별시 노동협력관 · 정의당 정책위원회 상근부의장 · 새로운선택 공동대표

　　　　　　　　　　　　　　　　새로운 주류의 탄생

1차 투표에서 17.1%를 얻어 노회찬(43%), 심상정(31.2%)에 이어 3위를 기록했다. 고지를 점령하지는 못했으나 '당의 차세대'라는 상징 자본을 거머쥐었다. 생래적인 반골反骨이다. 세상에는 두 부류의 반골이 있다. 평면적인 반골, 입체적인 반골. 조성주는 후자다. 심상정을 잇는 진보 정치인이라 잘라 말하면 마치 밥을 짓다 만 느낌이 인다. 오래전 '2세대 진보 정치'를 갈파했던 조성주 자신부터 만족하지 않을 게 분명하다.

학생운동을 했지만 운동권이 으레 가는 길로 가본 적이 없다. 정치·역사·사회학도가 즐비한 진보정당에서 이질적이게도 칼 세이건Carl Sagan을 좋아하는 천문학도다. 그조차 2년만 다니고 중퇴했다. 이미 국회 보좌진으로 일하고 있는데 천문학과 졸업장이 무슨 의미가 있을까 싶어 관뒀단다. 이것이 부모도 어찌하지 못한 날것 그대로의 기질이다.

그만두긴 했어도 천문학도의 정체성은 몸에 새겨져 있다. 그를 만나 오랜만에 '창백한 푸른 점Pale Blue Dot'이라는 문구를 들었다. 1990년 미국 항공우주국NASA의 태양계 탐사선 보이저 1호가 찍어 보낸 사진에서 지구는 하나의 작고 푸른 점에 불과했다. 칼 세이건은 같은 제목의 책에 "그 작은 점을 대하면 누구라도 인간이 이 우주에서 특권적 지위를 누리는 유일한 존재라는 환상이 헛됨을 깨닫게 된다"라고 썼다. 우주에서 보면 인류 역사를 풍미한 수십 가지 이데올로기라는 것은 점조차 되지 않는다.

　"가끔 그런 농담을 해요. 여기서는 이런 게 차이라고 생각하지만 천체물리학에서는 몇 억 광년 정도 떨어져야 차이라고. 교조주의로 몰두해서 보는 것보다는 좀 떨어져서 넓은 시각으로 새로운 가능성을 찾는 데 설레는 것 같아요. 관성적인 것은 잘 못 참고요."

직업 노동운동가의 길을 택하지 않은 것도 관성적이라고 생각했기 때문인가요.
"네. 2006년 국회에서 인턴 생활을 시작했을 때 굉장한 흥미로움을 느꼈어요. 여기서 굉장히 많은 변화가 일어나는구나. 앞으로도 정치 쪽에서 일했으면 좋겠다고 생각해 일찌감치 자리를 잡았죠. 내가 직접 정치인이 된다는 생각은 안 했어요. 참모나 정치업계에서 일해야겠다고 마음먹었지만 출마한다는 생각은 안 했는데, 청년유니온을 만들면서 직접 정치를 해야겠다고 생각했죠."

그는 노동계급 가정에서 자랐다. 아버지는 인천에서 자동차 유리를 만들었다. 조성주가 2015년에 쓴 '정의당 대표 출마선언문'의 두 번째 문장을 빌리자면 "아침 7시부터 밤 11시까지, 매일 반복되는 야근에도 월급은 단돈 20만 원"이던 노동자였다. 단칸방에 살았고 임금 인상이 된 뒤에야 13평 아파트로 이사 갔다. 아들은 수재였다. 조성주가 다니다 만 학교는 연세대다.

연세대까지 갔는데 학생운동을 했으니 부모님이 실망하지 않았나요.

새로운 주류의 탄생

"반대했죠. 싫어했고 저러다 관두겠지 하셨죠. 진보정당 활동 시작할 때도 반대했어요. 물론 결사반대하고 이런 타입은 아니었어요. 제가 어차피 말을 듣지도 않을 거라고 알고 계셔서 그랬는지."

지금은 체념하신 건가요.
"그런 지 꽤 됐죠. 어쨌든 제가 서른 이후에 청년유니온 활동도 하고, 국회 보좌진으로도 계속 일하고, 서울시 (노동협력관)에서도 일하고 난 뒤에는 인정하시는 것 같아요. 쟤는 무언가에 휩쓸려 다니지 않고 자기 길을 가고 있다고요."

마포는 오랫동안 더불어민주당 텃밭으로 꼽혔는데 이번에 국민의힘 후보가 구청장에 당선됐잖습니까. 투표율이 낮아서인가요.
"다른 데는 현역 구청장들이 투표율이 낮은데도 불구하고 이겼잖아요. 성동구에서는 민주당 현역 구청장이 크게 이겼고요. 마포에서 오랫동안 민주당이 독식해 오는 과정에서 혁신이 없었고, 특히 관성에 젖어 있는 게 누적된 결과로 보여요. 시민들이 정의당에도 4.48%를 줬는데, 마포에서 민주당에 대한 심판이 작동했다고 볼 수 있죠."

마포 지역 정치인 면면을 보면 정청래, 강용석, 손혜원 등 '입김' 센 스피커들이 많죠.
"포퓰리즘 정치의 대표적인 곳이죠 (웃음) 마포는 젊고 다양성도 있는 도시예요. 중산층도 많고 계속 발전하는 곳이고요. 정작 여기서 배출된 정치인들은 강한 언어를 통해 극단적인 강성 지지자들한테 어필하는 정치를 해왔습니다. 초기에는 그것이 젊은 층에 먹혔을지 몰라도 이제는 안 된다고 봅니다."

정의당은 2022년 지방선거에서 초라한 성적표를 받았다. 정의당이 낸 광역·기초의원 당선자는 8명에 그쳤다. 4년 전에는 37명의 당선자가 나왔다. 대신 원외 정당인 진보당은 울산 동구청장 선거에서 김종훈 후보가 이겼고, 광역·기초의회 선거에서도 20명이 당선됐다. 정의당 지도부는 지방선거 패배의 책임을 지고 총사퇴했다.

정의당이 원외 진보당에도 뒤졌습니다.
"굉장한 위기죠. 지방선거 때문에 생긴 위기는 아니에요. 대선 이전부터 누적돼 있다가 이번에 확인된 거죠. 정치 노선, 조직 노선, 정당의 사회적 기반 등 세 가지 면에서 다 위기예요."

정의당 지도부가 총사퇴했으니 당에서도 심각한 위기의식을 느낀다는 방증인데요.
"두 가지 점을 꼭 말하고 싶어요. 하나는 정치 노선인데요. 정의당이 최근 5년간 '민주당 2중대론'을 벗어나지 못한 겁니다. 정의당이 지방선거에서 최고 성적을 얻은 게 촛불집회 직후인 2018년 지방선거예요. 문재인 정부 인기가 높을 때 민주당 옆에 서서 민주당 2중대로 최고 효과를 누렸어요. 그건 정의당 실력

이 아니에요. 그런데 여기에 취해 온 거죠."

조성주는 솔직했다. 껄끄러운 질문도 대충 넘기지 않았다. 깨질 수 있다는 걸 알면서도 과감하게 도발했다. 누구를? 자기편을. 정의당 당원들이 가장 듣기 싫은 소리가 '민주당 2중대'다. 바로 그 당의 차세대로 꼽히던 인물이 "민주당 2중대 효과를 누렸다"라고 진단했으니 파격이라고 할 만하다.

"정의당이 민주당과 검수완박(검찰 수사권 완전 박탈) 법안을 통과시키면 지역 선거 못 한다고 생각했어요. 그런데 당내 절대다수의 리더급 인사들이 지방선거 승리를 위해 김수완박을 통과시켜야 한다고 주장하는 거예요. 납득할 수 없었죠. 민주당 2중대에 대한 평가는 이번 지방선거로 내려진 겁니다. 또 하나는 조직 노선 얘기인데요. 저는 유권자들이 진보당을 대안 정당으로 여기고 찍어줬다고 생각하지 않아요. 당내 일각에서 진보당과 통합해야 하는 거 아니냐고 얘기하는데, 둘은 같은 진보 계열의 정당일 수는 있어도 종류가 다른 정당이죠."

정의당 내 과거 NL 출신들이 인천연합이라는 하나의 계파로 존재하지 않았습니까. 그분들이 같은 NL로 분류되는 진보당에 전향적 입장을 가질 수도 있고요.
"그분들과 얘기를 나눠보면 '구 NL'이라는 이념적 친화성보다는 오히려 다른 점을 중요하게 생각하는 것 같아요. 진보당의 다수가 민주노총에 강력한 역량을 행사하고 있어요. 정의당이 가뜩이나 지역 기반이 약한데, 조직 노동이라는 베이스마저 없으면 앞으로 잘해 나갈 수 있겠느냐는 우려가 큰 것 같아요. 저는 생각이 달라요. 민주노총 조합원 사이에는 이재명 의원이나 민주당 지지자가 압도적으로 많아요. 정의당과 진보당이 억지로 합쳐 민주노총 조합원들한테 '우리 지지해 주십시오'라고 해도 안 통할 겁니다. 민주노총 조합원들에게 진보정당 분열은 관심사가 아니에요. 왜 민주당으로 (선거에) 안 나오느냐는 목소리가 더 커지고 있습니다. 그런데 정의당이 민주당과 뭐가 다른지 명료하게 얘기하지 못하잖아요."

새로운 주류의 탄생

민주당과 각을 설정하기 위해 일단 당내 투쟁부터 해야 한다는 주장처럼 읽힙니다.

"네. 당내에서 말로는 모두 '우리는 민주당과 다른 정당'이라고 얘기하지만, 검찰개혁이 진보의 이슈라고 생각합니다. 저는 동의할 수 없어요. 노회찬 전 대표가 얘기했던 검찰개혁과 지금 민주당이 내세운 검찰개혁은 완전히 달라요. 노 전 대표가 뭐라고 했습니까? (책상을 탕탕 치며) 법이 만인이 아니라 만 명 앞에서만 평등하다고 했잖아요. 지금 검수완박이 만인을 위한 법과 무슨 관계가 있죠? 그러니까 진보의 정책과 어젠다도 이제는 낡은 거예요."

'민주노총? 무슨 상관이야'라는 세대

매끄럽고 명쾌하며, 논쟁적이다. 무엇보다도 귀에 착착 달라붙는다. 이렇게 진보를 질타하는 정의당 인사가 있었나. 이즈음 깨달았다. 이 사람은 타고난 정치인이다. 주류主流의 문법을 답습하지 않고 자기만의 전선을 긋는 데 능한 그런 정치인.

"나쁜 검찰이 있죠. 그러나 검사들 99%는 직장인이에요. 오히려 그게 더 문제일 수도 있거든요? 공익적 가치를 상실해 가고 그냥 직장인이 돼버린 검사…. 그 사람들이 민생 사건을 어떻게 처리했는지, 임금 체불 문제를 어떻게 처리했느냐 등이 시민한테 더 중요한 검찰 문제 아닙니까? 조국 사태 때도 특히 교육 문제에서 자유롭지 못했던 거예요. '아니, 다 그렇게 하는 거 아니야?'라는 얘기가 진보 내에서 나오기 시작하면서 스스로 조직 기반을 무너뜨린 거죠. 진보가 어젠다를 혁신하지 못한 채 어느새 민주당과 차별성이 없어진 겁니다."

이 사람에게 정의당의 뼈아픈 대목을 계속 묻고 싶어진다. 이 사람도 속에 담아둔 말이 무척이나 많아 보인다.

과거 한국 진보정당의 주된 지지층은 중산층 화이트칼라였습니다. 이들이 점점 민주당과 밀착해 가면서 정의당이 고정 지지층을 잃은 것 아닙니까.

"맞아요. 거기에는 세대 효과도 있어요. 40~50대 화이트칼라가 과거에 민주노동당 등 진보정당을 오랫동안 지지해 왔죠. 그런데 이들한테 진보정당이 (민주당과) 다른 정당으로서 실력과 비전을 보여주지 못한 거죠. 그럼 당연히 민주당을 선택하게 되죠. 그런데 30대 이하는 달라요. 이들에게는 민주당이 반드시 대안은 아니에요. 다만 이 사람들에게는 기존의 진보 어젠다로 접근하기가 어렵습니다. '민주노총? 무슨 상관이야.' 이런 세대잖아요. 젠더 문제에 훨씬 민감하게 반응하고요. 정작 진보정당이 이들을 전혀 공략하지 못했죠."

그간 한국에서 진보정당이 뿌리내리기가 쉽지 않은 이유로 거론된 요

새로운 주류의 탄생

인은 분단 및 냉전체제였습니다. 정작 냉전 이후 태어난 세대도 정의
당을 주목하지 않는 게 현실인데요.

"한국 사회가 분단돼 있는 건 현실이니까 그런 요인도 일정 부
분은 있겠죠. 그런데 그것이 진보정당이 성장하지 못한 이유라
는 주장에는 동의하기 어렵습니다. 전 세계 대부분의 자본주의
국가는 기본적으로 보수 쪽으로 약간 다 기울어진 운동장이에
요. 자본주의 경제라는 게 그렇게 작동할 수밖에 없다는 점을 저
는 인정해요. 그럼에도 불구하고 집권하는 진보 경향 정당들은
사민주의를 비롯해 다른 가치를 함께 발전시켰어요. 마치 한국
만 굉장히 특수한 상황에 처한 것처럼 얘기하는 건 일종의 자기
변명이자 알리바이죠."

86(1980년대 학번·1960년대 출생) 기득권을 해체해야 한다는 주장에 대
해서는 어떤 입장인가요.

"전대협 출신 86 정치인들이 최근 20년간 대한민국 정치에서
혁신적이거나 진보적인 모습을 보여준 적이 없어요. 자리 유지,
권력 유지에 더 몰두했죠. 폭력적 팬덤 정치에 더 몰두한 사람들
이기도 하고요. 시민들이 학생운동 출신 인사들을 굉장히 이른
나이에 정치권으로 보내줬던 이유는 한국 정치를 바꿔보라는 것
이었는데, 그렇게 하지 않은 거죠. 더 큰 시각으로 보면, 산업과
노동시장 변화 과정에서 대기업과 공공부문을 중심으로 하는 내
부 노동시장에서 특정 세대가 굉장히 큰 혜택을 받았어요. 그에
반해 다음 세대는 달라진 조건 탓에 힘들어졌는데, (86 정치인들

이) 이와 같은 격차 해소에 나서지 않는 거죠."

**진보를 표방한 문재인 정부에서 오히려 불평등이 심화했다는 지적이
많습니다.**
"동의해요."

**정의당이 문재인 정부 시기에 불평등이 심화했다는 지적을 제대로 했
느냐는 의구심도 드는데요.**
"그러니까요. 민주당이 잘못해 불평등이 심화한 게 아니냐는 얘
기를 정의당이 해줬어야 했는데 못 했죠. 저는 문재인 정부 최
저임금 정책이 실패했다고 생각해요. 저임금 노동자 비율이 개
선된 것은 맞습니다. 그런데 첫해 16% 인상을 정해 놓고 이듬
해 또 두 자릿수 올렸잖습니까. 최저임금은 올해도 오르고 내년
에도 올라야 하는 임금이에요. 문재인 정부가 그렇게 해버리면
서 앞으로 못 올리게 됐어요. 첫해 8% 인상하고 산입 범위나 주
휴수당 문제부터 정리해 갔으면 국민적 반발이 그렇게 크지 않
았겠죠. 그런 고민 없이 16% 인상해 놓고 산입 범위 정리하려
하니까 조직 노동과 자영업자는 반발하고 일자리안정자금으로
3조~4조 원씩 넣게 됐잖습니까. 고용안전망에 3조 원을 넣었으
면 1년이 아니라 수년간 불안정 노동자들의 생활을 책임질 수
있는데."

에드먼드 버크Edmund Burke는 『프랑스혁명에 관한 성찰Reflections on

새로운 주류의 탄생

the Revolution in France』(1790)에서 변혁이 질서 파괴와 혼란으로 이어질 수 있고, 이에 잠정적 해결책과 점진적 변화를 지향해야 한다고 했다. 조성주가 인정하건 안 하건, 그의 말을 듣다 보면 묘하게 버크의 보수주의가 떠오른다. 궁극적이라는 단어보다 잠정적이라는 단어가 조성주의 진보와 맥이 통하는 것처럼 보인다. 본디 진보의 세계에서는 깃발로 내 편 네 편이 갈린다. 조성주는 그 '깃발 놀이'가 너무나도 싫다.

> "그게 지금 한국 진보의 한 상징이죠. 선명성을 보여주고 싶은 마음이 너무 큰 거예요. 진보정당일수록 이럴 때 '그렇게 하면 안 된다'고 해야 했는데, 똑같이 얘기했잖아요. 정의당은 '최저임금 더 올렸어야지'라고 하는데, 잘못됐다고 생각해요."

민주노총에 대한 진보정당의 짝사랑

그를 다시 만난 건 이듬해 5월 3일이다. 이즈음 조성주는 '정치유니온 세 번째 권력'(이하 세 번째 권력) 공동운영위원장이었다. 당내에서 투쟁하겠다던 그는 이즈음 더 큰 싸움을 준비하는 참이었다. 세 번째 권력을 통해 정의당 재창당이 아니라 제3지대에서 아예 새로운 정당을 창당하자고 했다.

진보정당을 떠난 사람은 즐비하다. 대개 '민주화' 동지 격인 민주당을 향했다. 일부는 한국 보수의 본산인 국민의힘 계열 정당으로 건너갔다. 이제는 제법 식상해진 레퍼토리다. 조성주도 상투적인 길로 디

벅터벅 걸어가려는 심산인가. 그런 흔한 전향이면 그를 또 만나지 않았다. 이 사람은 과감한 노선 투쟁을 꾀했다. 제왕적 대통령제로 대표되는 강한 국가(제1권력)와 사회경제적 대표성을 잃은 양당 체제(제2권력)를 무너뜨리기 위해 중원으로 가자고 했다. 그리하여 세 번째 권력이다. 주체는 제3시민이다. 조성주는 이렇게 말했다.

> "양당 모두 상대 정당에 대한 증오를 동원한 정치를 하고 있어요. 두 정당이 대표하지 못하는 불안한 중산층과 사회경제적 약자들이 있습니다. 양당에도 제3시민이 있어요. 최근 흥미로운 조사를 봤는데, 각 당 지지자들이 자기 정당에 대한 지지도보다 상대 정당에 대한 반대가 더 세다는 거예요. 대안이 있다면 빠져나갈 수 있는 그런 사람들이 제3시민입니다."

그는 "진보정치로 대표되던 세계관이 1987년에 만들어졌다"라고 했다. 이것이 '반독재 민주화'의 세계관이다. 거악 척결을 위해 뭉치자는 단일 대오 담론이다. 그가 보기에는 민주당과 정의당이 공유하는 세계관이다. 1987년에 형성됐으니 햇수로 36년이 지났다. 누군가는 쉰내가 난다고 힐난할 것이다. 또 누군가는 잘 숙성돼 감칠맛 나는 묵은지 같다고 생각할 수도 있다. 쉰내와 숙성은 종이 한 장 차이다.

그뿐이랴. 잘 익은 세계관은 정당 처지에서 보면 조직화의 밑거름이다. 지지층 결집의 연료라 말할 수도 있다. 이 세계관을 배제해 버리면 지지층 상당수를 포기하고 선거에 나서는 꼴이 된다. '누구 표를 받으려는 것이냐'라는 비판에 직면하기 쉽다. 그러면 돌아오는 결과는 흔

새로운 주류의 탄생

히 보아온 신당의 실패다. 짧은 열망과 빠른 소멸의 사이클이다. 새삼스럽지 않은 일이다. 현실주의자 조성주에게 현실론에 대한 질문부터 꺼낸 이유다.

'반독재 민주화'는 민주당과 정의당을 지지하는 유권자에게도 드리운 정서입니다. 한국 진보의 지지기반이고요. 벗어나는 게 쉽겠습니까.

"정치에는 오랜 통념 또는 편견이 있는데요. 유권자의 생각과 의견에 맞춰 정당이 배열된다는 겁니다. 저는 반대라고 생각합니다. 유권자가 정당의 세계관에 맞게 배열된다고 봐요. 민주당 또는 진보정당 지지자들이 '반독재 민주화' 세계관에 머물러 있는 건 민주당이나 정의당이 다른 세계관을 제시하지 않았기 때문이에요. 다른 세계관을 제시하는 정당이 나오면 유권자는 재배열될 거라고 봅니다."

중도 대신 중원이라는 단어를 쓰던데요. 탈진보라고 표현해도 되나요.

"꼭 탈진보라고 해석할 필요는 없다고 생각하는데, (새로운 정당이) 한국 정치에서 전통적으로 얘기되던 진보정당은 아닐 것 같아요. 한국 정치에서 진보정당은 특수한 모델이 있었습니다. 노동조합과 영남의 공업지대, 시민사회단체를 기반으로 해 (민주당에) 왼쪽으로부터 충격을 가하는 모델이었죠. (새로운 정당은) 그런 의미에서의 진보정당은 아니에요. 다만 불평등과 산업 전환 등의 문제에서 사회경제적 약자를 대표하고 공동체가 평등하고 평화롭게 진전하는 것을 목적으로 두는 의미의 진보성은 담지

하고 있어요. 그러나 진보라는 타이틀에 굳이 집착할 필요는 없죠."

탈진보는 아니나 진보라는 단어는 고수할 생각이 없어 보인다. 중원으로 가려면 이념을 넘어서야 하니 자연스러운 결론이다. 다만 이런 반론도 가능하다. 한국에서 진보정당 실험은 거대 노조와 불가분의 관계에 있다. 2004년 민주노동당의 원내 진입은 민주노동조합총연맹(민주노총)과 전국농민회총연맹(전농)의 배타적 지지를 빼고는 설명할 수 없다. 앞선 인터뷰에서도 민주노총은 주요한 화두였다. 당을 부수자고 하고 있으니 그 얘기를 좀 더 자세히 해볼 때다.

최장집 고려대 정치외교학과 명예교수는 노동 중심 정당의 필요성을 오랫동안 강조했습니다. 진보정당이 이 모델을 지향할 필요도 없나요.
"(노동 중심 정당 모델은) 유효기간이 끝났습니다. 민주노동당부터 시작된 20년간의 실험인데, 긍정적 평가와 부정적 평가가 모두 가능하죠. 긍정적 평가를 하자면, 왼쪽으로부터의 충격을 통해 노동과 복지국가 담론이 한국 정치 안에 들어왔어요. 부정적 평가도 가능해요. 진보가 정당을 시작한 이유는 권력을 통해 사회를 바꾸기 위해서였어요. 거기까지는 가지 못했습니다. 유권자와 시민에게 인정받지 못한 거죠."

중원으로 가자는 말의 뜻은 진보정당과 민주노총 사이에 있던 끈끈한 관계에서도 벗어나야 한다는 취지로 읽히는데요.

새로운 주류의 탄생

"이미 (진보정당과 민주노총 사이에) 그런 관계가 성립돼 있지 않아요. 민주노총에 대한 진보정당의 짝사랑 관계 아닌가요? 노동조합의 요구가 정당의 정책 대안이 되고, 이를 통해 불평등이 해소된다고 생각하지 않아요. 문재인 정부 초기 노동조합 조직률이 10% 안팎이었어요. 지난해 노동조합 조직률은 15%쯤 됐을 겁니다. 50%가 오른 셈이죠. 한국의 진보파는 노동조합 조직률이 오르면 불평등이 해소된다고 봤어요. 그런데 누가 노조 조합원이냐가 달라졌고 노동자의 개념 역시 산업 변화 등으로 바뀌었습니다. 민주노총 조합원 상당수가 소득 상위 20%에 속해요. 노동조합의 요구가 정당의 대안이 됐을 때 불평등을 완화하는 효과로 나아간다는 도식은 지금 한국에서 성립하지 않아요. 노동조합이 대표하지 못하는 노동을 정당이 대표할 때 불평등 완화 효과가 생길 수 있다고 생각해요."

조직되지 않은 노동을 대변해야 한다는 얘기는 10년 전에도 있었습니다. 하지만 조직되지 않은 노동은 만나는 것부터가 어렵잖아요.

"맞아요. 아주 냉정히 얘기하면 그분들이 전통적인 의미에서 (정당에) 몰표를 주고 조직적으로 정치 후원금을 내는 기반으로 기능할 수 있다고 생각하지는 않아요. 일종의 부유하는 노동이기 때문이죠. 선거와 제도가 중요한데요. 선거를 통해 그들에게 유용한 정책이 제시돼야 하고, 제도를 통해 대표돼야 합니다. 그들의 이해와 요구를 정당이 정확히 포착하기가 어렵죠. 전 세계 정당들이 마주하고 있는 난제에요."

진보주의자 이전에 민주주의자여야

　진보의 재구성을 논하려면 기업에 대한 질문을 피해 갈 수 없다. 진보는 기업을 착취의 주체라고 생각하는 경향이 있다. 대놓고 기업을 부정하진 않지만, 기업을 권력 집단의 일원이라 여긴다. 협력이나 소통의 상대보다는 견제 혹은 규제의 대상으로 본다.

> **민주노동당 출신인 최병천 신성장경제연구소 소장은 '친기업 진보주의'를 주장하는데요.**
> "'친기업 진보주의'의 의미는 정확히는 모르겠는데, (진보가) 시장과 기업에 대한 입장을 바꿀 필요는 있죠. 한국 기업에 여전히 전근대적 방식이 남아 있다는 비판적 문제의식은 있어. (다만) 불평등을 해소하기 위해서라도 시장적 정책과 사회적 정책을 혼합할 수밖에 없습니다. 자본주의에서 독점과 거대 기업에 대한 견제는 필요한데, 그 방식이 법과 제도여야만 할까요? 기업은 기업으로도 견제가 가능해요. 새로운 기업이 출현해 시장을 개척하면서 기존 기업을 견제할 수 있습니다. 기업과 시장을 활용하는 방식에 있어 한국의 진보파가 굉장히 부족했죠."
>
> **세 번째 권력에서 삼성을 비롯한 4대 대기업에 대한 태도는 무엇입니까.**
> "거기까지 아직 정리되지는 않았지만 세 번째 권력은 이런 문제의식을 갖고 있어요. 한국의 한쪽에서 재벌을 견제하면서 각종

규제를 만들었지만 결국 규제를 가장 잘 활용하고 이를 통해 이윤을 내는 건 재벌이에요. 그 능력이 최적화돼 있기 때문이거든요. 결국 시장에서 힘의 균형을 만들어 소비자와 시민에게 긍정적 후생이 돌아갈 수 있게 (정치가) 역할을 해야 하는 거예요. 그런 면에서 네거티브 규제로 전환하는 등 산업 정책에 대한 고민이 필요하죠."

진보정당은 경제 문제도 '복지로 해결하자'고 답할 것 같은 인상이 듭니다. 그간 진보에서 회자되던 '복지는 공동구매니 함께 잘사는 길' 유類의 담론도 떠오르고요.

"새로운 일자리와 산업 전환을 통해 공동체가 유지되고 불평등도 해소되는 거지, 복지를 통해 모든 불평등과 경제 문제를 해결할 수 있다고 생각하지는 않아요. 지금 필요한 건 선제적이고 공격적인 산업 전환이잖아요. 거기서 피해자가 줄고 최대한 많은 사람이 일자리와 소득을 지킬 수 있게 만드는 게 중요하죠. 산업 전환도 늦고 사회안전망 준비가 안 돼 있기 때문에 (현재 한국 경제가) 더디게 가는 거죠."

정의당이 우경화했다기보다는, 민주당이 이미 충분히 왼쪽으로 왔기 때문에 정의당의 차별성이 없어졌다고 보는 시각도 있죠.

"절반 정도는 인정해요. 20여 년간 진보정당이 주장한 사회정책 및 노동정책 상당수가 한국 정치에 들어왔어요. 관료들도 20년 전과 달라요. 정당들이 사회경제 정책에 있어 왼쪽으로 이동했어요. 그런 면에서 진보정당이 차지하던 빈자리가 줄었다는 것에는 동의할 수 있죠. 반대로 진보정당으로서는 메인 스테이지로 뛰어들 시기가 앞당겨졌다는 얘기도 돼요. 메인 스테이지는 어떤 곳입니까. 시장과 기업에 대해 기존과 다르게 얘기해야 하고 외교안보에서도 원칙적 입장보다는 현실주의적 정책을 고민해야 하는 공간 아닙니까. 정작 지금 정의당의 정책이나 정치적 레토릭을 보면 10년 전으로 돌아가는 느낌이에요."

보수 쪽 인사들과도 협력할 수 있습니까.
"절제와 공존의 자유주의를 얘기하는 순간 보수는 절멸의 상대가 아니죠. 보수도 진보를 절멸의 상대로 보지 말아야 하고요. 진보는 노동을 대변하지만 주로 노동을 설득해야 하고, 보수는 기업을 대변하지만 기업을 설득해야 하는 책임이 있습니다. 그래야 문제가 해결돼요."

혹시 보수 정치인 중 좋아하는 사람이 있습니까.
"유승민이요. 오래전부터 유승민 전 의원(국민의힘)을 보수 정치인 중에 좋아합니다."

지금 좀 어려운 상황에 처했는데….
"개인적 팬심으로는 안타까워요. 또 다른 사람으로는 천하람 변호사(현 개혁신당 최고위원)도 좋아해요. 센 단어를 쓰지 않으면서도 합리적으로 보수의 이야기를 하고, 또 진보 쪽과도 소통할 수

새로운 주류의 탄생

있는 분이더라고요. 호남에서 계속 출마하는 용기도 있고."

과격한 단어를 쓰는 걸 싫어하는 것 같습니다.

"진보주의자 이전에 민주주의자여야 한다고 생각해요. 공동체
의 선을 위해 일하는 민주주의자라면 상대를 공격하는 센 단어
와 극단적인 행위는 하지 말아야죠. 물론 그게 어렵죠. 사람들은
다 센 걸 좋아하니까.(웃음)"

그를 만나러 가기 전부터 마지막 질문으로 무엇을 던질까 수없이
고민했다. 그러다 우연히 심상정 의원이 2013년에 출간한 저서 『실패
로부터 배운다는 것』의 한 구절을 접했다.

"안톤 체호프의 작품에 나오는 사람들. 인간이 이렇게 나약하고
누추하고 복잡하구나. 그런 존재들을 보면서 위로를 느낍니다.
저는 그 마음의 정체가 인간에 대한 측은지심이라고 봅니다. (중
략) '진보정당과 민주당의 차이가 무엇이냐?'라고 묻는다면 제
답은 이것입니다. '인간이 처한 삶의 조건에 대한 측은지심이 있
느냐, 그리고 그것에 대해 공동의 책임감을 느끼느냐.' 이것입
니다."

이 구절을 소개하면서 그에게 물었다. 지금도 이런 구분이 유효하
냐고.

"(잠시 뜸 들이다) 지금은 진보정당이 그걸 다시 가져야 할 때 같은데요.(웃음) 오히려 정의당이 그걸 너무 많이 잃어버린 것 같아요…. 우리도 너무 공학적인 계산이나 합리주의에 빠져 있다는 그런 느낌이 드네요."

결국 그는 2023년 12월 정의당을 떠났다. 그러고는 금태섭 전 의원이 이끄는 새로운선택과 손을 잡았다. 지금 조성주는 새로운선택 공동대표다. 비로소 온전히 중원에 선 그의 삶이 어떻게 달라질지 자못 궁금하다.

새로운 주류의 탄생

"장영실상
받은 사람이
정치하면
좋겠습니다"

국회로 간
과학기술인
안철수

이 남자는 의대를 졸업했다. 뼛속까지 무미건조한 대한민국 '공부 1등' 중 얘깃거리가 가장 많은 사람이다. 의사였고 프로그래머였으며 벤처기업을 일군 뒤 교수가 됐다. 어쩌다 '청년의 멘토'가 되는 바람에 청춘 콘서트를 하러 전국을 다녔다. 무소속으로 대선에 출마하면서 정치로 업業을 바꿨다. 창당, 합당, 단일화를 반복하며 수차례 정계 개편을 시도했다. 이 남자는 늘 전면전을 벌였다. 지지자들은 그 전면전에 경탄했고, 반대자들은 바로 그 전면전에 경악했다.

이 남자 안철수는 지금 국민의힘 국회의원이다. 62.50%. 2022년 6월 1일 경기 성남시 분당갑 국회의원 보궐선거 당시 그가 얻은 득표율이다. "처음으로 양자 대결을 하니 그간 치른 선거 중 가장 큰 격차

안철수
1962년 출생 · 서울대 의과대학 의학 박사 · 안철수연구소 대표이사 CEO 사장 · 안랩 이사회 의장 · 서울대 융합과학기술대학원 원장 · 제19·20·21대 국회의원 · 국민의당 당대표 · 제20대 대통령직인수위원회 위원장

새로운 주류의 탄생

로 이겼다"라고 그는 말했다. 한발 나아갈 힘을 얻었다는 안도감이 스친다. 먼 길을 돌아온 자의 감흥이 짙게 스민 얼굴이다.

여당 소속으로 의정 활동을 하는 건 이번이 처음인데 야당 때와 무엇이 다른가요.
"여당이다 보니 책임감이 커요. 나라를 좋은 쪽으로 바꾸는 책임은 결국 여당에 있잖습니까. 야당 시절에는 감시하고 비판하는 역할을 했다면 이제는 성과를 내야죠. 지금 전 세계 상황이 녹록지가 않아요. 특히 대한민국은 OECD(경제협력개발기구) 국가 중에서 인플레이션에 가장 취약한 나라입니다. 이 위기를 극복해야 하는 몫이 있어서 책임감이 훨씬 크죠."

하지만 차기를 노린다면 '내 편'부터 찾아야 할 처지다. 그를 처음 만난 날은 같은 해 6월 27일이었는데, 이날 오전 그는 '윤핵관'(윤석열 대통령 측 핵심 관계자) 장제원 의원이 주도한 '대한민국 미래혁신포럼'에 참석했다.

'대한민국 미래혁신포럼' 참석을 두고 친윤석열계 의원들과 접점을 이루려는 게 아니냐는 해석이 나오던데요.
"저는 김종인 전 국민의힘 비상대책위원장 때문에 참석했어요. 대한민국이 처한 어려운 상황에 대해 혜안을 갖고 있는 분이어서 말씀을 듣고 싶어 갔습니다. 예정에 없이 저보고 축사를 하라더라고요. 제가 대통령직인수위원장 출신이고 이 정권이 '윤식

열-안철수 공동정부'로 시작됐다는 상징성 때문에 이야기를 해 달라고 한 것 같아요."

그는 김종인의 이름을 부러 강조했다. 그편이 더 효과적이라고 생각했을 것이다. 이날 김종인은 "국민의힘에 소속된 많은 의원은 오로지 대통령만 쳐다보고서 사는 집단 아닌가"라며 "국민의힘은 과거 자유당, 공화당, 민정당 등을 연상시키기 때문에 사람들이 항상 기득권 정당(이라고 인식한다)"라고 말했다.

김 전 위원장의 말을 현장에서 어떻게 들었나요.
"제가 계속 말해 온 것과 맥락이 같아요. 대중정당이 되려면 두 가지가 필요하다고 봅니다. 전 세계적으로 양극화가 심각하게 진행되고 있잖아요. 사회적 약자를 따뜻하게 품는 정당이 되지 않으면 대중으로부터 버림받을 겁니다. 더불어민주당도 특정 기득권 노조만 대변해서는 국민의 지지를 받지 못하죠. 국민의힘도 기득권자만 대변해서는 안 됩니다. 이념 지향적인 사람들이 세상을 자기 머릿속에 있는 세상처럼 만들고 바꾸려 하잖아요. 시대착오적이죠. 보수적 방법이든 진보적 방법이든 현시점에서 문제를 해결할 수 있는 최선의 방법은 있거든요. 문제를 해결하고 세상을 바꾸는 데 집중하는 게 실용정치의 관점입니다. 제가 정당 개혁에 관해 갖고 있던 문제 인식이 이 두 가지인데, (김 전 위원장이) 정확히 짚으셨어요."

본인 눈에는 오탈자가 안 보여요

정치의 두 축은 말과 인간관계다. '정치인 안철수'의 인간관계에서
빼놓을 수 없는 인물이 김종인이다. 구글 검색창에 '안철수 김종인'을
써넣으면 이런 단어들을 볼 수 있다. "악연", "디스", "결별", "어색",
"시큰둥", "모욕" 그리고 "정신이 이상한 사람"…. 그러니 6·1 보궐
선거 당시 안철수의 선거사무소 개소식에 김종인이 참석한 점 자체가
뉴스였다.

**안 의원과 김 전 위원장은 악연이라고 알려졌습니다. 다시 소통하게
된 계기가 있나요.**

"명절 때마다 꾸준히 찾아뵙고 말씀을 나눴습니다. 1대 1로 만
날 때는 조언을 잘해 주시고 따뜻하게 대해주세요. 그런데 바깥
에서 정치적 진영이 다를 때는 자기 역할이 있지 않습니까. 그럼
자기 역할을 충실히 하는 거죠. 여전히 배울 점이 많은 분이라고
생각해요. 보궐선거에서 축사하러 그 멀리까지 와주셔서 따뜻한
말씀을 해주셨죠. 다른 분들이 보기에는 (두 사람이 다시 가까워지
는 모습이) 의외일 수 있지만 저희는 안 그래요.(웃음)"

**윤석열 정부의 성공을 위해 여당과 대통령실의 관계는 어떻게 설정돼
야 한다고 봅니까.**

"하나 예를 들어볼게요. 글을 쓰면 본인 눈에는 오탈자가 안 보
여요. 다른 분 눈에는 금방 보이거든요. 마찬가지예요. 당과 대통

령실도 잘못된 정책이 있으면 조언하고 고쳐나가는 협력 관계
아니겠어요? 갈등 관계는 아니고 상호보완적 관계라고 봅니다."

**과거 박근혜·문재인 정부의 실패 원인은 여럿 있겠지만, 그중 하나가
권력 내부의 견제 기능 상실이기도 한데요. 바로 그렇기 때문에 여당
이 제대로 역할을 해야 할 테고요.**

"기본적으로 인간은 약한 존재거든요. 그렇다 보니 권력이 집
중되고 견제받지도 못하면 방심하고 나약해지고 부패하기 쉬워
요. 그래서 민주주의 제도에서는 견제와 균형이 가능한 시스템
을 만드는 일이 중요합니다. 미국에서는 선출직 권력과 임명직
권력 사이에 서로 정교한 견제와 균형이 가능하게 돼 있습니다.
우리나라는 아직 그 정도로 정교하지가 않아요. 아직 갈 길이 멀
어요."

**견제와 균형이 중요하다고 하셨는데, 윤석열 정부 내각에 검찰 출신이
너무 많은 게 아닌가요.**

"대통령께서 평생 검찰 생활을 하다 보니 다양성의 힘에 대해
아직 체감을 못 해서 나온 현상이라고 생각해요. 천재가 10명 있
는 기업과 다양한 성격, 전공, 백그라운드를 갖춘 사람이 모여
있는 기업을 놓고 보면 후자가 이겨요. 실리콘밸리에서 성공한
기업가 중 50%가 이민 1세대예요. 다양성이 경쟁력입니다. 윤석
열 정부에서도 차츰 바뀌어나갈 겁니다. 그러지 않으면 제가 주
장할게요."

새로운 주류의 탄생

민주주의 얘기가 나와서 말인데, 한국 민주주의의 위기 징후로 팬덤 정치를 거론하는 사람이 많습니다.

"독일에서 지한파知韓派 학자들을 만났더니 '한국 정치를 보면 이상하다'고 해요. 원래 정치에서는 정치인들이 지지자의 이익을 보호하기 위해 싸우는데, 한국을 보니 오히려 정치인들의 이익을 보호하기 위해 지지자들끼리 싸운다는 겁니다. 세상에 이렇게 엉터리 같은 현상이 어디 있어요? 저는 팬덤은 정치가 아니라고 봐요. 이를 악용하는 정치인도 퇴출돼야 하고 유권자도 바짝 정신 차려야죠. 팬덤 정치는 국민이 정치인의 하인이 되는 겁니다. 국민이 미몽에서 깨어나 다시 대한민국의 주인으로 거듭나는 게 민주주의가 정상화하는 길이라고 봐요."

마침 윤석열 대통령 취임사를 보면 반지성주의라는 표현이 나오는데요. 사실 팬덤 정치의 확산은 전문가들의 권위와 역할이 사라진 탓에서도 기인하지 않나요.

"맞아요. 과학적인 사실을 두고도 틀렸다고 주장하는 사람이 갈수록 많아져요. 이것도 사회적인 병리 현상입니다. 우리 사회가 심각한 정치 양극화를 겪다 보니 서로 편 가르기가 심해지고, 그러면서 상대방이 과학적 사실에 근거해 말을 해도 안 믿어요."

과학기술 전문이기도 하니 반도체 얘기를 해보죠. 최근 윤 대통령이 교육부에 '반도체 인재 양성'을 지시한 뒤 교육부 차관이 서울대 반도체연구소를 찾았는데요.

"우리나라에는 반도체 인력뿐 아니라 소프트웨어 인력이 부족합니다. 데이터 사이언티스트와 인공지능 과학자가 부족하죠. 왜 반도체 전문가만 (양성)하나요? 그건 좀 이해할 수 없어요. 꼭 필요한 인력을 키울 때 종래와 다른 방법을 찾았으면 좋겠어요. 소프트웨어 같으면 프랑스 에콜42의 예가 있는데요. 이곳에는 교수도 없고 교과서도 없습니다. 팀 프로젝트로 레벨을 올리면서 (커리큘럼을) 완수하면 세계 최고 수준의 프로그래머가 되는 과정이에요. 그 말인즉슨 각 분야마다 가장 효율적인 교육 방법이 다 다르다는 겁니다. 과거처럼 무조건 대학에서 교과서 보고 시험 치는 방식이 아니라, 새로운 방식을 도입하는 게 필요하죠."

중도는 중간이 아니라 중심이 되는 겁니다

그를 다시 만난 날은 2022년 12월 2일이다. 이즈음 그는 전당대회를 준비하고 있었다. 서울시장 보궐선거(2021)와 대선(2022)에서 연거푸 주인공 자리를 내줬던 그가 자기 이름 석 자를 다시 전면에 내걸려는 참이었다. 경쟁 후보들에 비하면 지역으로는 수도권, 노선으로는 중도라는 점이 무기였다. 그는 다른 후보들과 비교하면 경쟁력이 무엇이냐는 물음에 "수도권에서 지휘관이 나와야 한다"라면서 "멀리 떨어진 후방에서는 수도권 민심을 파악하기가 굉장히 어렵다. 또 중도 소구력이 있어야 한다"라고 했다.

새로운 주류의 탄생

말이 나온 김에 중도에 대해 논해 보자. 국민의힘이 집권하고 있지만 보수가 주류 자리를 다시 꿰찼다고 말하기는 무리다. 의석수만이 아니라 양당의 풀뿌리 조직을 비교해도 확연히 민주당이 우세하다. 2020년 제21대 총선 직후 진중권 교수는 "한국 사회의 주류主流가 산업화 세력에서 민주화 세력으로 교체됐다"라고 쓴 바 있다. 거센 정권교체 바람에도 민주당이 대선에서 간발의 차로 패한 건 세력으로서의 힘이 컸기 때문이다. 과거에는 소수인 진보가 중도와 연대를 꾀했지만, 이제는 보수가 중도에 구애 전략을 펴야 한다. 그러려면 전통 지지층의 반감을 누그러뜨려야 하는 과제가 남는다.

중도층이 국민의힘에서 떨어져 나간 근본 원인이 무엇이라 보나요.

"중도층은 1번만 찍거나 2번만 찍는 분들과는 달라요. 제가 좋아하는 중견 언론인들이 중도층으로 10년 살아남은 사람은 대한민국 정치 역사상 안철수밖에 없다고 하거든요.(웃음) 중도가 가장 중요하게 생각하는 건 도덕성입니다. 두 번째는 유능함, 세 번째는 헌신입니다. 주위에 어려운 사람이 있으면 재산을 기부해 함께 살아가야 사회가 안정되잖아요. 남들이 고통스럽고 못 먹고 있는데 버려두는 건 보수가 아니에요. 그런 모습을 보수라고 부르면 안 돼요. 품격도 있어야 해요. 저희 집안의 뿌리가 경북 영주예요. 지금도 제가 온다고 하면 의관을 정제해 입고 '양반 자손이 막말하면 안 되느니라' 말씀하세요.(웃음) 저는 '정치 10년 동안 한 번도 막말한 적이 없습니다'라고 말씀드리죠. 보수정당이라 해놓고 막말하는 사람들은 기본이 안 돼 있는 겁니다. 그러니 중도의 지지를 회복하는 데는 제가 적임자 아니겠어요? 중도층이 손을 들어주는 쪽이 이깁니다."

보수 성향이 강한 당원들은 국민의힘이 중도와 실용을 강조하면 보수 정당의 색채가 약화되지 않겠느냐고 생각할 수도 있지 않을까요.
"선거 공학만 생각해도, 30%만 갖고 이길 수 있습니까? 그리고 실용이 보수와 반대되지 않습니다. 시오노 나나미가 『로마인 이야기』에 이렇게 썼어요. 진정한 균형 감각은 좌우 양극단의 정확한 중간 지점에 가만히 서 있는 게 아니라, 양극단의 본질·장점·단점을 파악하고 그 시점에서 가장 적정한 지점을 찾는 동적인 개념이라는 거예요. 그러니까 상황에 따라 균형점이 바뀝니다. 세상이 계속 바뀌니 최적의 솔루션을 찾기 위해 끊임없이 노력한다는 뜻이죠. 정확한 표현이잖아요. 중도에 대해 사람들은 흔히 중간에 가만히 서 있는 것이라 생각하는데, 중간이 아니라 중심이 되는 겁니다. 그 상황에서 정확한 중심점을 찾는 것도 동적인 개념이죠."

말하자면 중도는 기계적 중립이 아니라 적극적 포지셔닝 전략으로 쓰여야 한다는 거다. 중도에 관해 오랜 기간 숙성해 온 흔적이 엿보인다. 안철수의 얘기를 더 들어보자.

"예를 들면 북한이 미사일을 쏴대는데 유화적으로 갈 수 있나요? 그럴 때는 전통적인 보수 정책으로 강경하게 나서는 게 제

새로운 주류의 탄생

대로 된 균형감각이죠. 반대로 서독과 동독이 통일을 하기 직전
인데 갑자기 서독이 동독한테 적대적으로 나서면 통일이 되겠
어요? 오히려 살살 구슬리고 지원하는 쪽으로 가야 통일을 이룰
수 있잖아요. 그러니까 상황마다 다른 거예요. 어떤 상황에서도
'무조건 우리는 보수적인 솔루션만 할 거야'라는 건 어리석은
생각입니다."

모두가 알다시피 그가 여당 대표가 되는 일은 일어나지 않았다. 아니, 오히려 전당대회를 치르면서 윤석열 대통령 측은 그를 겨냥해 "국정 운영의 방해꾼이자 적"이라고 공격했다. 전직 대통령직인수위원장이 대통령에게 비토를 당했다. 전례가 없는 일이다. 단일화 대의는 사라졌다. "함께 정부를 구성하겠다"(2022년 3월 3일)라던 공동선언문은 휴지 조각이 됐다. 대선 후 채 1년도 지나지 않아 생긴 일이다. 윤 대통령은 위험한 승부수를 던졌다.

그러면서 친윤계는 '윤석열-안철수 대선후보 단일화 역효과론'을 퍼뜨리기 시작했다. 수면 아래서는 대선 직후부터 계속 돌았던 주장이다. 여권 인사들은 주로 사석에서 "단일화 피로감으로 안철수 후보 지지층의 다수가 이재명 후보로 이동해 질 뻔했다"라거나 "단일화가 민주당 지지층의 결집을 초래해 대선에서 자칫 질 뻔했다"라고 말하곤 했다. 단일화가 없었다면 0.73%p보다 더 큰 격차가 났을 거란 인식이 스며 있다. 데이터에 따르면 그렇지 않다.

정치학자인 유재성 계명대 교수는 2022년 5월 11일 동아시아연구원(EAI)을 통해 워킹페이퍼 「부동층과 이동 투표자의 특성과 투표 선택」을 발표했다. 이 연구는 선거 사전/사후 설문조사를 통해 구성한 패널 데이터를 활용했다. 1차(사전) 조사는 전국 18세 이상 남녀를 대상으로 무선전화번호 RDD를 이용한 전화 면접 형태로 이뤄졌다. 지역·성·연령별 기준으로 1,515명이 추출됐다. 조사는 2022년 1월 12~15일 사이에 진행됐다. 2차(사후) 조사는 1차 조사 대상자 중 1,104명을 대상으로 2022년 3월 10~15일 사이에 실시됐다. 두 조사의 표본오차는 95% 신뢰 수준에서 최대 허용 표집오차는 ±2.5%p다.

단발성 여론조사보다는 투표 변화의 추이를 알기에 훨씬 적합하다. 특히 단일화로 인한 효과를 가늠하는 데 유용한 분석 틀이 된다.

선거를 평할 때는 부동층, 즉 스윙보터라는 단어가 흔히 사용된다. 보수와 진보, 부동층으로 3분할해 판세를 분석한다. 유 교수에 따르면 부동층과 이동 투표자는 구분된다. 부동층은 '선거 캠페인 기간에 지지 후보를 결정하지 못하고 망설이고 고민한다고 추정되는 유권자'다. 이동 투표자는 '특정 후보를 지지하다가 캠페인 기간에 지지 후보를 변경, 이동하는 유권자'다. 유 교수가 보기에 부동층과 이동 투표자는 공히 젊은 층, 무당층, 적은 정당 호오도 차이, 낮은 선거 관심도라는 특성을 갖고 있다. 하지만 투표 결과는 상이했다.

연구에 따르면 제20대 대선에서 부동층은 통계적으로 유의미하게 이재명 민주당 후보를 윤석열 국민의힘 후보보다 더 많이 선택했다. 이 연구에서는 대선 공식 선거 캠페인이 시작된 이후 지지 후보를 결정했다는 부동층 응답자가 33.36%로 나타났다. 이들은 선거 당일 최종적으로 이재명 54.55%-윤석열 45.45%의 비율로 투표했다. 이 후보의 선거 캠페인이 윤 후보보다 효과적이었다는 점을 방증한다.

후보 간 단일화가 성사된 대선에서 더 주목할 사람들은 이동 투표자다. 20대 대선에서 선거 기간 중 지지 후보를 변경·이동한 유권자는 전체 투표자의 28.75%였다. 이동 투표자와 구분하기 위해 유재성 교수는 '지속 투표자'라는 표현을 썼다. 이재명 후보에게 투표한 사람 중 지속 투표자는 75.16%, 이동 투표자는 24.85%였다. 윤석열 후보에게 투표한 사람 중 지속 투표자는 69.77%, 이동 투표자는 30.23%였다. 무슨 말일까. 이 후보보다는 윤 후보로 '갈아탄' 유권자가 더 많았다는 의미다.

1차 조사 시점(2022년 1월 12~15일)은 단일화 합의 전이다. 이 당시 안철수 국민의당 후보를 지지하던 사람 중 60.6%는 실제 대선에서 윤석열 후보를 택했다. 이재명 후보를 택한 비율은 33.1%에 그쳤다. 이렇다 보니 윤석열 투표자의 14.64%가 기존의 안철수 지지자였다. 반면 이재명 투표자의 8.48%만 기존의 안철수 지지자로 나타났다. '윤-안 단일화'가 윤 후보에게 매우 유리하게 작용했다는 근거다.

이재명 후보는 선거 막판 부동층을 설득해 자신의 표로 끌어오는 데 성공했다. 그 덕분에 이 후보는 역대 민주당 대선후보 중 가장 많은 득표수(1,614만 7,738표)를 기록했다. 윤석열 후보는 안철수 지지자 다수를 흡수하면서 단일화 효과를 톡톡히 누렸다. 정리하면 다음과 같은 결론이 나온다. 이재명을 택한 부동층보다 윤석열을 택한 이동 투표자가 더 많았던 덕에 최종적으로는 윤 후보가 간발의 차로 승리했다고 말이다. 유재성 교수는 아예 이렇게 못을 박아 서술했다.

"윤석열 후보로 지지를 변경, 이동한 투표자는 주로 안철수 지지에서 변경, 이동한 투표자로 나타났기에, 윤석열 후보의 대선 승리는 후보 단일화 없이는 불가능했던 것으로 보인다."

따라서 단일화가 아니었으면 더 크게 이겼으리라는 일부 친윤계의 인식은 착각에 가깝다. 혹은 의도적 왜곡이다. 안철수 개인의 역량은 부차적 이슈다. 그가 인수위원장과 3선 의원으로서 보인 성과가 어떻건, 지난 대선에선 그를 지지한 유권자가 캐스팅보트 노릇을 했다. 이들 이동 투표자는 집권 전이건 후건 윤석열 정부의 취약한 지지기반을 보완해 줄 그룹이다.

윤 대통령의 국정 운영 지지도가 대선 득표율에 미치지 못하는 이유도 쉽게 파악할 수 있다. 지지층의 울타리를 넓히기보다 검찰을 중심으로 한 관료 집단과 옛 정부 사람들에게 의존하는 모습을 보일수록 이동 투표자의 반감도 커진다. 이동 투표자의 눈에는 여권에 자꾸 폐쇄적 네트워크가 형성되는 것처럼 비치기 때문이다.

반도체 이야기 알아듣는 사람이 너무 적어요

2014년 3월 3일, 윤여준 전 환경부 장관(당시 새정치연합 의장)은 민주당과 새정치연합의 통합 소식을 듣고 "호랑이 굴에 사슴이 들어갔다"라고 말했다. 거대 정당에서 생존하기가 그리 녹록지 않다는 점을 그렇게 표현했다. 졸지에 사슴으로 불린 안철수는 "호랑이 굴에 들어가보니 호랑이가 없더라"라고 응수했다. 결국 628일 만에 호랑이 굴을 스스로 뛰쳐나왔으니 결과적으로는 윤 전 장관의 예측이 맞아떨어진 셈이 됐다.

고로 안철수에게 국민의힘은 두 번째 호랑이 굴이다. 첫 번째 호랑이 굴과 비교해 결코 쉬운 장소처럼 보이지는 않는다. 자의건 타의건 현직 대통령과는 루비콘강을 건넜다. 비주류 타이틀을 달고 뿌리도 약한 당에서 생존해야 한다. '정치인 안철수'에게는 그간 경험한 적 없는 고차방정식이다. 그가 좀체 대권후보 지지율에서 반등하지 못하는 건, 아직 이 방정식을 풀지 못했기 때문일 것이다.

그럼에도 여전히 안철수는 한국 정치의 중요한 자산이다. 그 이유는 그가 여의도에서 10년 이상을 버틴 유일무이한 과학기술인이기 때문이다. 그는 의대 박사과정 시절이던 1988년 V3 백신을 개발했고 7년 동안 무료로 제공했다. 1995년 서울 서초동 작은 사무실에 안철수 컴퓨터 바이러스 연구소(현 안랩)를 열었다. 지금 안랩은 국내 정보 보안 업계 1위 기업이 됐다.

안랩의 창업자인 안철수는 2022년 12월 'IR52 장영실상 명예의 전당'에 헌액됐다. 이를 통해 한국 과학기술사를 빛낸 개발자 36명 중 한 명으로 꼽혔다. 장영실상은 국내 기업이 개발한 신기술을 선정하고 그 개발에 공헌한 연구원에게 수여하는 최고 권위의 상이다. 함께 헌액된 인물은 김기남 삼성전자 종합기술원 회장, 권오준 전 포스코 회장, 조성진 전 LG전자 부회장, 차기철 인바디 대표, 장병규 크래프톤 의장 등이다. 두 번째 인터뷰를 마친 뒤 그가 트로피를 어루만지며 했던 말이 아직도 생생하다.

> "제가 안랩 CEO 때 장영실상을 두 번 받았는데요. 앞으로도 장영실상 받은 사람이 정치를 하면 좋겠습니다. 반도체 이야기하는데 알아듣는 사람이 너무 적어서 제가 힘들어요.(웃음) 과학을 잘 아는 사람이 정치를 많이 했으면 좋겠어요."

새로운 주류의 탄생

새로운 수류의 탄생

"양극화, 더는
경제학
변방 용어가
아닙니다"

궁벽을
품은 경제관료
김용범

궁벽窮僻과 경제관료. 이토록 어울리지 않는 조합을 생각한다. 김용범 전 기획재정부 제1차관은 전남 무안군 해제면에서 자랐다. "무안군에서도 가장 끝이고 굉장히 궁벽한 곳"이라고 그는 말했다. 기억에는 고추 따고 마늘 캐고 논에서 거머리에 뜯기던 시절로 남아 있다. 그는 다섯째다. 부모에 관해선 "농사짓던 분들이고 많이 배우지는 못하셨다"라고 술회했다. 책 좋아하는 아들을 두고 아버지는 소박한 꿈을 꿨다. '농사를 도와주진 못해도 교사는 되겠지.'

고향을 떠나 광주에 있는 고등학교에 진학했다. 어린 나이에 "대처大處에 가서 문명 한가운데 던져진 충격"을 받았다. 고3 때 5·18을 겪었다. 그는 "인생 내내 붙잡고 살아야 할 고민거리를 갖게 된 시기"라고 회고했다. 사람의 사고는 성장 과정이 만든 산출물이다. "아무래도

김용범 ————
1962년 출생 • 미국 조지워싱턴대 경제학 박사 • 제30회 행정고시 합격 • 금융위원회 부위원장 • 기획재정부 제1차관 • 해시드오픈리서치 대표이사

새로운 주류의 탄생

전라남도니까 발전이 더뎠죠. 정치적 격랑의 한복판에 있는 지역이기도 했고. 균형발전을 위해 공공정책의 역할은 뭘까 고민했어요."

그 뒤로 2막이 열렸다. 서울대 경제학과를 나와 행정고시에 합격했다. 미국 조지워싱턴대에서 경제학 박사학위를 받았고, 세계은행 선임 이코노미스트로 일했다. 에이스 관료의 징표라는 청와대 파견 근무 경험도 갖췄다. 금융위원회 사무처장과 부위원장을 거쳐 거시경제를 총괄하는 기재부 제1차관이 됐다. 지금은 독립경제학자를 자처한다.

부모의 계급이 으레 자식으로 대물림되는 지금, 그의 성공담은 드라마틱하다. 그런데 한국 사회엔 이런 고전적 신화의 주인공이 차고 넘친다. 거기에 또 하나의 미담만 얹을 목적이면 이 글을 시작하지 않았다. 이것은 부차적 이유다. 핵심적 이유는 그가 약력略歷만으로는 설명되지 않는 사람이기 때문이다.

그가 보기에 양극화 해소는 경제정책에서 주요 목표 중 하나여야 한다. 이를 위해 재정의 역할이 중요하다. 관료는 관리에 능하나 위기 때 역동적으로 사고하지 못한다. 그러니 정치의 역할이 필요하다. 시장이 항상 완벽하지만은 않다. 우리가 상상하는 '차갑고 자기들만의 성을 쌓고 있는 경제관료'의 이미지와는 서울과 평양 사이 거리만큼의 간극이 있다.

스스로 "전형적이지는 않다"라고 했는데, 이 말로는 부족하다. 그가 쓴 『격변과 균형』(2022)에는 비판적 지식인이 썼나 싶은 대목도 등장한다. "부자는 저축을 늘리고 빈자는 빚을 늘렸다. 빚이 늘어나는 경우라도 부자들은 그 빚으로 집과 주식을 사고 가난한 사람들은 빚을 내 생활비로 썼다."

그렇다고 진보나 비주류라 규정해 버리면 목적지와 반대 방향 지하철을 탄 것 같은 느낌이 인다. 조금 과장하면 그를 만든 8할은 사안을 단선적으로 재단하는 행태에 대한 거부감이다. "국가부채가 얼마 이하면 괜찮고, 그 이상이면 나라 망한다는 식의 재정 논쟁은 단선적이죠."

양 갈래 중 하나를 택하는 건 쉽다. 층층이 누적된 한쪽 의견에 적당히 묻어가면 된다. 반대자가 있겠지만 지지자도 많다. 천재지변이 일어나도 생각을 고수하면 '소신 있다'는 평까지 듣는다. 가령 재정지출에 관해 '너는 어느 쪽이냐' 질문을 받는다면 당신은 확장 재정이라고 말하거나 건전재정이라고 말할 것이다. 이 간편한 이분법 사이에 비집고 들어갈 틈은 좁아 보인다. 전문가의 말조차 정파성의 힘으로 굴절시키는 세태 탓도 있다.

어려운 건 확장과 건전이라는 양 갈래를 유연히 활용하는 쪽이다. 일단 양 갈래 지지자의 공박에 시달릴 우려가 크다. 그러니 용기도 필요하지만 공박에 맞설 전문성도 갖춰야 한다. '묻지 마 양 갈래'에 딴소리를 하는 것만으로도 김용범의 이야기를 들어볼 필요가 있다. 또 그는 코로나19 당시 거시경제금융회의 의장이었다. 근래의 인플레이션이 팬데믹과 떼놓고 볼 수 없는 현상이라는 걸 고려하면, 그에게 들을 말은 적지 않을 테다.

그래서 2022년 8월 4일 한국금융연구원에서 진행한 인터뷰는 길었다. 3시간이 소요됐고 200자 원고지 180매 분량의 녹취가 나왔다. 그를 두고 누군가는 너무 경제관료 같다며 힐난할 것이고, 다른 누군가는 너무 경제관료 같지 않다며 통박할 것이라고 생각했다. 어느 쪽이

새로운 주류의 탄생

건 그가 34년간 정부에서 일하며 다듬은 관점이 공론의 장에서 다뤄진다면 이 글의 효용가치는 충분하다.

저는 저의 출발점을 알잖아요

> 오일쇼크로 나라가 휘청거리는 혼란을 보며 경제학을 전공했고 공무원이 됐다고 말한 걸 봤습니다.
> "민심이 흉흉했어요. 신문을 일찍부터 읽었는데, 기사 톤이 전반적으로 암울했죠. 당시 남덕우(전 국무총리), 김정렴(전 대통령 비서실장) 등 경제학 전공자들이 중책을 맡았어요. '경제학을 한 사람들이 위기를 극복하는 전면에 있구나'라고 짧은 생각을 한 거죠."

> 1980년대에 행정고시를 준비했는데 눈총 같은 걸 느끼진 않았나요.
> "군부독재 시기였으니 정부에 대한 반감 같은 게 있었죠. 주위에서 응원하는 분위기는 아니었죠. 정책가로서 약자와 구조에 대한 관심을 유지하겠다고 제 나름의 원칙을 정했어요. 정부에 들어가 제도를 바꿔 더 나은 사회를 만드는 역할을 할 수 있으리라 생각했죠."

흔히 장강의 뒷물결이 앞물결을 밀어낸다고 한다. 1997년 IMF 외환위기로 인해 사회 전반적으로 뒷물결에 힘이 붙었다. 그가 30대 중빈

일 때다.

"외환위기로 선배들이 하던 방식이 일종의 사망선고를 받았어요. 저같이 젊은 사람에게도 일할 공간이 많이 주어졌어요. 고참 사무관 때 이것저것 제안했는데 다 받아주더라고요."

지금의 행정고시는 이른바 균질화된 엘리트들의 각축장 아닙니까.

"1990년대 외고와 특목고가 생긴 뒤 그 학교 출신이 많아졌죠. 경제부처 같은 데는 균질화된 사람이 많이 들어오는데, 똑똑하고 동기부여도 잘 돼 있어요. 다만 제가 농담으로 '너희 가계부채와 서민금융 담당하고 있는데, 실제 그걸 알아?' 그런 이야기도 했어요. 금융위나 기재부가 다루는 통계는 하나하나가 사람의 이야기잖아요. (경제관료는) 그 이야기를 상상할 수 있어야 합니다. 똑똑한 친구일수록 어려운 사람과 관련한 부서에 배치했어요. 장기연체자 대책이랄지 서민금융 현장 같은 데 참 많이 데리고 다녔어요. 그런 실상에 대해 피상적으로가 아니라 실제 경험할 기회를 주려 노력했어요. 균질화는 관료 충원뿐 아니라 대학 입학 제도, 더 나아가면 로스쿨 선발 제도에서까지 함께 고민해야 할 문제죠."

관료 사회만이 아니라 민간에서도 외고·특목고 출신이 상위 채용 단계까지 올라오는 경우가 많긴 합니다.

"인턴 기회도 부모가 마련해 주고, 커리어도 지도해 주고, 나중

새로운 주류의 탄생

에는 부모 인맥도 승계된다고 하면 그렇지 못한 사람들에게는 너무 숨 막히는 현실이잖아요. 부모가 자식을 사랑하는 거야 어쩔 수 없지만, 이를 보완해 줄 수 있는 제도는 있어야죠. 저는 저의 출발점을 알잖아요. 50년 뒤에 나 같은 사람에게 기회가 있을까 생각하면 답답하죠. 저는 농촌에서 자랐지만 아주 막막하다는 생각은 안 했어요. 열심히 하면 의미 있는 일을 할 수 있으리라 생각했죠. 기회라는 면에서는 행복한 세대였죠."

경제학 말고 다른 학문이나 책에 심취한 적은 없나요.
"경제학만큼 역사를 좋아해요. 전공할 생각도 했고. 경제학도 상당히 고도화된 학문이지만, 더 근본적인 건 인류학이나 인간 심성에 관해 다루는 학문이잖아요. 사회학, 정치학도 경제학보다 훨씬 넓게 보고. 복합 위기 국면에서는 경제학만 갖고는 설명이 안 되는 현상이 많습니다."

시민으로서의 궁금증은, 기재부 관료들은 폭넓게 보기보다 테크노크라트Technocrat적인 느낌만 강한 게 아니냐는 건데요.
"경제부처 공무원의 경우 국제기구 경험이 많습니다. 저는 미국 워싱턴에 있는 세계은행에 있었는데, 대가들이 나오는 세미나가 끝도 없이 열려요. 5년 동안 100개 이상 들었어요. 그런 기회가 있기 때문에 (기재부에도) 다양한 분야에 대해 생각하도록 훈련된 사람이 많아요."

기재부 관료 하면 차갑거나 보수적 이미지가 연상되는데, 그럼 이것은 허상인가요.

"허상은 아니죠. 회사에서도 재정을 책임진 사람들이 대부분 깐깐하잖아요. 깐깐하지 않으면 방만해지고요. 선심을 쓰면 규율이 금방 무너지니까요. 그리고 외환위기를 겪었잖아요. 시스템의 문제이기도 했지만, 직접적으로는 재무와 재정을 책임진 부처의 실패라고 봐야죠. (기재부에서는) 외환위기를 겪었다는 인식이 뇌리 속에 아주 강하게 남아 있어요. 그러니 깐깐하고 냉정해 보이고, (무언가) 지키는 이미지가 있죠. 사람들까지 그렇지는 않고요."

명분으로서의 건전재정과 현실

차가움, 보수성과 함께 경제관료 하면 연상되는 단어는 모피아다. 옛 재무부의 영어 약자인 'MOF^{Ministry of Finance}'와 마피아의 합성어다. 모피아에 대한 반감은, 조금 부풀리면 좌우를 막론하고 널따랗게 퍼져 있다.

모피아라는 단어가 나온 이유는 경제관료들이 퇴직 후 로펌에 가는 등 전관예우라고 볼만한 행동을 했기 때문 아닌가요.

"저는 모피아라는 용어는 사용해선 안 된다고 생각해요. 경제정책을 총괄하는 그룹을 범죄자에 빗댄다는 건, 뭐랄까 좀 슬픈 일

이죠. 언론에서 그렇게 특징을 잡아낼 만한 부정적 요인이 과거에 있었을 테고, 저도 그 그룹에 속해 있으니 되돌아볼 부분이죠. 왜 그런 말이 나왔는지는 알아요. 서로 밀어주고 끌어주는 면을 두고 그렇게 표현한다는 걸 저도 모르지는 않지만, 일반화해서 사용하는 점에 대해서는 다시 생각해볼 필요가 있죠. 공직에서 물러난 사람들의 전문성을 어떻게 활용할지는 더 고민이 필요한 문제입니다. (공직자들이) 로펌 가면 어려운 일을 마치 좀 특별한 방법을 통해 해결한다는 인상을 갖는데, 꼭 그렇다기보다 금융사나 기업이 한국서 사업할 때 마주하는 복잡한 규제와 규율이 많아요. 그로 인한 어려움을 도와준다는 관점에서 바라볼 필요가 있지 않나 싶어요."

재정의 역할을 강조해 온 몇 안 되는 기재부 관료로 분류되더군요. 특별한 계기가 있습니까.

"낙후된 지역에서 자랐기 때문에 균형발전에서 재정이 갖는 의미에 대해 일찍부터 주목하게 됐죠. 또 재무부 사무관으로 처음 배속된 과가 국고국 국고과였고 3년 10개월을 일했어요. 과장 때 정책금융 쪽을 많이 했는데, 재정의 조력을 받아야 하는 업무였죠. 가계부채를 담당하는 국장을 하면서 국가부채와 가계부채가 연동돼 있다는 생각을 하게 됐어요. 한국은 가계부채규모는 OECD 평균보다 훨씬 크지만 국가부채 규모는 현저히 양호합니다. 국가재정의 양호함이 어떤 면에선 (가계에 대한) 재정의 과소공급이라 볼 수 있는 거죠. 재정이 적정 크기로 담당해야 할 영역까지 가난한 1~2분위 사람들이 스스로 해결하려다 보니 가계부채가 늘었을 수 있다는 겁니다. 기재부 1차관이 돼서도 재정의 적극적 역할이 필요하다는 이야기를 많이 했어요."

물론 그의 주장에는 전제가 있다. 재정건전성에 부담을 주는 요인에 대해 구조개혁을 선행해야 한다는 거다. 그는 저부담-고복지의 국민연금을 중부담-중복지 수준으로 개혁하고, 재정준칙 도입도 고려해야 한다고 했다. 그렇다 해도 1~2분위 가구를 고려해 재정의 역할이 커져야 한다는 그의 목소리는 우리 사회가 곱씹어볼 만하다. 재정에 관한 한 그의 이해는 깊고, 구사하는 논리는 설득력 있다.

그를 만나기 사흘 전, 추경호 당시 경제부총리 겸 기획재정부 장관은 "내년 예산은 건전재정 기조로 전환해 역대 최고 수준의 지출 구조

새로운 주류의 탄생

조정을 실시할 것"(2022년 8월 1일, '국회 기획재정위원회 전체회의' 중)이라고 밝혔다. 일회성 발언이 아니다. 윤석열 정부의 기본 노선이다. 윤석열 대통령은 "우리 정부의 재정 운용 기조는 건전재정"이라면서 "대내적으로는 물가 안정에, 대외적으로는 국가신인도를 유지하는 데 매우 중요할 뿐만 아니라 미래세대에게 감당하기 어려운 빚을 넘겨주지 않기 위한 것"(2023년 10월 31일, '2024 예산안 시정연설' 중)이라고 말했다.

다시 김용범과의 대화로 돌아간다. 2022년 8월에 나눈 문답이긴 하나, 2024년에도 유효한 진단이다. 그대로 기록해 둔다.

> **복합위기 상황에서 때 이른 건전재정 기조는 서민에게 부메랑이 되지 않겠습니까.**
> "윤석열 정부가 건전재정에 방점을 두는 건 보수 기조에서는 이해할 수 있죠. 한데 지금 복합위기 한가운데로 향해 가고 있고 단기간에 나아질 것 같지 않아요. 인플레이션은 서민에게 매우 고통스러운 일이고 국정을 운영하는 데도 상당한 부담이 됩니다. 2022~2023년 국면에서는 재정의 역할이 평상시보다 커져야 합니다."

이 대목에서 그는 기준 중위소득을 예로 들었다. 기준 중위소득은 국민 가구소득의 중간값이다. 이는 76개 복지사업의 수급자 선정 기준으로 쓰인다.

"기준 중위소득이 5.47% 인상됐어요. 문재인 정부 때도 진보 쪽에서 강하게 주장했지만 많이 못 올렸는데, 역설적으로 윤석열 정부 초기에 (문재인 정부에 비해) 두 배 이상 올렸어요. 7,000억 ~8,000억 원의 재정이 추가 소요되는데도 해냈어요. 굉장히 긍정적으로 봅니다. 건전재정만 기준으로 삼았다면 그런 결정을 못 했겠죠. 명분으로서의 건전재정을 가벼이 볼 건 아니지만, 거기에 딱 얽매여 '재정을 이 이상 쓸 수 없다' 그렇게는 못 할 겁니다."

보수 논객들은 문재인 정부가 선심성으로 재정을 풀어 재정수지가 악화했다고 공세를 폈습니다. 당시 기재부 핵심 고위직에 있었는데요.
"재정의 사회적 역할에 대한 모든 논의를 환영합니다. 조금 자극적인 공세라도 없는 것보다 낫죠. 단, 제대로 했으면 좋겠어요. 앞으로 구조와 장기금리는 어떻게 될 것이냐, 연금개혁을 할 수 있느냐, 외국 투자자는 우리 재정에 대해 어떻게 보느냐 등 여러 항목을 반영해 입체적으로 논의해야 합니다. 지금은 마치 정치 구호처럼 돼 있어요."

그는 판이 달라졌다는 표현을 여러 차례 썼다. 코로나19는 경제와 금융시장에 전례 없는 환경을 조성했다는 뜻이다. 이날 그는 2023년 봄이면 금리가 낮아진다는 일각의 주장에 대해 "오판"이라 표현했는데, 결과적으로는 그의 말이 옳았다.

　　　　　　　　　　　　　　　　새로운 주류의 탄생

"한국만 인플레이션 잡는 데 실패한 게 아니에요. 전 세계가 마찬가지 상황입니다. 분명 금리는 올라가죠. 그럴 때 감내 가능한 국가부채의 비율이 높아질 수도 있고 혹은 낮아질 수도 있어요. 장기금리의 향방에 대해 어떤 관점을 갖고 있느냐가 재정정책을 결정하는 데 중요해요. 그런데 지금 누가 확신을 갖고 말할 수 있어요? 글로벌 시장에선 내년(2023년) 봄이 되면 금리가 낮아진다고 보고 있잖아요. 저는 시장이 오판하고 있다고 봐요. 너무 안이하게 보는 거죠. 금리는 한참 오를 것이고, 인플레이션도 쉽게 가라앉지 않을 것이고, 2~3년에 한정된 환경이 아니라 완전히 새로운 환경이라는 게 제가 신뢰하는 많은 사람의 의견입니다."

지난 대선에서 야당(현 여당)은 비상시국에 '대통령긴급재정명령' 권한을 써야 한다고 했습니다.

"일고의 가치가 없는 주장입니다. 이건 세게 써도 됩니다. 긴급재정명령은 금융실명제나 사채 동결처럼 새어 나가면 정책 효과를 거둘 수 없는 경우에 한해 필요했죠. 재정이 그럴 필요가 있나요? 국회 논의 과정이 머리 아프고 예산 관료와 재정 당국이 뜻대로 안 움직이니 자신들이 다 하겠다는 거잖아요. 난센스죠. 국회가 그런 논의를 하라고 있는 곳이에요. 그 과정에서 의견을 조율하면서 고통스러운 합의 과정을 거쳐야 하는 거예요. 재정정책은 원래 머리가 아프고 아주 지난한 과정을 거쳐야 합니다. 골치 아픈 관료들 목소리 듣기 싫어 여야가 긴급재정명령을 히기 시작하면 결국 중독됩니다. 대한민국은 3류 국가가 되고 포퓰리즘의 온상이 되는 거죠."

재정은 관료와 정치 사이에 위치하고 있습니다. 확장 재정을 한다 해도, 어느 수준의 확장이 '적정선'이고 어떤 분야에 대한 지출이 '생산적'인지에 대한 기준을 정하는 몫은 관료가 아니라 정치에 있지 않나요.
"예산안은 관료가 짜지만 예산이 국회에서 논의돼 법률이 되니 정치의 역할이 중요하죠. 그리고 정치가 현장에 더 가까워요."

유권자들을 만나니까….
"관료보다 현장 목소리에 훨씬 민감하죠. 관료가 모든 걸 결정할 수는 없어요. 국가 거버넌스 차원에서 고민해 봐야 할 문제죠. 그러면 대통령의 역할은 어디까지인가라는 문제로 이어지는데, 저는 재정정책의 상당 부분에서 대통령의 톱다운이 필요하다고 생각해요. 보텀업bottom up(상향식)으로 관료가 가져온 안을 두고 복잡하다 생각해서 문제 제기 없이 의존할 수는 없다고 봐요. 관료는 현상을 관리하는 역할은 잘하지만 구조가 바뀌고 적극적인 역할을 해야 할 상황에서는 상대적으로 주저주저하죠. 그렇게까지 역동적으로 사고하는 훈련을 받지 않았기 때문입니다. 그건 정치 쪽에서 인풋input 할 수 있겠죠."

새로운 주류의 탄생

미증유, 충격, 공포

그가 공직 인생 말미에 경험한 코로나19는 미증유의 사태였다. 충격, 공포, 공황. 그가 사태를 복기하며 주로 쓴 단어다.

코로나19가 금융시장 붕괴까지 초래할 만한 위기였나요.
"대공황 일보직전까지 갔다는 말이 과장이 아니에요. 심정지 일보 직전까지 갔다니까요. 미국이 왜 우리를 포함해 9개국과 통화스와프$^{currency\ swap}$를 동시에 체결했을까요. 산타클로스도 아닌데. 그만한 공포가 있었기 때문이에요. 그 공포를 알아야 2020~2021년 역대급 정책 패키지를 내놓은 당국을 이해할 수 있습니다. 백신이 나와 V자 반등에 성공했으니 결과적으론 과잉 대응을 한 셈이 됐죠. 그런데 1년 만에 백신 나올 줄 누가 알았겠어요? 지금의 인플레이션은, 여러 요인이 있지만 위기 때 컴프레서^{compressor} 쓰듯 양적완화를 했는데도 잠잠하던 시장이 이제 와서 갑자기 튀어 오른 결과라 봐야죠."

미국 연방준비제도이사회FRB는 재무부 동의하에 회사채, 기업어음까지 전방위적으로 매입했습니다. 미 당국도 2008년 금융위기 이후 교훈을 얻은 건가요.
"2008~2009년에는 연준과 재무부가 많이 티격태격했죠. 의회는 의회대로 시급성을 이해하지 못했고 갈등도 첨예했고요. 2020년에는 빛의 속도로 합의했습니다. 과거 금융위기 당시 타이밍을 놓쳐 멀쩡한 기업 몇 개를 놓쳤다는 인식이 남아 있던 거죠. 초기에 시장의 우려를 압도할 만한 대규모 정책 패키지를 내놓는 게 더 싸게 든다는 행동 원칙을 배운 겁니다."

『격변과 균형』에 기재부가 "재정정책 논쟁에서 대체로 예산 기능에 몰두해 거시경제정책의 큰 틀에서 동 사안을 바라보고 외부와 소통하는 노력이 부족했다"라고 썼던데요.

"기재부에서 예산이 중요하죠. 다만 기재부는 부총리 부처예요. 예산뿐 아니라 거시경제, 정책 조율, 장기 전략도 담당합니다. 왜 다른 나라처럼 (국가채무비율) 90~100%로 갈 수 없는지, 왜 우리에게 국가 신용등급이 중요한지 등 차분히 설명하려는 노력이 필요하죠. '재정을 얼마 써서 위험하다'라는 말은 충실히 했지만, 그것만 갖고는 안 되거든요. 그 과정에서 '여기가 기재부 나라냐'(정세균 전 국무총리)라는 표현도 나왔는데, 의미 있는 문제 제기였다고 봐요. 저도 일원이었으니 자책과 반성을 한 거죠."

고물가는 하나의 일상어가 됐다. 체감경기는 한파에 가깝다. 넓은 렌즈로 보자. 모건스탠리 출신인 찰스 굿하트Charles Goodhart와 마노즈 프라단Manoj Pradhan은 『인구 대역전The Great Demographic Reversal』(2020)에서 향후 30년 이내에 인구구조 변화와 역세계화로 '장기 인플레이션'의 시대가 온다고 했다. 전후 베이비붐 세대의 등장 등 노동인구가 급증했고 여성의 노동시장 참여도 활발했다. 탈냉전 이후 저임금 노동시장을 갖춘 중국과 동유럽이 글로벌 자본주의에 편입됐

새로운 주류의 탄생

다. 이에 낮은 물가와 이자율이 유지됐다. 오늘날 중국은 초기 개발도상국이 아니다. 대다수 선진국은 고령화 압박에 직면했다. 그러면 물가는 올라간다. 김용범이 쓴 『격변과 균형』에도 찰스 굿하트와 마노즈 프라단의 핵심 논지가 소개돼 있다. 바이러스와는 별개로 우리는 완전히 다른 세계를 대비해야 하는가.

장기 인플레이션 시대에 접어든다는 주장을 비중 있게 소개했더군요.
"단기적으로는 팬데믹, 수요 팽창과 공급 교란, 에너지 가격, 임금인상, 우크라이나 전쟁 등 인플레이션이 고공행진 하는 큰 요인이 있잖아요. 거슬러 올라가면 최근 30년은 젊은 인구가 무한히 공급되던 세계화 시대였죠. 중국, 동유럽, 인도가 세계 교역 질서에 편입돼 경제학적으로는 총공급 곡선이 바깥으로 엄청나게 이동한 거예요. 지금은 세계화가 퇴조하고 한국을 포함해 인구가 고령화하고 있습니다. 노동 공급의 총량이 줄어드는 거죠. 최근 30년간 물건을 싸게 만들어서 디플레이션을 조성했던 트렌드가 구조적으로 바뀌고 있는 겁니다. 지금의 인플레이션에는 장기 추세 역시 밑에 좀 깔려 있는 것 같습니다."

시민 입장에서는 인플레이션이 뉴노멀New Normal인가요.
"그런 셈이죠. 세계적으로 공급망이 통일되지 않고 진영별로 나뉘고 있단 말이에요. 경제블록이 다시 등장한 겁니다. 그러면 가장 효율적일지라도 못 믿을 곳에 공장을 짓지도 않고 공급 계약도 맺지 않습니다. 물건 가격이 과거와 다를 수밖에 없죠. 우크라이나 전쟁은 언젠가 끝나겠지만 미·중 갈등은 한바탕으로 지나갈 것 같지 않잖아요. 이건 인플레이션(의 요인)이죠."

그렇다면 이제는 경제정책을 펼칠 때 양극화 해소를 주요 기준으로 고려해야 하나요.

"엄청나게 중요하죠. 양극화가 심한 나라는 수요 진작이 안 돼 경제성장이 어렵습니다. 너무나 명백해요. 이제는 경제관료도 공부해서 이 주제를 더 넓게 살펴야 해요. 양극화 탓에 힘든 사람들은 빚을 낼 게 아닙니까. 감당이 안 되면 또 위기가 오죠. 그러면 경제성장이 안 되잖아요. 최근 각국 중앙은행이나 IMF 총재 등의 연설을 보면 양극화라는 단어가 엄청나게 많이 등장해요. 마치 정치인처럼 말해요. 왜? 자기들이 편 정책이 양극화를 악화시켜 대중의 반발이 커진 이유도 있고, 또 자기들이 봐도 문제거든요. 양극화는 더는 (경제학) 변방에 있는 정치적 용어가 아니에요."

국가채무 비율은 국가부채가 GDP에서 차지하는 비율을 의미한다. 이론적으로는 부채는 그대로여도 GDP가 줄면 국가채무 비율은 높아진다. 그는 자신의 책에 로버트 실러Robert Shiller 예일대 교수의 주장을 이렇게 소개한다.

"실러는 예산을 펑펑 써서 국가채무 비율이 높아지기보다 경기침체로 분모인 GDP가 급격히 줄어들어서 국가채무 비율이 높아지는 역인과관계가 더 명백한 경우가 많다고 강조한다."

새로운 주류의 탄생

실러의 주장대로라면 위기 때는 재정투자를 해서라도 성장률을 유지하는 게 합리적이지 않습니까.

"그렇게도 볼 수 있죠. 구두쇠처럼 재정긴축을 해도 수요가 사라져 GDP가 줄면 결국 국가채무 비율이 올라가는 셈이죠. 분모GDP를 지키기 위해 막 쓰자는 건 아니지만, 성장이 꺼지지 않게 돈을 쓰는 건 의미 있는 지출이라는 뜻이죠. 도로 만들고 공장 짓는 것만 성장이 아닙니다. 소비 여력을 보충해 주는 것도 성장이죠. 많은 나라에서 국가채무 비율이 망가진 이유는, 물론 흥청망청 지출해서기도 하지만 GDP가 무너졌기 때문이에요. 전쟁이 터졌거나 스페인이나 그리스처럼 금융위기가 와서 마이너스 성장을 피하지 못해 국가채무 비율이 확 올라간 경우가 그렇죠. 국가채무 비율만 잘 관리하는 게 능사는 아니죠."

전략을 담당하는 부처의 숙명

금융위 부위원장 당시 가상자산 거래소 실명확인 입출금 서비스를 도입하는 정책을 고안했던데요.

"2017년 청와대에 정보 라인을 통해 가상화폐가 '바다이야기'처럼 큰 사회문제가 될 수 있다는 보고가 많이 올라갔어요. 이후 거래소 폐쇄 쪽으로 거의 결론이 났다더라고요. 그때 한 온건론자가 '폐쇄 전에 금융위와 과학기술정통부의 의견을 들어봐야 하는 게 아니냐'라고 했다고 해요. 주말에 대형 서점에 기시

닥치는 대로 책을 사고 (사토시 나카모토의) 논문도 읽었어요. 금융감독원을 포함해 이 문제에 관해 조금이라도 아는 사람을 모아 끝장 토론을 서너 차례 했어요. 들여다보니 급소를 찾았다는 생각이 들더라고요. 가상계좌(집금계좌)를 통해 거래한다는 거죠. 폐쇄 대신 실명 계좌로 거래하는 쪽으로 결론 내고 보고서를 써서 청와대에 파견 나가 있던 국장에게 보냈죠."

청와대 회의는 거래소 폐쇄로 잠정 결론이 나 있는 상태에서 열리기로 한 터였다. 한데 금융위가 '유지안'을 가져갔으니 회의 분위기가 어땠을지는 쉬이 짐작이 간다. 심상치 않은 분위기를 읽은 건 청와대에 파견된 국장이었다.

"회의에 가보니 국장이 보고서를 인쇄하지 않았다는 거예요. 일이 잘 안되면 나중에 책임질 수 있으니 기록 남기지 말라는 거지. 결국 내가 가져간 보고서를 5분간 읽었는데, (청와대 수석들이) 갑론을박했죠. '거래가 얼마나 줄어드나'라고 묻기에 '몇 퍼센트라고 말은 못 하겠는데, 30년 금융 경험상 상당한 효과가 있을 것으로 본다. 내 감으로는 어디로 치고 들어가야 하는지 파악한 것 같다'라고 했죠. 나중에는 버럭 화를 내더라고요. 이 안을 왜 이제 가져왔냐고.(웃음) 이틀 지나 (윗선에) 우리 안이 보고됐다고 하더라고요. 그리고 2017년 12월 28일에 발표된 겁니다."

그 뒤 가상자산 거래량이 크게 줄었습니다. 그만큼 '검은 자금'이 많았

새로운 주류의 탄생

다는 의미입니까.

"안 그러면 이상한 거 아닌가요? 혼자 수십 개 계좌를 만들 수 있는데. 코스닥 육성 방안, 안심전환대출 등 큰 히트를 친 정책을 많이 냈지만, 이번처럼 극적으로 효과가 나는 경우는 처음 봤어요. 정부가 우리 일이 아니라고 가만히 두면 그렇게 검은돈이 들어오는 거예요. 마치 서부 개척 시대에 '와일드 와일드 웨스트'처럼 되는 거죠."

나와서 관료 사회를 보니 어떤가요.

"편한 구간은 지나왔고 앞으로는 험로죠. 난제들이 많아서 그 일을 계속해야 하는 사람들에 대해서는 애잔함이 있어요. 지금은 구조적 전환기잖아요. 그간 쓴 정책과 접근법의 설명력이 유효하지 않다는 생각을 해야 합니다. 공무원 조직에도 여건이 마련돼야죠. 공무원 생활하면서 점심 먹고 1시 반까지 들어오라는 것만큼 말이 안 되는 규정이 없다고 생각했어요. 그 시간에 민간을 만나 홍보도 하고 아이디어도 듣거든요. 제가 했던 정책의 90%는 남과 이야기를 통해 얻은 영감에서 나왔어요. 관료 조직이 다양한 의견을 듣는 메커니즘을 갖춰야 합니다. 세종시에 있어 민간과의 교류가 줄어든 탓도 있죠. 매주 정해진 일을 하면 평균은 가죠. 열심히 일한다는 자기만족도 들고. 그렇지만 바뀐 구조를 볼 수가 없어요. 적어도 전략을 담당하는 부처는 달라야 하지 않을까요?"

"한국의
좌·우파 공히
미국을
너무 몰라요"

밖에서
한국을 보는
석학
신기욱

신기욱 스탠퍼드대 사회학과 교수·아시아태평양 연구소장은 스물두 살 때 한국을 떠났다. 이후 세계적 사회학자 반열에 올랐다. 그가 쓴 『Ethnic Nationalism in Korea: Genealogy, Politics, and Legacy』(2006)는 김호기 연세대 사회학과 교수의 표현대로라면 "다른 나라 언어로 쓰인 우리 사회에 대한 가장 탁월한 저작"으로 꼽힌다. 주 전공은 역사사회학·정치사회학이지만 국제관계에도 정통하다. 미국 및 유럽 유수 언론이 즐겨 인용하는 '한반도 전문가'다.

방한한 그를 2023년 6월 7일에 만났다. 2시간 동안 대화하며 떠올린 단어는 '바깥'이다. 마침 그가 1년간 《신동아》(2022년 5월 호~2023년 4월 호)에 연재한 칼럼이 '신기욱의 밖에서 본 한반도'였다. 내부 시각

신기욱 ─────────────────────────────
1961년 출생 • 미국 워싱턴대 사회학 박사 • 미국 아이오와대 교수 • 미국 UCLA 교수 • 미국 스탠퍼드대 사회학과 교수 및 아시아 태평양 연구소장

에 갇힌 한반도론을 확장하자는 취지였다. 그는 터전인 미국도 바깥의
시선으로 본다. 그의 자택은 실리콘밸리의 중심인 캘리포니아 팰로앨
토에 있다. 미국서도 집값이 비싼 지역이다. '이너서클'의 논리에 젖어
들 법한데 균형감을 유지한다.

반미反美를 주창하는 건 아니다. 당위보다 현실을 살피자는 목소리
를 낼 뿐이다. 한국의 좌파는 미국을 악의 본산이자 음모의 주체로 보
는 경향이 짙다. 반대로 우파에게 미국은 존숭尊崇의 대상이거나 준거
점이다. 광화문광장에서 좌파는 '미 제국주의 타도'를 외치고 우파는
성조기와 태극기를 양손에 쥐고 흔든다. 오래 묵은 이분법 사이엔 바
늘 하나 넣을 틈도 없어 보인다. 40년 넘게 미국에 살고 있는 그는 이
렇게 말했다.

> "한국의 좌·우파 공히 미국을 너무 몰라요. 미국은 제국주의 국
> 가입니다. 미국이 절대 악이라는 얘기는 아니에요. 세계가 결
> 국 제국에 의해 운영된다면, 나는 그래도 중국보다는 미국이 낫
> 다고 보는 사람이에요. 하지만 미국이 제국주의 국가라는 점을
> 잊으면 안 되죠. 미국은 인플레이션 감축법IRA이나 반도체지원
> 법Chips Act을 통해 자신들이 가는 길로 한국보고 오라는 게 아닙
> 니까. 철저히 이익을 중시하는 국가죠."

그는 "미국이 하라고 무조건 다 할 건 아니다"라는 표현도 썼다. 미
국이 국익을 우선하듯 한국도 국익 차원에서 아닌 건 아니라고 말할
수 있어야 한다는 것이다.

미국이 타도의 대상도 아니고 찬양의 대상도 아니라는 뜻 같습니다.

"그렇죠. 한국이 실리를 취해야죠. 인도는 '비동맹'의 전통이 있어서 그런지 '쿼드Quad(미국, 호주, 인도, 일본 4개국 안보협의체)'에 참여하면서도 미국 쪽으로 확 쏠리지는 않아요. 역사가 있고 큰 나라이기도 하니 미국이 무시하지 못하죠."

한국에 미국 유학파가 그렇게 많은데도 미국을 모른다는 겁니까.

"저는 미국에서 교수로 오래 일하면서 학교가 돌아가는 사정을 경험했지만, 유학 온 대학원생 처지에서는 볼 수 있는 게 한계가 있어요. 한국에서 미국을 안다고 하는 사람 중에도 그런 경우가 많죠. 자칫 섣부른 '미국론'을 펼 수 있어요. 미국서 안 좋은 경험을 하면 반미가 되고, 좋은 경험을 하면 친미가 되는 식이죠."

윤석열 정부는 한미동맹을 근간으로 한미일 삼각관계를 공고화하는 데 주안점을 두고 있는데요.

"방향 설정은 잘했다고 봐요. 이제 남은 과제는 중국과 러시아를 어떻게 할 것이냐인데, 중국 문제를 빨리 풀어야 할 거예요. 계속 이렇게 갈 수는 없죠."

일각에서는 중국이 과거 '사드 사태' 때처럼 보복에 나설 가능성을 우려하는데요.

"중국 측과 얘기해 보면, 그때 자기네가 오버했다는 생각도 하더라고요. 중국 처지에서도 한국이 중요합니다. 쉽게 포기하기

새로운 주류의 탄생

는 어려워요. 한국이 완전히 미국 쪽으로 가는 걸 원치 않죠. 저는 한미 정상회담 이후 진행한 인터뷰에서 '(윤석열 대통령이) 이제는 베이징과 모스크바에도 가야 한다'라고 했어요. 중국과 러시아가 쉽게 받아들일지는 모르겠지만, 성사시키는 게 외교력이죠. 미국·일본과만 함께하고 중국·러시아는 뺀다? 위험하죠."

한일 정상회담을 두고 이재명 더불어민주당 대표는 "퍼주기 굴욕외교"라는 표현을 쓰면서 "일본의 독도 침탈에 대해서도 한마디 언급을 못 했고, 우리의 외교적·군사적 자주권을 인도태평양전략에 종속시켰다는 지적까지 나오고 있다"라고 했습니다.

"동의하지 않아요. 문재인 정부의 가장 큰 외교 실패가 대일관계입니다. 어떻게 보면 (윤 대통령이) 국내 여론의 역풍을 맞으면서 일본과 관계를 개선했잖아요. 높이 평가해야 한다고 봐요. 2023년 3월 말쯤 일본에 갔을 때 윤 대통령이 어렵게 일본까지 왔는데, 일본 측에서도 반응을 보여야 하지 않겠느냐, 이 기회를 놓치면 안 된다고 얘기했어요. (다만) 일본은 자민당 1당 체제다 보니 정책에서 나름대로 연속성이 있잖아요. 일본은 한국의 정권이 교체되면 또 태도가 바뀔 수도 있다고 생각해서인지 주저함이 있더라고요. 그렇다고 일본과 계속 적대적 관계로 갈 수는 없는 일이죠."

기시다 후미오 총리의 방한 행보는 어떻게 평가합니까.
"물론 아쉬운 부분이 있죠. 그럼에도 어쨌든 '위안부 합의'를 깬

건 한국이잖아요. (식민 지배의) 원죄는 일본에 있지만, '위안부 합의'도 현실적으로 (2015년 합의) 그 이상도 어려워요. 일본 처지에서는 '한국을 믿을 수 있느냐'는 의구심이 드는 거죠. 우리가 볼 때는 아쉽지만 어쩌겠어요. 100% 만족할 수는 없으니 그렇게 해서 가야지."

윤석열 대통령과 조 바이든 미국 대통령은 2023년 4월 26일(현지 시간) 백악관에서 열린 한미 정상회담을 통해 '워싱턴 선언'을 발표했다. 이를 통해 핵 자산과 전략자산 운용에 대해 정례적으로 논하는 '핵협의그룹Nuclear Consultative Group, NCG'을 신설키로 했다. 핵 공유를 기대한 한국 정부와 이에 부정적인 미국 정부가 나름대로 절충해 고안한 결과물이다. 실효성을 두고는 이견이 있다. 미국 측의 입장도 비교적 분명하다. 에드가드 케이건Edgard Kagan 백악관 국가안보회의NSC 동아시아·오세아니아 담당 선임 보좌관은 2023년 4월 27일(현지 시간) 워싱턴 특파원 대상 간담회에서 "직설적으로 말하자면 '사실상의 핵 공유'라고 보지 않는다"라고 말했다. 미국에 사는 한국 출신 지식인의 진단을 들어볼 필요가 있다.

핵협의그룹은 북한 핵·미사일 위협에 맞서 한미 간 확장억제를 강화하는 데 목적이 있습니다.

"핵협의그룹의 실체가 불분명해요. 상징적 의미는 있을지 모르지만 실질적으로 뭘 하겠어요? 결국은 미국 주도잖아요. 핵 협의를 하겠다면서 한국이 핵무장 하지 않겠다는 약속을 받아낸

거니까 실리로 따지면 미국이 더 이익을 봤죠."

정부는 '사실상 핵 공유'라고 표현했는데요.
"미국은 절대 핵 공유를 하지 않아요. '나토식 핵 공유'라는 것도 엄밀히 따지면 미국이 핵을 공유하는 개념은 아닙니다. 결정권은 미국이 갖고 있죠. '사실상의 핵 공유'는 (정부 측의) 대국민 레토릭rhetoric이죠."

한국에서 핵무장론이 이만큼 강한 적이 있나 싶습니다. 과거에는 진보가 핵무장에 비판적이었는데, 한미 정상회담을 전후해서는 야당 쪽에서 핵무장 가능성을 포기했다는 비판이 나왔고요.
"두 가지 이유라고 봐요. 하나는 북핵 위협이 여전하기 때문이고, 다른 하나는 과연 미국을 믿을 수 있느냐는 정서 때문이겠죠. 야당 쪽 논리는 미국을 믿을 수 없는 상태에서 핵을 포기하는 건 바보가 아니냐는 것이겠지. 현실적으로 핵무장은 어렵죠. 다만 내가 외교 당국자라면 (핵무장론을) 레버리지로 써서 미국과 딜을 했을 거예요."

이미 핵협의그룹 창설을 위해 써버렸으니 더 쓸 수 없는 카드 아닌가요.
"그렇죠. 어떻게 보면 너무 쉽게 쓴 거죠. 윤 대통령의 방미 과정을 보면, 상징적인 면에서는 잘했는데 실리 면에서는 아쉬운 부분이 있어요. 일단 포석을 잘 두고 실리를 조금씩 찾아가겠디고

할 수는 있는데, 핵 문제도 그렇고 인플레이션 감축법이나 반도체지원법에서도 그렇고 우리가 얻은 게 없어요. 물론 외교에서는 정상 간의 '케미'가 중요한데, 윤 대통령이 바이든 대통령과 노래도 하고 의회 연설도 하면서 이미지를 개선한 효과는 냈죠. 문재인 전 대통령은 샤이했는데, 윤 대통령은 그에 비하면 훨씬 친화력이 좋은 것 같아요."

민주주의의 모험

그의 두 번째 한국어 저서 『민주주의의 모험』(2023)에는 '중국은 미국을 추월하지 못한다'라는 제목의 챕터가 있다. 본문에는 "우리 세대에는 중국이 미국 넘지 못할 것"이라는 표현도 나온다. 미·중 경쟁의 무게추가 이미 기울었다는 얘기다. 단호하되 논쟁적이다. 그의 입을 통해 근거를 들어볼 필요가 있다.

중국이 미국을 제칠 수 없다고 단언한 근거가 뭡니까.
"군사력과 경제력도 살펴야 하지만, 중국의 엘리트가 미래를 어떻게 보느냐가 더 중요해요. 그간 중국 출신의 성공한 비즈니스맨을 많이 만났는데, 공개적으로는 아니지만 이렇게 얘기해요. '시진핑이 있는 한 중국에 미래는 없다'고. 실제로 부를 축적한 중국의 상류층이 내가 사는 팰로알토 등에 집을 많이 샀어요. 이들을 미국에서는 '리치 만다린Rich Mandarins'이라고 합니다. 자

새로운 주류의 탄생

녀들도 모두 미국으로 이주했고요. 유사시를 대비하는 거죠."

한국의 젊은 세대에서 반중 정서가 도드라지는 건 어떻게 보나요.
"반중 정서가 한국만의 문제는 아니에요. 미국, 유럽, 일본 등 선진국에서 공히 나타납니다. 다만 한국의 특징은 20·30 세대에서 반중 정서가 강하다는 점이죠. 대부분의 나라에서는 나이 든 세대에서 반중 정서가 강한데, 특이한 점이죠. 민주주의 체제에서 자란 세대라 그런지 티베트, 신장, 홍콩 문제 등에서 보이는 중국의 권위주의 체제에 반감이 큰 것 같아요. 민주주의 체제에서 자랐으니 자신들이 당연하게 생각하는 가치와 현재 중국의 모습 간에 괴리가 있는 거죠. '중국 악마화'는 문제가 있지만, 젊은 세대가 중국의 권위주의 체제에 문제의식을 갖는 건 좋다고 봐요."

시진핑 중국 국가주석이 5년 안에 대만에 군사 조치를 취할 수 있다고 주장한 적이 있더군요. 여전히 한국에서는 '중국이 설마 대만을 침공하겠나' 하는 인식이 있는 게 사실인데요.
"이번에 한국에 오기 전에 대만에 들렀어요. 대만에도 두 그룹이 있더라고요. 한 그룹은 마치 우리가 북한과 대치하면서도 잘 살아왔듯이 '설마 그런 일이 있겠느냐'는 쪽이에요. 다른 한 그룹은 2024년 1월 열리는 총통 선거가 중요하다고 봐요. 민진당이 재집권하면 (중국의 대만 침공 가능성이) 크지 않겠느냐는 거죠.[12] 푸틴을 두고도 설마 우크라이나를 침공하겠나 했지만 결국 단행했잖아요. 푸틴이나 시진핑은 역사적 레거시를 남기고 싶어 합니다."

시진핑의 캐릭터가 전쟁 가능성을 더 높인다는 뜻인가요.

"시진핑은 국제적으로 비판 여론이 큰데도 '홍콩의 중국화'를 밀어붙였잖아요. 또 고려할 변수는 중국 내부의 견제와 균형이 깨졌다는 점이죠. 견제와 균형이 있으면 시진핑이 원한다 해도 (대만 침공을) 막을 수 있는데, 그 시스템이 다 무너졌잖아요."

중국이 대만 침공을 강행하면 한국은 어떤 선택을 해야 합니까. 미국이 지원하는 대만 편에 서야 할지, 중국과 관계를 고려해 모호한 태도를 보여야 할지 딜레마가 생기는데요.

"중국이 대만에 들어가면 북한이 전면전은 아니더라도 국지전 정도는 할 가능성이 높을 겁니다. 저는 그래서 현 정부가 미국·일본과 관계를 다지는 이유에 그런 배경도 있다고 봐요. 신냉전 구도로 가는 건 막아야겠지만, 중국이 대만을 침공하고 북한이 무력행사에 나서면 (동아시아에) 두 개의 전선이 형성돼요. 그럴 경우 한국이 전략적 모호성을 취할 수는 없죠. 그렇다고 해서 한국이 대만에 군사를 보낼 건 아니겠지만, 일단 미국·일본과 함께 가야죠. 사실 우크라이나 전쟁은 유럽에는 영향을 미쳤지만

---

12 1월 13일(현지 시간) 열린 대만의 제16대 총통선거에서 라이칭더賴淸德 민진당 후보는 40.1%를 얻어 33.49%에 그친 허우유이侯友宜 국민당 후보를 눌렀다. 이로써 민진당은 세 번 연속으로 총통을 배출하게 됐다.

미국에는 별다른 영향이 없었어요. 한국도 영향을 받긴 했는데 아주 크게 받은 건 아니죠. 동북아시아에서 마지막 전쟁이 치러진 해가 1953년이에요. 한국전쟁이죠. 이후 70년 넘는 평화 속에서 동북아가 성장한 거예요. 그런데 동북아에서 다시 무력 충돌이 발발하면 미국은 물론 아시아 전체에 엄청난 파장이 생깁니다."

미국 하버드대 교수인 정치학자 스티븐 레비츠키Steven Levitsky와 대니얼 지블랫Daniel Ziblatt은 민주주의 연구의 권위자다. 두 사람은 포퓰리스트가 어떤 조건에서 잉태하는지, 또 선출된 권력이 '합법'이라는 외피로 어떻게 민주주의를 파괴하는지 면밀히 연구했다. 인종이 패턴을 보기 위한 작업이다. 그 결과가 담긴 책이 2018년 미국서 출간된 『어떻게 민주주의는 무너지는가How Democracies Die』다. 책의 토대는 이들이 《뉴욕타임스》에 쓴 칼럼 '트럼프는 민주주의에 위협이 되는가?'다.

레비츠키와 지블랫은 민주주의가 제대로 작동하려면 상호 관용mutual tolerance과 제도적 자제institutional forbearance가 필요하다고 말한다. 상대를 적이 아닌 경쟁자로 존중하고, 제도상 용인된 권한이라해도 자제 혹은 절제해야 한다는 뜻이다. 두 요소는 선순환한다. 이들의 눈에 2016년 도널드 트럼프의 미국 대통령 당선은 이 두 가지 규범이 붕괴해 버린 결과다. 결국 민주주의를 지키는 건 성문화되지 않은 규범이다. 균형과 견제를 바탕에 둬 세계적으로도 우수하다는 평가를 받는 미국 헌법도 트럼프의 출현을 막지 못했다.

신기욱 역시 『어떻게 민주주의는 무너지는가』의 주된 논지를 소개하면서 상호존중과 권력의 절제가 민주주의의 규범이라고 강조한다. 다수결을 명분 삼아 형식적으로만 법을 지킨다 해서 민주주의가 구현되는 건 아니다. 머릿수는 다수주의의 연료일 수는 있어도 민주주의의 동력일 수는 없다. 증오와 대립은 그 자체로 민주주의의 적이다. 문재인 정부 시절의 그가 "한국은 불행하게도 과거 민주화운동을 한 세력에 의해 민주주의가 후퇴하는 아이러니가 발생했다"라고 지적한 이유다. 다시 그와의 대화로 돌아간다.

새로운 주류의 탄생

다수주의와 민주주의는 다르다

운동권 세력이 다수주의와 민주주의를 혼동했기 때문이라고 지적해 왔습니다. 정권을 잃은 민주당은 여전히 다수주의 행태를 보이는데요.

"두 달 전 《워싱턴포스트The Washington Post》 기자와 인터뷰하다가 제가 '룰링 파티ruling party'라는 표현을 썼어요. 저는 당연히 여당이라 생각하고 썼는데, 기자는 야당으로 알아들었더라고요. (한국에서) 야당이 (국회를) 장악하고 있으니 그렇게 생각한 거죠. 정권이 교체됐지만 민주당이 입법부를 장악해 다수결로 밀어붙이고 대통령은 거부권을 행사하는 식이니 그게(다수주의가) 맞죠."

운동권 세력이 민주화운동 과정에서 민주주의를 제대로 학습하지 못했다는 진단이 제법 오래됐습니다. 운동권적 습성이 잘 사라지지 않는다면 세력 교체밖에 답이 없지 않나요.

"86세대가 60대 전후니까 자연 소멸되겠죠. 가도 얼마를 더 가겠어요? 처음엔 군인이 권력을 잡았고, 다음은 운동권이 잡았다가, 다소 조심스럽지만 이제는 검찰이 잡았잖아요. 한국에서 가장 배타적 결속력이 강한 집단들이죠. 군인이 가장 오래갔고, 운동권은 그에 비해 짧았어요. 검찰은 더 짧겠죠. 운동권은 군사정권과 싸워야 해서 조직 자체가 권위주의적이었죠. 물론 운동권을 군사정권에 비교할 수는 없지만 배타성이 (권력 운용 과정에서) 나타났던 거죠. 한국에서 자유 얘기를 많이 하잖아요. '국제 자유연대' 얘기도 하고, 규제 완화처럼 시장친화적인 얘기도 하고. 그런데 아직 한국에서 리버럴리즘에 대한 이해가 없는 것 같아요. 군인-운동권-검찰은 조직을 중시하지만 자유주의에서는 개인의 자율성이 중요합니다."

민주적 정신과 규범을 강조해왔는데요. 정권이 교체됐지만 별반 달라진 건 없어 보입니다. 윤 대통령은 이재명 대표를 만나지 않는 등 야당과 대립 전선을 형성하는 모양새이고요.

"저는 그건 잘못됐다고 봐요. 대통령이 야당 대표를 만나야죠. 물론 이 대표가 사법 처리 과정에 있지만 아직 혐의가 확정된 건 아니잖아요. 수사는 수사고 정치는 정치죠. 그리고 어쨌든 대선에서 거의 비슷한 수의 국민이 윤 대통령과 이 대표 양쪽에 투표한 거 아니에요? 대통령은 야당 대표를 만나지 않고 야당 대표는 계속 싸움만 하는데, 둘 다 관용과 절제의 정신이 없는 거죠. 둘 다 문제에요. 한국에 와서 어제 누구를 만났더니 '대한민국이 피크peak를 지나는 게 아니냐'고 하더라고요. 일본이 1990년대에 피크를 지나 쭉 가라앉고 있는데, 일본은 그래도 과거에 거의 미국을 추월할 정도의 경제력이 있어 서서히 침체했어요. 한국은 (침체 과정이) 더 심하지 않을까 우려스럽죠."

그러다 보니 지금은 무조건 거부권만 행사하는 대통령제가 돼버렸습니다.

"그러니까요. 야당은 다수를 앞세워 입법에 나서고, 대통령은 거기에 거부권을 행사하고요. 결국은 일을 해야 하는 입장인 대통령에게 손해 아닌가요?"

미국도 강력한 양당 체제이긴 하지만 외교안보나 과학기술에 있어서는 양당 사이에 공유지대가 있습니다. 국익의 차원에서까지 정쟁을 벌이진 않는 거죠. 한국에서는 왜 그런 모습이 나타나지 않을까요.

"두 가지 이유로 봐요. 하나는, 미국은 결국 제국을 운영해야 하는 국가라는 점입니다. 그렇다 보니 엘리트 사이에서도 어느 정도 공유지대가 있어요. 다른 하나는, 같은 양당 체제이긴 하지만 미국의 정당체제가 훨씬 제도화가 잘 돼 있습니다. 민주당과 공화당의 역사가 오래됐어요. 한국은 계속 바뀌잖아요. 그 사람이 그 사람이긴 하지만, 어쨌든 당 이름은 계속 바뀌는 거죠. 지금의 윤석열 대통령 역시 정치적인 경험이 짧은데도 불구하고 여당을 결국 자기 당으로 만들려고 한 것 아니에요? 이재명 대표도 마찬가지죠. 말하자면 한국에서는 당이 리더를 배출하기보다, 리더가 당을 만드는 식이죠."

최근 횡행하는 팬덤 정치를 보면 제도화의 길은 더 요원해진 느낌인데요.

"그래서 저는 결국 한국도 내각제로 가야 하지 않겠느냐 생각해요. 지금은 대통령이 잘못해도 국회가 탄핵하지 않으면 5년 임기를 그대로 가야 하고, 또 여소야대 하에서는 국정운영이 어렵죠. 내각제에서는 다수당이 정권을 운영하다가 상황에 따라 다시 선거를 치르는 등 대통령제보다는 유연성이 커요. 일을 잘하면 독일의 앙겔라 메르켈처럼 오래 집권할 수 있고, 못 하면 금방 그만두는 거고. 개인의 카리스마보다 연립정부coalition에 의해 국정이 운영되니 한국도 고민해볼 필요가 있죠. 사실 대통령제를 하는 민주주의 국가가 별로 없어요. 미국은 주 정부의 자치가 강하기 때문에 독특한 경우죠. 프랑스도 순수한 대통령제가 아니고요. 총통제가 있는 대만 정도가 한국과 비슷합니다."

양당 체제를 극복하기 위해 중도적인 입장을 취하는 제3당이 필요하다고 주장하는 사람도 많습니다.

"필요성은 있죠. 다만 현실적으로 아직은 성공한 사례가 없잖아요. 내각제를 하면 자연스럽게 다당제로 가겠죠. 일본은 내각제를 하면서 자민당이 주도하는 체제라 특수한 사례인데, 자민당도 매번 과반 의석을 얻는 게 아니어서 작은 정당과도 연립정부를 합니다. 한국에서는 1960년 4·19 혁명 직후 내각제로 출범한 장면 내각에 대한 기억이 별로 좋지 않으니 내각제를 말하면 '단명短命으로 끝난다'는 인식이 강한 것 같아요. 글쎄요. 이제 한국 정도의 경제력과 민주주의 경험을 갖춘 나라라면 충분히 할 만하다고 보는데…."

그와 처음 인연을 맺은 건 2019년 초다. 스탠퍼드대 홈페이지에 있는 그의 이메일 주소로 연락해 '집권 3년 차 문재인 정부에 건네는 제언'을 주제로 글을 청탁했다. 그는 2주 만에 보내온 글에서 "문재인 정부가 집권 기간 내내 과거와 싸우면서 포퓰리즘의 유혹을 견디지 못하면 사회 분열과 대립만 커지고 경제는 파탄 날 것"이라고 썼다. 이후 포퓰리즘의 부상을 경고하는 글을 몇 차례 더 보내왔다. 얀 베르너 뮐러Jan-Werner Müller가 쓴 『누가 포퓰리스트인가What is Populism?』(2016)를 빌려 2-1세기 포퓰리즘의 특징을 반反엘리트주의와 반反다원주의로 규정했다.

문빠, 개딸, 박사모, 태극기부대 등이 포퓰리즘의 전형이라고 했습니다. 이중 최근 영향력이 큰 집단이 이재명 민주당 대표의 열성 지지층인 '개딸'입니다. 포퓰리즘의 대표 사례인 '트럼피즘Trumpism'과 비교하면 어떤가요.

"트럼피즘은 그 나름대로 '아메리칸 퍼스트'(미국 우선주의) 등 이념적인 바탕이 있어요. 세련되지도 않고 제가 동의하지도 않지만 그 이념적 바탕은 상당히 넓습니다. 트럼피즘이 등장한 맥락과 배경이 있고, 이를 포착해 정치적으로 구현한 인물이 도널드 트럼프고요. 정치적인 맥락이 있던 겁니다. 그래서 저는 '트럼프가 사라져도 트럼피즘이 사라지지는 않을 것'이라고 말해왔어요. 스탈린 이후에 리틀 스탈린이 나왔듯 트럼프가 없어도 리틀 트럼프가 나타날 수 있죠. 과연 '개딸'에 트럼피즘에 필적하는 이념적 바탕이 있을까. 잘 모르겠어요. 외려 소수의 과격한 팬덤처럼 보여요. 트럼피즘과는 다르죠."

기소된 트럼프가 2024년 11월에 치러지는 대선에 나올 수 있을까요.

"스탠퍼드대 동료인 프랜시스 후쿠야마 교수와도 얘기했지만, 저는 트럼프와 바이든의 '리턴 매치' 가능성이 있다고 봐요. 내년 대선까지 트럼프에 대한 사법 절차가 끝나지 않을 거예요. 공화당의 고민도 거기에 있겠죠. 한국에서도 당심이니 민심이니 얘기를 하잖아요. 트럼프가 대선에서 중도층을 끌어오는 데는 한계가 있을지 모르지만 공화당 내에는 여전히 트럼피즘의 영향력이 남아 있어요. 공화당 후보로 지명될 가능성이 크죠."

트럼프와 바이든의 '리턴 매치' 결과는 어떻게 전망하나요.

"모르겠어요. 2020년 초만 해도 미국에서는 트럼프가 재선한다고 봤어요. 팬데믹이 없었으면 트럼프가 바이든을 쉽게 이겼을 겁니다. 그런 상황에서조차 바이든이 트럼프를 가까스로 이겼잖아요. 다음 선거도 박빙 구도가 되지 않을까 싶어요."

트럼프가 다시 대통령이 되면 한국으로서는 외교 전략을 재설정할 필요성이 생기지 않겠습니까.

"그렇죠. 내가 그런 이야기도 했다고요. 한국에서 쓸데없이 트럼프를 자극하는 말을 쓰지 말라고. 뒤끝이 긴 사람이니까.(웃음) 론 디샌티스Ron DeSantis(플로리다 주지사)가 거론되지만, 아는 사람들 얘기를 들어보면 트럼프에 비해 약하다고 해요. 공화당에 트럼프에 대항할 사람이 마땅치 않아요."

밖에서 본 한반도

　그는 워싱턴대에서 석·박사학위를 받고 1991년 아이오와대에 임용
됐다. 이후 1994년 UCLA(캘리포니아대 LA캠퍼스)로 옮겼다가 2001년
스탠퍼드대에 자리를 잡았다. 2005년부터 현재까지 스탠퍼드대 아시
아태평양 연구소Shorenstein Asia-Pacific Research Center를 장기간 이끌고
있다. 화려한 이력이지만, 미국서 몇 년 일하다 한국 대학으로 옮기는
경우가 많다는 점을 고려하면 이례적이기도 하다. 미국 문화가 더 익
숙했을 성장 환경 같지도 않다. 경기 부천시 출신이고 인천에 있는 부
평고를 다녔으며 연세대 사회학과를 졸업했다.

　왜 미국을 택했습니까. 그리고 왜 미국에 남았습니까.
　"처음에는 독일로 유학 가려 했어요. 당시만 해도 반미反美 정서
가 조금 있었고, 카를 마르크스나 막스 베버 모두 독일 사람이기
도 했으니까요. 그러다 아버지가 '그래도 미국을 가야 한다' 해
서 미국을 택했죠. 미국에 남을 생각은 없었어요. 졸업하면 한
국에 돌아오려 했는데, 미국 친구들이 잡 마켓job market에 나가
기에 저도 시험 삼아 지원했다가 아이오와대에 자리를 잡았어
요. 2년쯤 있다가 UCLA에서 한국학센터를 만든다고 해서 옮겼
고요. 거기에서 테뉴어Tenure(종신보장)를 받았죠. 제가 애가 셋이
에요. 애들도 크니까 고민을 많이 했어요. 한국에 가려면 그때쯤
가야 했으니까. 그러다 스탠퍼드대에서 한국학 프로그램을 만들
려고 하는데 관심이 있느냐고 해서 인터뷰를 했고 임용 제안을

받았어요. 결국 스탠퍼드대로 갔고 후에 아시아태평양 연구소도 맡으면서 미국에 남게 된 거죠. 처음부터 계획한 건 아니에요."

박사 논문 주제는 '일제시대의 농민운동'인데, 석사 때는 연구 관심사가 달랐더군요.
"제가 수학을 잘하는 편이었어요. 통계 기법을 활용해 73개국의 정치체제와 경제발전의 상관관계를 분석한 석사 논문을 썼습니다. 쓰고 나니 스스로가 확신이 생기지 않았어요. 원하는 공부를 제대로 하겠다고 생각해 역사사회학으로 전공을 바꿨어요. 훨씬 힘든 길을 택한 셈이죠. 논문에 써야 하는 영어도 더 어렵고, 읽을 자료는 훨씬 많았으니. 그래도 잘 바꿨다고 생각해요."

만약 통계를 활용하는 연구자로 계속 나아갔다면 한국학을 할 기회는….
"없었겠죠."

역사와 관련해 최근 진행 중인 연구는 무엇인가요.
"일본과 호주, 인도, 중국 네 나라를 역사적 맥락에서 비교하는 책 집필이 거의 끝나가요. 영어로 쓰는데, 수십 년의 변화상을 비교하는 것이니 역사적 접근이죠. 일본은 쉽게 말하면 '홈그라운드 탤런트home ground talent'가 강했어요. 도쿄대의 컴퓨터공학부 교수는 전부 다 일본에서 박사학위를 했어요. 외국 박사 프리미엄이 없어요. 일본은 '홈그라운드 탤런트'를 활용해 성장한 거

새로운 주류의 탄생

예요. 호주는 반대예요. '포레인 탤런트foreign talent'죠. 호주는 외국인 인력이 없으면 나라가 어려워요. 중국과 인도가 비슷한 경우라 예상했죠. 두 나라 공히 두뇌 유출brain drain이 일어나는 곳으로 알려졌으니까. 연구하다 보니 다르더군요. 중국은 유출된 인재를 다시 데려왔어요. '브레인 서큘레이션brain circulation'이죠. 인도에서 유출된 인재는 대부분 미국에 남아서 굉장히 높은 위치에 올라갔습니다. 저는 그걸 '브레인 링키지brain linkage'라고 표현해요. 미국에 있으면서도 인도와 교류를 많이 하죠."

한국은 4개 모델 중 무엇에 가까운가. 아니, 무엇을 지향해야 하는가. 그와 인터뷰를 마치면서 문득 그런 생각을 했다. 저출산·고령화에 따른 생산 인구 감소로 국가적 활력이 떨어지고 있다. 세계적으로도 희귀한 사례다. 뉴욕타임스NYT 칼럼니스트 로스 다우서트Ross Douthat는 2023년 12월 2일 〈한국은 소멸하는가Is South Korea Disappearing?〉라는 칼럼을 쓰기도 했다. 그에 따르면 한국과 같은 인구 감소는 "14세기 흑사병이 유럽에 몰고 온 인구 감소를 능가"한다. 성장이 아니라 생존을 위해서라도 좀 더 유연한 접근법이 필요한 시점이다. 내부 시각에 갇힌 한반도론은 수명을 다했다. 바깥에서 한반도를 바라보는 신기욱의 목소리가 더 널따랗게 퍼져야 하는 이유다.

"모든 독재는
적과
아군을
나누는 데서
시작합니다"

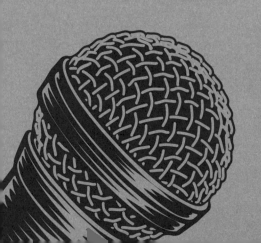

민주적
좌파
임지현

2020년 8월 6일 오후 3시. 장대비가 오락가락하는 짓궂은 날씨였다. 서울 마포구 서강대 캠퍼스는 무거운 구름 밑에 있었다. 코로나19에 수마水魔가 고약하게 뒤엉켜 캠퍼스의 활력을 앗아 가버린 듯했다. '김대건관'에는 정적이 흘렀다. 트랜스내셔널 인문학연구소는 518호에 있었다. 인문학은 제국도, 민족도 아닌 인류를 향해 열려 있어야 한다는 게 연구소의 비전이라고 했다. 그곳에는 자주나 통일 따위의 단어가 비집고 들어갈 틈이 없어 보였다.

소장인 임지현 사학과 교수는 손때 묻은 몇 권의 책을 쥔 채 나를 맞았다. 그와 86(1980년대 학번·1960년대 출생)세대에 관해 얘기해 보고 싶었다. 이 세대가 권력층 곳곳에 똬리를 튼 후 그 주제는 마치 벌레처럼 꿈틀꿈틀 나의 머릿속을 기어 다녔다. 역사가의 혜안을 빌리기로 했

임지현 ————————————————
1959년 출생 · 서강대 서양사학 박사 · 한양대 사학과 교수 · 미국 하버드대 옌칭연구소 초청연구원 · 비교역사문화연구소 소장 · 서강대 사학과 교수

새로운 주류의 탄생

다. 과거와 현재를 넘나들다 보면 아스라이 해답이 보일지도 모를 일이다.

86세대 안에서도 '헤게모니'를 쥔 쪽은 NL 계열이다. 임 교수는 민족주의의 맹점을 다루는 데 일가견이 있다. 박사학위 논문 제목은 「마르크스, 엥겔스와 민족문제」(1994)였다. 20세기 끄트머리에는 『민족주의는 반역이다』(1999)를 집필해 지식 사회에 지진 같은 논쟁을 일으켰다. 21세기 초입에 『우리 안의 파시즘』(2000)을 공저했다는 사실도 언급해 둬야겠다. 더불어민주당을 두고 '전체주의' 같은 거북살스러운 낱말이 들러붙던 때였다. 일찍이 '이념의 진보성과 생활의 보수성'을 화두로 삼아온 임 교수가 할 말이 적지 않을 것이었다.

인터뷰는 계획에 없던 소재로 시작했다. 그를 만나기 전날인 2020년 8월 5일. 조국백서추진위원회가 『검찰개혁과 촛불시민』(이하 '조국 백서')을 출간했다. 이야깃거리로 삼을 게 있을까 싶어 살펴보니 33쪽에 이런 구절이 눈에 띄었다. 임 교수에게 있는 그대로 읽어줬다.

"예로부터 지배 세력 내의 개혁운동가들은 한편으로 자기 존재 자체에 주어진 혜택을 받으면서 다른 한편으로 자기 존재를 부정하려는 이율배반적 면모를 보이곤 했다. 이런 사람들에게서 보이는 '존재와 의식의 불일치'를 비난하면 개혁은 불가능하다. (중략) 어느 시대에나 '반개혁 세력'은 '존재와 의식의 불일치'를 문제 삼아 개혁 세력을 위선적이라고 비난했다."

'조국 백서' 필자들이 역사를 끌어들였습니다. 카를 마르크스 등 혁명가들도 부르주아 계층이었다는 점을 염두에 둔 해석처럼 읽히더군요.

"마치 클리셰cliché(진부하거나 틀에 박힌 생각)처럼 그런 이야기들이 나왔는데, 나는 회의적이에요. 난 사실 강남좌파라는 말에도 회의적이에요. 지식인의 포지션은 카를 만하임Karl Mannheim이 얘기했듯 그가 서 있는 계급적·물질적 기반이 아니라, 그가 어느 편에 서기로 했느냐에 따라 결정돼요. 만약 조국 씨가 '나는 기득권층 편에 서겠고 기득권층이 누려왔던 삶의 방식을 추구하겠다'라고 했으면 그렇게까지 비난받을 일은 아니었겠죠. 하지만 자신을 늘 억압받는 자, 없는 자들의 편이라고 해놓고 실제 삶의 방식은 그들(억압받는 자들)을 배제하는 사람들의 방식과 같았잖아요."

강남좌파라는 말에는 왜 회의적인가요.
"재벌 아들은 좌파가 될 수 없나요? 노동자는 전부 좌파인가요? 강남좌파라는 용어 자체가 속류俗流 마르크시즘이에요. 그 사람의 물질적 기반이나 계급적 이해로 (문제를) 환원해 버리니까요."

조 전 장관이 강남좌파건 아니건 본인이 위치 지었던 것과는 상충하는 행위를 보여 문제라는 뜻이네요.
"혁명가건 정치인이건 성인군자가 아닌 세속적 인간이에요. 말과 행동이 100% 일치하지는 않겠죠. 문제는 그 일탈에 대해 취하는 자세입니다. '자식 키우는 사람으로서 잘못했다' 정도의 얘기는 할 수 있잖아요. 그런 이야기는 없이 (자신에 대한 비판을) 마치 반反개혁 세력의 음모인 것처럼 몰고 갔잖아요."

새로운 주류의 탄생

조 전 장관은 '조국 백서'를 발송받은 이후 페이스북에 "서초동의 촛불을 생각하며 지금부터 읽겠다"라고 적었습니다.

"나는 서초동 집회에 나가보지는 않았습니다만, 서초동의 촛불과 박근혜 전 대통령 하야를 촉구하는 촛불은 다르지 않나요? 그런 식으로 촛불을 전유專有하는 거죠."

그는 서강대 77학번이다. 소싯적에는 삐라도 적잖게 뿌렸다. 86세대에 비하면 아마추어였다고 겸양을 보였지만 곧이곧대로 들어서는 곤란하다. 운동권 '언더서클'에서 활동하다 무기정학까지 당한 경험도 있기 때문이다. 가계도家系圖는 범상치 않다. 일제강점기 사회주의 계열 독립운동가인 임원근(1899~1963) 선생이 그의 조부다. 임 선생은 박헌영·김단야와 함께 조선공산당의 트로이카로 불렸다. 이 때문에 그의 집에도 정보과 형사들이 불쑥 찾아오곤 했다. 연좌제의 공포가 청춘의 삶을 휘감았던 거다. 얘기는 다시 86세대로 돌아간다.

조 전 장관 등 86세대에게는 자신들이 '포위된 요새'에 있다는 인식이 있는 듯합니다.

"'포위된 요새' 신드롬은 러시아혁명 직후 볼셰비키들이 일반적으로 가졌던 인식이에요. 자기네가 사회주의혁명에 성공했는데 제국주의 열강이 러시아를 포위해 혁명을 질식시키려 하니 살아남으려면 민주주의를 포기할 수 있다는 논리였어요. '진영론'이 그렇게 나온 겁니다. 볼셰비키 혁명 초기에 언론이 누리던 자유는 '포위된 요새'를 살린다는 이유로 제한됐어요. 노동조합에 대해서도 당이 우위를 점했습니다. 당이 명령하면 노동자들이 자신들의 사적 이해를 버려야 한다는 것이었습니다. 스탈린주의가 만들어진 심리적 기반이 '포위된 요새' 신드롬이에요."

지금 한국 사회에서 보고 있는 풍경 같습니다.
"볼셰비키는 포위됐다고도 얘기할 수 있었지만, 지금 이 사람(86세대)들은 국회 다수파이자 청와대 권력까지 잡고 있어요. 그런데도 '포위된 요새'라고 생각하면 무능을 남 탓으로 돌리는 것 아닌가요? '우리가 포위됐으니 아무것도 할 수 없다'는 인식이죠."

그의 머릿속에서 볼셰비키와 86세대는 작지 않은 크기의 교집합을 형성한다. 그의 설명을 더 듣다 보면 기시감既視感마저 든다.

"볼셰비키는 합법 정당이 아니니 지하에서 활동했어요. 5공 시절 학생운동이나 좌파운동도 지하로 숨을 수밖에 없었죠. 지하운동한 사람들은 최대주의maximalism의 정서를 갖고 있어요. 레닌이 1부터 100까지 이야기했으면 1부터 100까지 모두 레닌을 따라야 '레닌주의자'라는 겁니다. 한국식으로 이야기하면 가령 '나는 노무현에 한 표 던졌던 사람이지만 행정수도 이전이 중앙 집중을 해소하는 방식인지에 대해서는 의문이 있어 반대한다'라고 말하는 사람은 반동이 되는 겁니다. 86세대가 19~20세 때부터 운동을 했어요. 어려서부터 그런 정서가 몸에 배어 있으

새로운 주류의 탄생

면 협상이나 타협을 비겁한 일로 생각합니다. 1부터 100까지 내가 옳다는 일을 해야 하니까요. 그러니 스스로가 너무 정의로운 거예요."

본인들이 설정한 '정의'가 따로 있다는 인식인가요.
"1990년대 소련이 무너진 뒤 폴란드에 가서 노동자들을 만나 물었더니 '사회주의는 특권층인 노멘클라투라nomenklatura가 노동자·농민을 억압하는 체제'라고 정의하더군요. 노멘클라투라가 자기만의 이익을 위해 노동자의 이름으로 통치하고 노동자 계급을 억압하는 체제가 사회주의라는 거예요. 그것이 현실 사회주의를 겪었던 노동자·농민들의 평가입니다. 내가 무서워하는 건 이 친구들(86세대)이 지금과 같은 행태를 계속 보이면 현실 사회주의가 그랬듯 사람들이 '좌파가 정권을 잡으면 아파트값이 올라 서민들이 아파트를 살 수 없게 된다'라고 인식하지 않겠어요? '좌파는 가난하고 어려운 사람을 더 살기 힘들게 만든다'는 이미지가 굳어지면 훗날 더 창의적이면서 더 인간적인 얼굴을 한 좌파의 기획은 사람들에게 버림받겠죠. 그렇게 돼버리면 좌파에 대한 사회적 신뢰가 없어져 버리는 겁니다."

금태섭? 너 왜 우리 결정 안 따라?

단호하다. 그리고 견결하다. 속칭 '공산 귀족'이라 조롱받은 노멘클라투라를 언급하는 대목은 86세대에 대한 섬뜩한 경고장처럼 들린다. 그가 이번에는 세계사의 무대에서 또 다른 불세출의 혁명가를 소환한다.

"로자 룩셈부르크Rosa Luxemburg가 레닌주의를 신랄하게 비판한 글이 있어요. 중앙집중제는 민주주의가 아니라는 게 비판의 핵심이었죠. 볼셰비키는 로자의 주장이 러시아혁명을 질식시키려는 '부르주아 적'들을 도와줄 뿐이라고 했어요. 실제로는 68혁명 이후 서유럽에서 민주적 좌파라는 새로운 대안그룹이 나타날 때 로자의 주장이 이론적 자산이 됐죠."

작금의 현실과 비교해 보면 2020년 6월 당시 민주당의 금태섭 전 의원 징계 논란이 떠오릅니다. 당내에서 쓴소리하는 사람의 존재가 장기적으로는 민주당에 자산 아닌가요.
"그렇죠. 그런데 금 전 의원 징계 조치에서 보다시피 말도 안 되는 짓을 자꾸 하고 있잖아요. 실은 금 전 의원 같은 사람이 장기적으로 민주적 좌파의 예를 보여주는 것일 수 있죠. 그런 대안적 가능성을 잃지 않아야 하는데, 지금 상황은 굉장히 우려스럽죠."

역사에서 보면 권력 내부에서 대안적 목소리를 쳐냈을 때 몰락 속도가

새로운 주류의 탄생

빨라졌습니다.

"자기 구덩이를 파는 거죠."

그는 "전대협(전국대학생대표자협의회) 간부 수련회 하는 거 보니 '앞
으로 굴러', '뒤로 굴러' 완전히 군대 유격대 훈련 같았다"라고 일갈
했다.

슬로건이 '구국의 강철대오'였지요.
"정치는 강철대오가 되면 안 돼요. 내 생각이 맞나 틀렸나 끊임
없이 검증하고 타협도 하는 게 정치잖아요. 86세대의 멘탈리티
는 아직도 구국의 강철대오죠. '금태섭? 너 왜 우리가 위에서 결
정한 걸 안 따라?' 이런 식이죠. 그들이 속했던 운동권 조직이
비공개 조직이어서 그래요. 공개 조직 같았으면 감사도 있었을
테고, 시스템에 의해 문제가 걸러졌을 거예요. 하지만 지하조직
이니 예컨대 누구한테 돈 줬는지도 이야기하면 안 됐잖아요."

**후원금 유용 의혹이 골자인 '정의연 사태'를 떠올리게 하는 문제의식
이네요.**
"이 사람들이 나빠서 그런 게 아니에요. 20대부터 10~15년을
비공개 조직에서 활동하며 몸에 밴 문화입니다. 공개 조직에 나
온다 한들 떨쳐버리기 어렵죠. 내 친구는 한국 정치의 가장 큰
문제가 갑근세(갑종근로소득세)를 냈던 사람이 없다는 거라고 말
합니다. 월급쟁이가 돼보거나, 일상생활을 한 경험이 있는 사람

이 별로 없다는 거죠."

이른바 회사 생활을 해본 적이 없다는 것 아닙니까.

"하다못해 시장에서 가게를 운영해 본 것도 아니죠. 배우자는
했지만 본인들은 하지 않았잖아요. 그러니 일상의 문제에 대해
이해도가 굉장히 떨어져요. 돈 문제가 중요하다는 걸 모릅니다.
회비 납부가 얼마나 중요한지, 그걸 얼마나 엄격히 관리해야 하
는지 훈련받을 기회가 없던 겁니다."

**거슬러 올라가면 반독재 민주화운동 시절 도피하는 사람에게 돈 대주
는 경우가 있었지요. 민주화 이후에도 그와 같은 행동이 미담으로 회
자됐고요.**

"엄밀히 따지면 탈세잖아요. 정치범이 있으면 원로들이 돈 몇천
만 원씩 주곤 했지요. 그 돈이 어디서 나왔는지는 누구도 묻지
않았어요. 제가 아는 경우만 해도 그런 일이 꽤 있었죠. 뭐, 그럴
수 있다고 생각합니다. 문제는 이 사람들(86세대)이 일상생활에
서 돈 벌고 살아본 적이 없어서 정책에도 감이 없다는 겁니다."

86세대는 민주화 세대를 자처한다. 이 낱말에는 또렷한 '구별 짓기'
욕망이 엿보인다. 자신들은 가치와 당위를 좇아 헌신해 살았다는 선민
의식이 이들의 감수성을 지배한다. 이인영이 민주당 원내대표를 맡고
있던 2019년 11월 그를 인터뷰한 적이 있다. 나는 그에게 이런 질문을
던졌다. "청와대 주요 참모진, 국회 내 분포 등을 고려했을 때 '문재인

새로운 주류의 탄생

정부는 86정권' 아니냐는 주장도 있는데요. 최근에는 86세대 기득권론을 꼬집는 책도 출간됐고요. 이런 최근의 분위기에 대해서는 어떻게 생각하나요?" 이인영은 이렇게 답변했다.

"우리의 정치는 개인의 입신양명을 꾀하거나, 권력과 명예를 개인화하기 위해서 있었던 건 아니라고 생각합니다. 자기 역할에 최선을 다하되 부족하다고 평가받으면 떠날 줄 알아야죠. 그래서 다른 세대보다 조금 더 멋진 모습으로 우리 세대의 정치를 했으면 좋겠습니다. 그런데 지금이 86정권이라고 얘기하는 건, 그럼 예를 들어 동아일보와 조선일보 편집국장이 86이기 때문에 동아일보, 조선일보가 86신문이나 이렇게 얘기할 수 있습니까. 그런 문제는 아니지 않겠어요?" 이 발언에서 내가 느낀 인상을 전달하면서 다시 인터뷰를 이어갔다.

이인영 씨는 입신양명을 꾀하지 않았다고 하던데, 어떤 선민의식이 느껴집니다만.

"86세대의 진정성 자체를 부정하고 싶은 생각은 없어요. 다만 68혁명 때 나온 유명한 격언이 '지옥으로 가는 길은 선의로 포장돼 있다'였습니다. 무엇이 정의냐를 따지고 분석하는 힘이 약할 때 조국 통일이나 혁명 같은 추상에 집착하게 되고, 그것이 매우 위험한 결과를 낳을 수 있어요. 차라리 개인의 입신양명을 위해서라면 문제가 크지 않았을 거예요."

어떤 면에서요.

"개인이 입신양명한다고 먹어봤자 얼마나 먹겠어요."

사회적 비용이 훨씬 덜 든다?

"그렇죠. 그런데 정의로운 길이라면서 추상적이고 거의 종교적 믿음 같은 것을 추구하니까 부동산 문제가 빚어지고 남북문제도 파탄 났지요. 비정규직을 보호한다고 만든 정책이 비정규직을 (노동시장 밖으로) 몰아냈어요. 강사법이 강사를 보호하고 있지 않잖아요. 의도는 선했겠지만 진짜 지옥으로 가는 길을 포장하고 있는 거예요."

다시 이인영이 등장하는 에피소드를 경유한다. 임지현을 만나기 약 2주 전인 2020년 7월 23일. 난데없이 사상검증 논란이 빚어졌다. 국회 외교통일위원회에서 열린 이인영 통일부 장관 후보자 인사청문회 자리에서다. 이날 태영호 미래통합당(현 국민의힘) 의원은 이 후보자에게 "아직도 주체사상 신봉자냐 아니냐. 이를 밝히는 것이 무엇이 어렵나"라고 물었다. 이 후보자는 "우리나라에서 사상전향을 강요하는 건 북한과 남쪽의 독재정권 시절뿐이었다"라고 반박했다.

내가 주목한 건 논란에 덧붙이는 민주당 인사들의 발언이었다. 그 안에 비할 데 없는 도덕적 우월감이 짙은 자국처럼 묻어 있었기 때문이다. 청문회 자리에 있던 윤건영 민주당 의원은 "오늘날 대한민국 민주주의는 이 후보자와 같이 독재 시절 수많은 청년의 피와 땀으로 이뤄진 것"이라고 했다. 같은 날 김부겸 전 의원(이후 국무총리 역임)은 페이스북에 "이인영이 없었다면 태영호가 국회에 설 수 있었을까?"라고 썼다. 다시 임지현과 대화를 이어갔다.

물론 사상검증은 하지 말아야 합니다만…
"하지 말아야죠."

그럼에도 민주당 인사들의 발언에서는 역사적 자부심마저 느껴집니다. 그런데 민주화는 80년대 학번 대학생들만의 힘으로 이뤄낸 건 아니지 않습니까.
"당연하죠. 노동3권도 보장받지 못했던 노동자들이 땀 흘린 대가로 민주화의 물적 기반이 만들어졌어요. 그들의 발언은 전형적으로 민중을 배제해 버리는 논리입니다. 또 태영호라는 사람은 정치적 성향과 무관하게 탈북자잖아요. 일종의 난민입니다. '너는 와서 우리의 혜택을 받고 있으니 조용히 하라'는 얘기 아닌가요? 마치 한국의 우파가 예멘 난민들이 제주도에 왔을 때 '왜 쟤네를 먹여 살려야 하느냐'고 주장한 멘탈리티와 어떻게 다를까요?"

청와대 행정관 출신인 문정복 민주당 의원은 태 의원을 두고 "변절자의 발악으로 보였다"고까지 해 논란이 일었습니다.
"위험한 인식이에요. 그런 멘탈리티가 있으니 금태섭 씨도 변절자라고 보는 겁니다. 모든 독재는 적과 아군을 나누는 데서 시작합니다."

다수가 결정해 소수 죽여도 민주주의인가

그는 삐딱한 사람이다. 나의 인상 비평이 아니라 임지현 본인의 자기규정이다. 심지어는 자신을 "삐딱한 것에 대해서도 삐딱한 사람"이라고 했다. 그런 삐딱함은 정의와 민주를 하나의 '레테르'로 독점한 그룹을 꼬집기에 제격이다.

민주당은 '다수결의 논리'를 민주주의라는 이름으로 앞세우는 모습을 보였습니다.
"나치가 유대인을 학살할 때 평범한 독일 사람 다수가 찬성했어요. 물론 죽이는 데까지 찬성하진 않았지만 반유대주의 조치를 조금씩 인정하고 모른 척했습니다. 다수가 소수를 죽이기로

　　　　　　　　　　　　　　새로운 주류의 탄생

결정하면 민주주의니까 옳은 건가요? 르완다에서 후투족^{Hutu}이 투치족^{Tutsi}을 학살할 때, 그 결정이 다수에 의해 이뤄졌어요. 그 걸 민주주의라고 박수 쳐야 하나요? 미국에서도 백인 이주민 공동체가 민주적일수록 아메리카 선주민들을 가장 잔인하게 죽였습니다. 다수가 결정했다는 것이 도덕적 정당성을 부여하기 때문에 아무 주저 없이 선주민을 학살한 겁니다. 다수파 민주주의가 아니라 소수자의 민주주의를 고민해야 하는 시점이에요. 1970~1980년대를 거치면서 민주주의에 대한 갈망이 너무 컸던 나머지 민주주의가 완벽한 대안이라고 생각했던 것 같아요. 민주주의는 최선이라기보다는 차악이거든요. 독재가 최악이고요."

그래서인지 이즈음 임지현이 주목했던 현상이 문재인 정부의 '청와대 국민청원'이다. 그의 우려를 그대로 옮긴다.

"모든 걸 청와대 국민청원으로 해결하려 합니다. 5,000만 명 중에 20만 명이 사인하면 그것이 국민의 뜻이 돼버리는 상황이에요. 어떤 문제를 정해진 법적·행정적 절차에 의해 해결하는 게 아니라 국민청원으로 해결한다는 건 굉장히 위험한 발상이죠."

기실 86세대와 대화하다 보면 시곗바늘이 수십 년 전으로 되돌아갈 때가 많다. 자신이 대학 시절 어느 그룹에 속했다느니, 어떤 논쟁을 펼쳤다느니 등 나름의 일화가 차고 넘치기 때문이다. '여의도 86'뿐

민주적 좌파—임지현

아니라 '생활 86'이라 불리는 1960년대생 상당수에게서 엿보이는 습성이다.

86세대는 대학 졸업 후 30년이 지나서도 NL이니, PD니 말하며 계보를 따지더군요.

"그건 이데올로기와 아무 상관 없어요. 갓 고등학교 졸업해 NL과 PD에 대해 얼마나 알았겠어요. 노선의 차이는 굳은 신념에서 비롯하기보다 고향 선배, 학교 선배 등 우연에 의해 생겨납니다. 한국만의 현상은 아니에요. 폴란드 혁명사를 연구하며 노동자들의 수기를 읽어보니 '우리 고향 선배'라는 말이 나와요.(웃음) 문제는 이 사람들(86세대)이 나이가 들어가는데 여전히 거기에 매달려 있다는 거지. 이념·혁명·도덕적 정당성의 문제라기보다는 패밀리즘^{familism}이죠."

앞 세대가 지역으로 뭉쳤다면 그들은….

"패밀리로 뭉친 거지. 이념으로 뭉친 집단처럼 보이나 실은 어릴 때 만들어진 운동 패밀리의 *끈끈한* 의리로 뭉친 그룹이죠."

다른 데서 "박정희 정권에서 중·고등학생 시절을 보낸 이들이 민족주의자로 길러졌다가 대학 때 김일성으로 고개를 돌렸다"라고 표현했던데요.

"나는 NL 주체사상파를 한 번도 좌파라고 생각해 본 적이 없어요. 내셔널리스트들이죠. 1968~1969년 즈음부터 국정교과

새로운 주류의 탄생

서가 만들어지고 국사 과목이 강화되는 등 민족문화를 강조하기 시작했어요. 국민교육헌장과 국기에 대한 맹세가 생겼죠. 박정희 프로젝트입니다. 한국에서 역사교육이 가장 진보적이었을 때는 미 군정기(1945~1948년) 시기에요. 당시 미국에서 존 듀이John Dewey와 같은 프래그머티즘Pragmatism 학자들이 커리큘럼을 짰어요. 그와 같은 커리큘럼을 그대로 들여온 겁니다. 비판적 시민의식을 양성하자는 주장이 이때 나옵니다. 그러다 박정희 정권 때 민족주체성이라는 얘기가 나와요. 박정희가 총력전 체제 당시 일본식 민족주의 이데올로기를 배운 내용이 나타난 거죠. 즉 86세대는 중·고등학교 때 민족주의적인 교육을 받았죠. 그런데 대학 들어와서 보니 박정희는 만주국 장교이고 김일성은 일본군과 싸웠잖아요. 민족주의적 정통성을 김일성에 두는 겁니다. 사유 방식이 나이브naive하잖아요. 민족주의의 에피스테메episteme(인식체계)는 둔 채 고개만 싹 돌려 김일성주의자가 됐죠. 박정희식 국민 훈육의 흔적이 1980년대에 주사파로 나타났지요."

보수에도 음모론이 있긴 합니다만, 이른바 진보를 표방하는 쪽에서 음모론적 세계관이 횡행하는 이유는 무엇일까요.

"음모론은 기본적으로 정보의 자유가 차단된 사회에서 확산합니다. 1970~1980년대에 정보의 자유로운 교환이 불가능하다 보니 음모론이 많이 퍼졌죠. 특히 운동했던 사람들 사이에서 음모론이 상당히 유행했어요. 이 사람들이 모자라서가 아니에요.

지금 그 유산이 남아 있는 셈이죠."

86세대의 눈에 비친 민중은 어떤 존재일까요.

"자기들이 생각하는 민중이 민중이지(웃음). '민중은 이래야 한다'라고 설정해 놓고 만약 그들이 보수당에 표를 던지면 민중이아닌 게 되는 거죠."

86세대가 한국 현대사에 남긴 성과와 한계는 무엇일까요.

"86은 일종의 인텔리겐치아Intelligentsia잖아요. 민중을 위해 기득권을 버릴 수 있을 만큼 사회적 양심을 갖춘 집단이 등장한 건한국 사회가 앞서가는 하나의 징표였겠지요. 다만 그렇기 때문에 이 사람들이 너무나 큰 도덕적 정당성과 자기 확신을 갖게 됐어요. 이것이 현실정치에서 자기 발목을 잡았어요. 임종석 씨가대통령비서실장 할 때 국회에 나와 '우리가 운동할 때 의원님은뭐 하셨느냐'라고 하는 그 당당함이 위험한 거죠."

그가 꺼낸 일화는 이런 것이다. 2017년 11월 6일 열린 국회 운영위원회에서 임종석 당시 비서실장은 청와대 참모 상당수가 전대협 출신이라고 주장하는 전희경 당시 자유한국당 의원의 질의에 "5·6공화국때 군인들이 광주를 짓밟고 민주주의를 유린할 때 전 의원님이 어떻게 살았는지 제가 살펴보지 않았다. 그런데 의원님이 거론한 대부분의사람들이 인생을 걸고 민주주의를 위해 노력했다. 의원님이 말씀하신정도로 부끄럽게 살지 않았다"라고 답했다.

새로운 주류의 탄생

임 전 실장은 부끄럽게 살지 않았다고 말했죠.

"임종석 씨가 보수당 의원과 비교해 부끄럽지 않은 삶을 살아서 당당하다고 할 수 있지만 먼저 죽은 친구나 공장에서 산재로 죽어가는 동시대 사람들, 이름 없는 노동자들에 비해 정말로 하나도 부끄럽지 않나요? 하나도 부끄럽지 않다면 성인군자의 삶을 산 것이죠. 폴란드 사회학자 지그문트 바우만Zygmunt Bauman이 부끄러움이 가지는 해방적 역할에 대해 얘기한 적이 있습니다. '부끄러워하지 않는다는 걸 부끄러워해야 한다'는 거예요. 진짜 혁명가이자 좌파라면 오히려 부끄러워할 줄 알아야 합니다. 자신에 대해 부끄러워할 줄 아는 사람이 많은 사회가 더 건강한 사회에요."

크렘린궁의 레스토랑

그렇다면 지금 정의하고 있는 좌파는 무엇인가요.

"소수자의 편에 선다는 게 중요해요. 좌파가 다수가 됐을 때는 우파가 좌파죠."

우파가 소수자니까요?

"그렇죠. '한번 좌파는 영원한 좌파'라는 것만큼 바보 같은 생각이 없어요. 세상이 끊임없이 바뀌는 과정에서 늘 소수자에 대해 고민하고 배려하는 사람이 좌파입니다. 또 지금까지는 제도적·

정치적 민주주의만 강조해 왔는데 일상의 민주화가 중요합니다. 86세대의 풍토에는 운동의 효율성을 위해 나온 '수령론'이 있잖아요."

서로를 의장님이라고 불렀죠.
"동급생끼리도 학생회장님이라고 부르더라고요. 학생회장은 서비스하는 사람이지만 '님'이 되는 순간 두목이 됩니다. 민주당의 86세대는 그런 문화에 젖어서 큰 친구들인데 스스로를 민주화할 수 있을까요? 안 될 겁니다. 법과 제도를 바꾸는 건 쉽습니다. 도리어 일상에 뿌리박힌 문화를 바꾸려면 더 많은 노력과 성찰이 필요해요. 그것은 더 부끄러워할 줄 아는 사람이 할 수 있는 거지, '나는 당당하다'라고 하는 사람이 할 수는 없습니다. 조국 씨에게 가장 아쉬운 것도 바로 그 점입니다. 당당할 수는 있습니다. 형법상 죄를 지은 건 아니라고 얘기할 수도 있어요. 하지만 부끄러운 일을 한 거죠."

러시아혁명이 성공한 직후 레온 트로츠키Leon Trotsky가 크렘린궁의 한 레스토랑에서 레닌과 식사를 했다. 트로츠키는 '이런 곳에서 웨이터에게 서빙 받으며 밥 먹으려고 혁명한 게 아닌데'라고 말했다고 한다. 임 교수는 이를 두고 "불현듯 자신이 너무 권력화하고 있다고 느낀 것"이라 설명했다. 86세대가 트로츠키의 성찰을 되새겨 볼 시점이다. 성찰 없는 혁명은 맹목盲目에 불과하다.

새로운 주류의 탄생

"무력
위협하에서
평화를
추구하면
안 돼요"

합리적인

진보 외교

구루

라종일

"옳지 않아요. 높은 공직에 있는 분이 한미동맹에 손상을 주는 발언을 하고 정부는 '한미동맹을 굳건히 지킨다'고 하는데, 이런 이율배반적 행동이 미국 조야朝野에 어떻게 비치겠어요? '우리를 우롱하는 건가. 알아서 나가라고 하는 건가' 생각할 수 있죠. 그런 말을 함부로 하는 지식인들을 중용하는 정부의 태도에도 문제가 있어요."

라종일은 단호했다. 이런 대답이 나오게 된 경위는 이렇다. 2021년 3월 말 김준형 당시 국립외교원장(차관급)이 책 『영원한 동맹이라는 역설』을 냈다. 김준형은 더불어민주당 진영의 대표적인 외교통으로 꼽힌다. 김준형은 이 책에서 "한국은 한미동맹에 중독돼 왔다. 압도적인 상대에 의한 '가스라이팅gaslighting' 현상과 닮아 있다"라고 썼다. 가스

라종일 ————————————————————————————
1940년 출생 • 영국 케임브리지대 트리니티 칼리지 정치학 박사 • 경희대 정치외교학과 교수 • 국가정보원 해외, 북한담당 제1차장 • 주영국 대한민국 대사 • 주일본 대한민국 대사 • 가천대 석좌교수 • 동국대 석좌교수

새로운 주류의 탄생

라이팅은 연인 사이에서 상대방이 제대로 된 판단을 할 수 없도록 심리적으로 지배하고 압박하는 행위를 뜻한다. 그에게 이 대목을 들려주니 되돌아온 말이었다.

그를 만나야겠다고 생각한 까닭은 진보의 시각에서 한반도 문제를 진단해 보고 싶어서였다. 1940년생인 그는 영국 케임브리지대에서 정치학 박사학위를 받고 경희대 정치외교학과 교수를 지냈다. 1992년 제14대 대선에서 김대중^{DJ} 후보를 도왔다. 1998년 DJ 정부 출범 이후 국가정보원 해외·북한 담당 1차장과 주영 대사를 지냈다. 노무현 정부 때는 대통령국가안보보좌관(장관급)과 국가안전보장회의^{NSC} 상임위원장, 주일 대사를 역임했다. 2017년 대선 때 문재인 후보의 외교안보 자문그룹인 '국민 아그레망'에 참여했다.

이력이 웅변하듯 진보 외교가의 거물로 분류되지만 보수 진영에서도 대화가 통하는 인사로 꼽힌다. 국민의힘에 속한 한 대북통은 "라 전 대사는 문정인 전 대통령 통일외교안보특보와는 결이 다른 전문가"라고 평한 바 있다. 중도보수 성향으로 분류되는 정치학자는 라 전 대사를 두고 "합리적 진보"라고 평했다. 진보 진영에 속하지만 균형 잡힌 시각에서 외교 사안에 접근하기 때문이다. 낭만적 민족 담론과 냉혹한 호전^{好戰} 담론이 경합하는 한반도에서 라 전 대사의 가치는 도드라진다. 얘기는 다시 '가스라이팅'으로 돌아간다.

이벤트 갖고 정치문제 해결 못 해

김준형 원장은 "한국은 안보를 미국에 전적으로 의존하며 합리적이고 자율적인 의사결정을 하지 못하는 상태"라고 했습니다.

"한국이 미국에 안보를 전적으로 의존합니까? 우리도 역할을 하죠. 안보를 전적으로 우리 책임으로 했다면 경제 개발도, 민주화도 어려웠을 겁니다. 군비에 엄청난 부담이 실리기 때문이에요. 군사화한 나라에서는 청년들이 군에서 오래 복무해야 하고, 군사문화가 형성됩니다. 좋아서 미군에 의지하는 게 아닙니다. 서구 모든 나라와 일본, 대만까지 미국에 안보를 의지해요. 손익을 따지면 자주국방을 하는 것보다 그게 낫기 때문이에요. 미군이 없었다면 한반도에 또 전쟁이 터졌을 겁니다. 북한은 도발을 했을 테고 우리 군도 보복했겠죠. 혹은 반대일 수도 있어요. 그때마다 보복을 자제하도록 말린 게 미군이에요. 그런 여러 상황을 고려 않고 고위공직자가 가스라이팅 같은 표현을 쓰는 건 유감이에요. 지식인이라면 문제가 다르겠죠."

그와 만난 날은 2021년 4월 6일이다. 조 바이든 미국 대통령이 취임하고 약 두 달 반이 지난 시점이었다. 국내에는 아직 문재인 대통령이 집권하던 시기이다.

북한은 단거리 순항미사일과 단거리 탄도미사일을 연달아 발사했습니다. 북한이 미국 새 정부를 도발했다고 봐야 할까요.

"앞으로 일어날 협상 준비를 하는 것 아니겠어요? 북한의 힘은 상대방을 해칠 수 있는 무기가 있다는 것밖에 없잖아요. 유일한 수단을 갖고 '우리를 무시하지 말라' 하면서 앞으로의 협상에서 위상과 능력을 보여주려는 것 아니겠어요? 구태여 도발이라고 할 게 있나."

북한 김여정 부부장은 담화에서 문재인 정부를 겨냥해 "그 철면피함에 경악을 금할 수 없다"라고 비난했습니다.

"같은 뜻이라도 문명인답게 예의를 갖춘 말을 쓸 수 있는데, 험한 말은 그런 말을 쓰는 사람의 험한 정서를 보여줍니다. 북한은 군사문화가 지배적인 나라예요. 밥 먹는 것까지 '속도전'이라 하면서 군사용어를 써요. 그래도 우리 정부가 대꾸하지 않고 많이 자제해요. 똑같이 나쁜 표현을 쓰지는 않더라고요. 좋은 일입니다. 북한도 스스로 깨달아야 해요. 그런 말을 하면 순간적으로 자기 국민에게 좋게 보일 수 있겠지만, 결국 자신에게 좋은 일이 아니에요."

미국 대통령과 김 위원장이 만나 문제를 푸는 '톱다운' 방식은 어려워진 셈 아닙니까.

"그건 애초에 비정상적인 일입니다. 트럼프 본인이 독특한 사람이잖아요. 본인의 정치적 필요도 있었고요. 그렇게 해서 문제가 잘 해결된다면 나쁜 방법은 아닙니다만, 여러 가지 면에서 문제가 상당히 복잡하잖아요. 복잡하게 얽혀 있는 문제를 쉽게 한마디로 해결한다? 너무 낙관이 지나쳤던 게 아니었나 싶어요. 결국은 실패했죠."

판문점에서 남북미 정상이 만나는 이벤트 등에 우리 정부는 기대를 걸었던 것 같은데요.
"이벤트를 갖고 정치문제를 해결할 수 있을까요? 한시적으로 지도자들이 인기를 올린다든지 국민의 관심을 집중시킬 수 있다든지 할 수는 있겠죠. 평창올림픽도 마찬가지였어요. 이벤트를 갖고 낙관하며 문제를 해결하려는 건 옳은 태도가 아닙니다."

그는 햇볕정책의 틀을 설계한 인사 중 한 사람이다. 햇볕정책은 흔히 진보진영의 대북 DNA로 꼽힌다. 그는 "바이든뿐 아니라 클린턴, 오바마도 햇볕정책을 지지했다"라고 했다. 이렇듯 라종일의 방점은 '한반도 평화'에 찍혀 있다. 하지만 시대가 달라졌다. 그러니 이렇게 물을 수밖에 없다.

햇볕정책도 과거의 오래된 유산인데요.
"햇볕정책의 근간은 옳다고 생각해요. DJ가 햇볕정책을 시작할 때 첫 번째 내건 조건이 무력 도발은 용인하지 않는다는 것이었어요. 물론 상대방과 좋은 관계를 맺어야죠. 이해관계가 다른 게 있으면 의논해서 해결해야죠. 이럴 때 폭력이 개입되면 정상 관계가 아닙니다. 무력 위협하에서 평화를 추구하면 안 돼요. 햇볕정책은 유지하되 무력에 위협받는 상황에서는 햇볕정책이고 뭐

새로운 주류의 탄생

고 불가능해요. 그런 문제가 이제까지는 소홀히 돼왔어요."

햇볕정책이 나온 시점과 비교하면 지금은 북한이 핵을 완성했습니다.
"핵을 완성한다 해서 북한식 표현으로 '만능의 보검'을 갖는 건
아닙니다. 그 얘기 알아요? 소련이 우리와 수교할 때 소련 외
무장관이 셰바르드나제Eduard Shevardnadze(이후 조지아 대통령 역
임)였습니다. 셰바르드나제가 김일성을 만나 '남한과 수교해야
한다'고 하니 김일성이 굉장히 화를 내면서 '그럼 핵무기를 개
발하겠다'고 했어요. 셰바르드나제가 '개발해라. 우리는 수천 발
핵무기를 갖고도 망했다'고 말했어요. 소련이 수천 발 핵무기를
갖고도 미국과 유럽을 위협하지 못한 이유가 뭡니까. 쓰면 본인
들에게 해가 된다는 인식을 갖고 있었기 때문이에요. 무조건 '평
화적으로 잘 살자'고 하지 않았잖아요. 미국은 소련이 핵무기를
쓰면 미국도 피해를 보겠지만 소련도 틀림없이 망한다는 걸 알
게 했어요. 이런 준비를 하지 않은 나라가 평화만을 외친다면 말
이 안 돼요. 북한과 평화롭게 지내려면 북한에 무력으로 위협당
하지 않을 준비를 하고 있어야 해요. 자기 국민들이 굶어 죽어도
돈 써서 핵무기를 만드는 사람들인데 어떻게 좋은 말로 '평화롭
게 지내자' 할 수 있겠어요? 북한이 핵무기를 갖고 있으니 떨면
서 '잘 지내자, 우리가 돈 줄게' 식으로 해서는 망하는 거예요."

북한은 전가의 보도처럼 핵이 자위 수단이라고 주장하죠.
"말이 안 돼요. 자위 수단이라면 뭣 때문에 핵무기를 그렇게 많

이 개발해요? 전쟁을 하면 남한이 손해예요. 그간 이뤄놓은 게 다 엉망이 돼요. 북한은 잃을 게 별로 없어요. 손해를 알고 왜 우리가 전쟁을 하겠어요? 미국이 전쟁을 하려 해도 우리가 협력하지 않는 한은 전쟁은 못 해요. 북한은 그 점을 알고 있어요. 그간의 군사적 도발을 보세요. 삼척, 강릉에 대규모로 특수부대를 투입했는데도 우리가 제대로 보복한 일이 있어요? 그뿐만 아니라 우리 대통령을 암살하려 몇 차례 시도했는데도 보복한 일이 없어요. 천안함의 경우를 보면 우리가 월등한 군사력을 갖고도 당하잖아요. 그런데 우리가 무슨 이유로 북한을 치려고 하겠어요? 더구나 지금 핵무장까지 하고 있는데. 그러니까 그건 북한의 거짓말이에요."

베토벤으로 독일군 막을 수 있나

이를테면 그는 햇볕정책의 가치를 따르되 군사적 안전 보장을 위한 준비는 철저해야 한다고 생각한다. 그가 오랫동안 숙고해 내린 결론이다. 그의 설명에는 역사에 대한 통찰과 외교 현장을 통해 얻은 현실 감각이 버무려져 있다.

"1938년 오스트리아가 독일에 합병(안슐루스Anschluss)됐습니다. 오스트리아는 독일의 군사 위협을 못 막았어요. 히틀러와 슈슈니크Kurt Schuschnigg 오스트리아 총리가 담판을 했죠. 물론 협박

새로운 주류의 탄생

식이었죠. 히틀러가 오스트리아 총리에게 '너흰 같은 독일 민족인데 뭘 했느냐. 우리는 군사력을 갖고 프랑스와 싸웠다'고 압박했어요. 오스트리아 총리는 '우리는 문화를 일으켰다. 베토벤도 오스트리아 시민이었다'고 답했죠. 베토벤도 훌륭하지만 베토벤으로 독일 군대를 막을 수 있어요? 폭탄이 떨어졌는데 평화를 외치겠다고 하면 안 돼요.[13] 그 훌륭한 뜻을 모르는 바 아니지만 평화를 사랑만 한다고 평화가 이뤄집니까. DJ는 '무력 도발은 절대 용인하지 않겠다'고 얘기했는데, 그건 잊어버렸어요."

문재인 정부가 햇볕정책의 계승자를 자처하나 국방에 대한 고민은 부족하다 봅니까.

"현재로는 한미합동훈련도 안 하고, 국방력 강화에도 적극적이지 않으니 그런 셈이죠. 제2차 세계대전 당시 서유럽이 미국의 도움이 없었으면 안보를 유지했겠습니까? 일본도 마찬가지죠. 미국의 군사력을 우산으로 활용하는 일이 좋은 일은 아니지만, 남한테 폭력으로 위협을 당하는 것보다는 낫지 않습니까."

역사적으로 미국 민주당 정부는 투명성을 중시해 왔습니다. 북한이 핵을 신고하고 사찰단을 통해 이를 검증하는 과정을 요구하지 않을까요. 북한은 이 투명성에 반대하고 있습니다.

---

13 2020년 7월 30일 당시 이인영 통일부 장관은 "폭탄이 떨어지는 전쟁 한복판에서도 평화를 외치는 사람만이 더 정의롭고 정당할 수 있다"라고 주장했다.

"없앴다고 하는 말만 믿을 수는 없죠. 협상 과정에서 해결돼야 할 일이지만 원칙적으로 검증 없이 신뢰를 구축할 수는 없어요."

그는 "인권은 미국의 정체성과 같은 문제"라고 말했다. 자연히 이런 질문이 이어질 수밖에 없다.

미국의 대북정책에서 인권이 어젠다가 되면 북·미 간 대화에 변수가 될 수 있지 않을까요.

"그렇겠죠. 하지만 안보 문제가 더 급하다면 인권 문제가 우선순위에서 조금 뒤로 처지지 않겠습니까? 인권에 대한 우리 입장은 확실히 해야 합니다. 예를 들면 이런 일이 있어요. 북한에 가면 김일성 동상 앞에 가장 먼저 데려가요. 나는 동상을 구경할 수 있지만 우상한테 절은 하지 않겠다고 했어요. 대규모 아리랑 축전도 관람하지 않았습니다. 무료로 가장 좋은 자리에 모신다고 해도 안 갔어요. 거기에 참여하는 사람들이 행복할 것 같지 않다고 했죠. '사람을 사람으로 대접하는 게 아니다'라는 이유로 거부했어요. 또 우리나라는 사형을 하지 않는다고 했어요. 북한 관료가 '법을 어기는 나쁜 놈들은 죽여야 한다' 해요. 나는 '역사를 보면 사회가 나쁘고 법을 어기는 사람은 안 나쁜 경우가 많다. 법을 어긴다고 죽이면 좋은 사람을 죽이고 나쁜 사회를 유지하는 것일 수도 있다'라고 했죠. 그런 얘기는 북한 사람에게 강조해야 해요. 인권에 대한 원칙적 입장을 확실히 하되 원칙만

새로운 주류의 탄생

원론적으로 고수할 수 없으니 상황에 따라 융통성 있게 처신해야죠."

유엔의 북한 인권결의안이 채택되는 과정에서 문재인 정부는 공동 제안국에서 계속 빠졌습니다.

"옳지 않아요. 바로 그 얘기예요. 북한에 '너희가 위대한 지도자를 훌륭하다고 생각하는 것처럼 우리는 사람의 인권이 무엇보다 중요하다고 생각한다. 국제회의에서 이런 제안을 하는 데 빠질 수가 없다' 이렇게 설명해야 장기적으로 좋은 관계가 돼요. 친구를 사귈 때도 친구한테 '나는 담배를 싫어하고 술도 싫어한다'고 해야지, 체면 때문에 친구와 친하게 지내려고 담배 피고

술 마시며 건강을 상하면 좋은 관계가 오래 유지됩니까? 좋은 친구가 되려면 확실히 얘기해야죠. 마찬가지예요. 북한 눈치 보면서 이랬다저랬다 참여했다 안 했다 하면 나쁘죠. 그러니까 북한이 깔보게 되죠."

민주당이 밀어붙인 대북전단살포 금지법도 우려할 만하지 않습니까.
"대북 전단 살포는 나도 반대해요. 그렇지만 법을 갖고 금지한 건 도저히 명분이 없어요."

북한이 대북전단 금지를 요구한 게 아니냐고 보는 시각도 있죠.
"북한이야말로 우리한테 전단을 많이 보냈습니다. DJ 정부 때 '대통령이 비서와 무슨 관계가 있어서 청와대에서 부부싸움이 그칠 날이 없다'는 내용의 전단을 삽화까지 그려 살포한 것을 본 기억도 있습니다. 또 사이버전도 계속하고 있어요. 그러면서 우리는 못 하게 한다는 게 말이 안 되잖아요. 북한이 요구했기 때문에 법으로 금지한다? 우리가 잘못한 거예요. 오랫동안 좋은 친구를 사귀기 위해 자기 원칙까지도 어긴다는 건 말이 안 돼요. 정부는 인접 주민의 피해 때문이라고 하는데, 인접 주민 안보는 정부가 지켜야죠. 북한이 무력으로 위협하니 금지한다는 논리인데 햇볕정책의 제1원칙에 어긋나요.
과거 휴전선에 뉴스, 드라마, 스포츠 등을 틀어주는 전광판이 있었어요. 내가 청와대 있을 때 북한에서 그 전광판을 없애달라 했어요. 끝까지 반대했는데 내가 주일 대사로 간 뒤 없앴어요.

새로운 주류의 탄생

2007년 노무현-김정일 정상회담의 조건 중 하나로 북한이 요구했다고 해요. 세계인이 접근 가능한 드라마도 못 보게 하고, 보면 중죄로 처벌한다? 심각한 인권 박탈이죠. 사람들을 우민화해 가둬놓은 정권에 그런 협조는 못 한다고 했어요. 그렇게 (북한 요구를) 따라가서 쉽게 평화를 얻으려는 태도는 나빠요. 근본적으로는 상황을 더 악화시키는 일이라고 생각해요."

최근 김정은 위원장이 시진핑 중국 국가주석과 친서를 교환했습니다. 바이든 정부가 출범한 직후라 더 눈길을 끌었는데요.

"북한과 중국의 관계가 그리 단순하지 않아요. 중국 처지에서 북한은 미국을 상대할 때 쓸 수 있는 카드죠. 중국도 북한이 핵무기를 개발하는 걸 절대적으로 반대합니다. 유엔 제재에도 다 중국이 찬동했잖아요. 친서를 교환해도 북·중 관계가 늘 우호적이지만은 않아요. 경우에 따라 중국에 북한이 전략적 자산이기도 하지만 전략적 부담이 될 수도 있어요. 북·중 관계는 둘 사이를 왔다 갔다 합니다. 지금은 아마 자산으로 볼 거예요."

김 위원장은 핵무기를 정권교체를 막는 유일한 보장책으로 간주하지 않겠습니까.

"핵무기 없이도 권력은 안전하다고 인식할 수 있는 상황이 오거나, 김 위원장 본인이 핵무기 없이 정권을 지킬 수 있다는 자신감을 갖든지 해야죠. 맹자 말씀이 '나라를 지키기 위해서는 민신民信, 국민 신뢰를 얻는 것이 가장 중요하다. 다음으로 족식足食,

먹는 게 넉넉해야 한다. 끝으로 족병^{足兵} 즉 군대가 튼튼해야 한다'라고 했습니다. 맹자도 군대가 필요하다고 봤지만 그보다 앞서는 안보를 국민 신뢰로 꼽았어요. 김 위원장이 이 점을 깨달으면 좋겠어요. 과거에 김대중 전 대통령께서 '북한이 핵무기를 개발하는데 어떻게 해야 하느냐' 묻기에 제가 '대통령께서 영향력이 있으시니 맹자 말씀으로 북한을 설득해 보십시오'라고 말했어요."

김 위원장이 주택 건설 현장을 자주 방문한다고 합니다. 민생에 신경 쓴다는 모습을 보이려 하는 것 같습니다.

"좋은 일이잖아요. 바로 족식에 해당하는 겁니다. 국민이 변했다는 뜻도 돼요. 애쓰지 않으면 자기 권력에도 문제가 있다는 자각이 있으니 그러는 것 아니겠습니까. 다만 김정은 정권에는 좋은 신호인가 생각해 봐야 해요. 또 지방 사람들도 '왜 평양만 잘사느냐'는 인식을 품을 수도 있죠. 그러면 북한 정권은 꼼짝 못 하도록 엄하게 다스리겠지만 앞날은 모를 일이죠."

권력에 균열이 오고 있다는 징후일 수도 있겠네요.

"그럴 수 있겠죠. 권력이 그간 '참아라, 혁명만 해라'고 했다면 이제는 국민이 '그럴 수 없다'고 하는 것이라고 볼 수도 있어요."

바이든 정부는 한·미·일 공조를 중시합니다. 그러려면 한일관계를 개

새로운 주류의 탄생

선해야 하는데, 주일대사를 역임한 입장에서 대일 관계는 어떻게 풀어야 한다고 봅니까.

"대일외교에서는 국민의 의사와 정서가 굉장히 중요합니다. 이번 정부가 그걸 상당히 훼손했어요. 전에는 일본의 친한^{親韓}적인 사람들, 양심적 시민운동가들이 열심히 우리 편을 들었어요. 2000년대 초에는 일본 대중의 정서가 엄청나게 친한적이었어요. 일본에도 한국과 좋은 관계를 만들려는 모임이 많아요. 그들과 같이 간다는 생각을 해야 했는데, 문재인 정부가 별 소득 없이 한일관계를 굉장히 훼손했어요. 국내에서는 '죽창가'나 '토착왜구' 운운하면서 분열을 만들어놓고요. 지금은 또 말을 바꾸고 있잖아요? 일본 정부도 2015년에 나름대로 무리를 해가며 위안부 합의에 나섰다고 알고 있어요. 미국의 회유도 있었겠죠. 일본 국민 처지에서 보면 합의해도 번복하니 한국과 어떻게 협상할 수 있느냐 생각할 수 있어요. 일본과의 협력은 아주 중요해요. 일본 국민도 우리 정부를 신뢰하고 바라보기가 참 힘들게 됐어요."

한국의 발견

공직에서 물러난 이후 그는 교육과 저술 작업에 매진했다. 2010년 이후, 그러니까 칠순을 넘기고 쓴 책만 해도 『낙동강』(2010), 『아웅산 테러리스트 강민철』(2013), 『가장 시소한 구원』(2015), 『장성택의 길』(2016) 등 공저와 단독저서를 포함해 10권에 달한다. 내가 그를 만날 즈음엔 『한국의 발견』(2021)이 출간됐다. 그에게 물었다.

왜 '한국의 발견'이라는 표현을 썼습니까.

"1950년 한국전쟁을 계기로 동서 양 진영의 대결이 굉장히 격화했어요. 군사·경제·정치·이념 영역을 모두 포괄할 만큼 엄청난 대립으로 치달았죠. 그런데 38년이 지나 한국의 서울에서 개최된 올림픽이 격화돼 있던 동서 간의 대립을 완화하고 해소하는 역할을 했어요. 88서울올림픽에는 소련도 참가했잖아요. 나는 소련을 1970년대부터 다녀서 친구들이 좀 있어요. 그들이 말하길 88서울올림픽이 자기네한테 혁명적 충격을 줬다는 겁니다. 고르바초프Mikhail Gorbachev의 측근조차 통제 경제로는 도저히 발전할 수 없다는 점을 알고는 있었지만 감히 말할 수 없었는데, 한국에서 올림픽을 하는 모습을 보고는 비로소 말할 수 있게 됐다고 했어요. 헝가리나 폴란드에 가서도 똑같은 얘기를 들었어요. 한국이 세계에서의 자기 위치, 위상을 발견한 셈이죠. 대학교 1학년 때 아놀드 토인비Arnold Toynbee의 『역사의 연구A Study of History』를 봤는데, 거기에 이런 말이 나와요. 후진국의 인텔리는 높은 문명에서 배워 낮은 문명에 전달해주는 일종의 연락장교단이라고요. 굉장한 반발감이 느껴졌어요. 실상 우리는 선진국으로부터 많이 배우는 과정을 거쳤죠. 그러나 그것은 모방과 답습이 아니라 자기를 발견하는 과정이기도 합니다. 그런 얘기를 썼어요."

새로운 주류의 탄생

"죽창부대·
토착왜구는
그들대로 두고
日 객관화
합시다"

균형 갖춘
일본 관찰자

이창위

"토착왜구로 상징되는 극단적 친일파와 죽창부대로 대표되는 극단적 반일파는 안 바뀝니다. 그들은 그들대로 두고, 일본을 객관화하면서 한일관계를 정립해야 해요. 북한의 핵·미사일 위협에 공동으로 노출된 양국에 다른 선택의 여지는 없습니다. 현재의 일본은 과거 군국주의 일본이 아니라는 사실만 인정해도 양국 간 갈등은 상당 부분 해결할 수 있어요."

이창위 서울시립대 법학전문대학원 교수는 몇 손가락 안에 드는 국제법 권위자다. 고려대 법과대학을 졸업하고 게이오대에서 동아시아의 해양 관할권 구조에 관한 연구로 박사학위를 받았다. 노무현 전 대통령이 탐독하고 장관들에게 권했다는 『우리의 눈으로 본 일본제국 흥망사』(2005)의 저자다. 당시 이 소식을 알리는 기사는 이렇게 전

이창위 ───────────────

1959년 출생 • 일본 게이오대 법학(국제법) 박사 • 국제해양법학회 회장 • 세계국제법협회(ILA) 한국본부 회장 • 서울시립대 법학전문대학원 교수

한다.

"대전대 이창위 교수가 쓴 이 책은 일본 군국주의가 태동한 과정을 일본 국가 전체의 권력구조 등과 연결해 분석했다. 노 대통령은 2월 이 책이 출간되자마자 읽기 시작했으며 장관들이나 참모들과 만날 때 이 책의 내용을 근거로 러일전쟁 때의 일을 자주 인용하고 있다. 지난 달 29일 국무회의에서 장관들에게 '청일, 러일 전쟁 등에 관한 책이 있으니 한번 읽어보라'고 권했고 몇몇 장관들은 이 책을 읽은 것으로 전해졌다."[14]

근작으로는 국제법과 국제정치학의 이중 렌즈로 한일관계사를 해부한 『토착왜구와 죽창부대의 사이에서』(2023)가 있다. 이 교수에 따르면 반일反日이 정치 풍토병이 된 근본 이유는 우리가 역사를 객관화하지 못한 데 있다. 게다가 일본의 전후戰後 청산이 애매하게 처리됐다. 2023년 8월 1일 서울시립대 연구실에서 그를 만나 시곗바늘을 대한민국 초창기로 돌려봤다. 이야기는 1951년 미국 샌프란시스코에서 연합국과 일본이 맺은 샌프란시스코 강화조약에서 시작된다. '샌프란시스코 체제'를 빚어낸 바로 그 조약이다.

---

14 《동아일보》 2005년 4월 5일 자 〈盧대통령 '일본제국 흥망사' 탐독〉.

"치욕스럽지만 역사적 팩트"

강화조약에서 한국은 당사국이 되지 못했습니다. 배상받을 권리를 가진, 즉 전승국이 아니었고요. 이로 인한 후과後果가 무엇인가요.

"일본의 한반도 침략과 식민 지배 책임을 제대로 물을 수 없게 된 게 가장 크죠. 미국은 일본과 싸우지 못한 한국의 조약 참여를 허용하지 않았어요. 한국전쟁으로 냉전이 격화하던 당시 미국은 일본에 대해 '관대한 강화' 정책을 펴면서 전쟁 책임을 엄격히 추궁하지 않았습니다. 만약 한국이 강화조약의 당사국이었다면, 협상에서 일본에 분명한 책임을 물을 수 있었을 겁니다. 국제법상으로 보면, 한국은 1945년 8월 광복 이후부터 정부 수립 시점까지 3년간 일본에서 '분리된 지역'이었어요. 강화조약에 일본의 식민 지배 책임이 명시되지 않았기 때문에 우리로서는 배상금 문제와 관련해 도리가 없었죠."

한국 정부도 강화조약의 당사국이 되기 위해 나름대로 노력하지 않았나요.

"이승만 대통령은 강화조약의 당사국이 되기를 희망했어요. 1951년 7월 존 덜레스John Dulles 미국 국무장관은 양유찬 주미 한국대사에게 "일본과 교전 상태에 있었고, 1942년 연합국 공동선언에 참가한 국가들만 강화조약의 당사국 될 수 있다"라고 통보했습니다. 양 대사는 한국군이 일본군과 교전했고 임시정부는 일본에 선전포고까지 했다고 주장했지만, 미국은 임시정부를

새로운 주류의 탄생

승인하지 않았기 때문에 그 선전포고는 무의미하다고 했고요.
광복 당시 광복군 규모는 500명 전후였어요. 500명조차 중국의
장개석 부대에 편재돼 있었습니다. 치욕스럽지만 역사적인 팩트
예요."

당초 강화조약 초안에는 독도가 한국의 영토로 명기됐다. 이후 독도
를 일본령으로 한다는 6차 초안이 작성됐다. 최종본에서는 독도에 대
한 언급이 사라졌다. 구체적으로 강화조약 제2조는 "일본은 한국의 독
립을 승인하고, 제주도와 거문도, 울릉도를 포함한 한국에 대한 모든
권리, 권원 및 청구권을 포기한다"라고 규정해 독도를 누락했다. 일본
이 '독도 영유권' 주장의 지렛대로 삼는 것도 이 대목이다. 독도를 포
기한 적이 없으니 여전히 일본 영토라는 논리다. 이 교수의 반론이다.

"강화조약의 영토 규정은 한국의 대표적 외곽 도서만 표시한 이
른바 '예시 규정'이기에 일본의 주장은 설득력이 없습니다. 외려
조약 제19조(d)[15]에 의해 일본은 미군정 조치를 승인할 의무가
있으므로 독도는 한국 영토가 돼요. 즉 일본은 연합국 최고사령
부GHQ의 각서 SCAPIN 677과 SCAPIN 1033이 규정한 독도에
대한 일본의 행정권과 일본인의 접근권이 금지된다는 내용을 승

---

15 샌프란시스코 강화조약 제19조 (d): 일본은 국제연맹의 위임통치제도와 관련된 모든
권리와 소유권 및 청구권을 포기하고, 신탁통치를 이전에 일본의 위임통치권 하에 있
었던 태평양 제노에 이르기까지 확대하는 1947년 4월 2일의 유엔 안전보장이사회의
조치를 수용한다.

인할 의무를 집니다."

일본이 2023년 방위백서에서도 독도 영유권 주장을 되풀이했는데요. 일본의 이런 태도가 사과나 관계 개선의 진정성을 저해하는 꼴 아닙니까.

"독도에 대한 일본의 입장은 분쟁의 존재를 확인하고, 한국을 설득해 국제재판으로 문제를 해결하자는 겁니다. 독도 영유권에 대한 일본의 주장은 설득력이 없으니 우리는 민족감정과 정치적 입장을 배제하고 독도의 분쟁지역화부터 피해야 할 겁니다."

진보 진영 일각은 박정희 전 대통령이 체결한 1965년 한일기본조약이 잘못 끼운 첫 단추였다고 봅니다. '굴욕'이나 '매국'이라는 표현을 쓰기도 하고요.

"당시로서는 쿠데타로 집권한 관동군 출신 장교가 일본의 사과를 받지 못한 채 애매한 성격의 한일기본조약과 청구권협정으로 경제 개발 자금을 받는다는 게 용납되지 않았어요. 저는 결과적으로 '굴욕과 매국' 논리는 틀려버린 셈이 됐다고 봅니다. 일본으로부터 받은 청구권 자금은 경부고속도로, 포항제철, 소양강댐 건설 등 경제발전의 필수 인프라 구축에 사용돼 고도성장에 기여했어요. 1965년 한일 간 국교 정상화는 기적의 경제성장을 이룬 결정적 계기였다고 할 수 있습니다."

한일기본조약과 청구권협정은 냉·온탕을 오가는 한일관계사의 발

새로운 주류의 탄생

단發端이다. 이 조약으로 구조화된 질서를 '65년 체제'라고 한다. 한일 기본조약 제2조와 청구권협정 제2조의 해석에서 양국 입장은 첨예하게 갈린다. 핵심 낱말은 의도적 모호성intentional ambiguity이다. 민감한 쟁점은 명시하지 않거나 각자의 중의적 해석이 가능하도록 타협안을 도출했다.

한일기본조약 제2조에는 "1910년 8월 22일 및 그 이전 양국이 체결한 모든 조약과 협정이 이미 무효임을 확인한다"라고 돼 있다. 한국은 1910년 한일병합조약과 그 이전의 강제조약이 체결 시부터 무효라고 해석했다. 일본은 해당 조약이 체결 당시엔 합법이었으나, 한국의 독립 시점에 무효가 됐다고 해석했다. 일본이 식민 지배 책임을 인정하지 않는 현실을 고려한 고육지책이었다. 청구권협정 제2조는 양국은 서로에 대한 재산, 권리 및 이익과 청구권 문제가 "완전히 그리고 최종적으로 해결됐다고 확인한다"라고 규정했다. 이를 놓고 양국은 독립 축하금(日)과 배상금(韓)으로 달리 해석한다.[16] 이 교수의 말마따나 "서로의 마지노선을 건드리지 않고 국교를 정상화한 것"이다.

> **'65년 체제'는 미국 냉전 전략의 일환으로 구축됐습니다. 이러다 보니 과거사 해결에 소홀했던 게 아니냐는 지적도 있는데요.**
> "문재인 정부 시절 한일관계가 최악으로 치달았을 때 '65년 체제'의 재편 문제가 주목받았죠. 그런데 1965년에 한국이 그렇게라도 일본과 국교를 정상화할 수밖에 없던 국제정치적 상황을

---

16 『토착왜구와 죽창부대의 사이에서』 93~102쪽 참조.

이해해야 합니다. 동아시아에서 냉전 구조가 굳어지자 미국은 한일 양국에 협상과 화해를 종용했어요. 1961년 베를린 장벽 건설, 1962년 쿠바 미사일 위기, 1964년 통킹만 사건과 중국의 핵 실험 등 냉전이 격화된 상태에서 1965년 10월에는 베트남 파병도 본격적으로 시작됐고요. 우리에겐 다른 선택의 여지가 없었습니다. '샌프란시스코 체제'의 연장선에서 '65년 체제'가 출발했기 때문에 과거사 문제를 제대로 처리할 여유가 없었죠. 국제 정치의 현실은 냉정합니다."

위안부 지원 단체 등에서는 일본이 '법적 책임'을 이행하라고 주장합니다.

"국가 간 위법행위 내지 불법행위를 인정하면 국가책임을 진다고 해요. 국가책임은 통상 원상복구 아니면 금전 배상, 진정한 사과, 책임자 처벌 등으로 이뤄집니다. 원상복구와 책임자 처벌은 이제 불가능해요. 위안부 문제에 있어 일본은 금전적으로 배상한다는 말은 하지 않았지만, 돈을 기금에 출연해 위안부 할머니들의 명예를 회복하는 데 쓴다고 했어요. 법적으로 볼 때는 국가책임을 이행한 겁니다. 2015년 12월 28일 아베 신조 총리가 직접 오지는 않았으나 외상이던 기시다 후미오 현 총리가 윤병세 외교부 장관과 위안부 합의를 했지요. 일본으로부터 추가로 사과를 받는 것은 무의미합니다. 과거사 문제는 국제법적으로 모두 해결됐다고 봐야 합니다."

새로운 주류의 탄생

위안부 합의는 아베가 총리였기에 가능했다고 보나요.

"아베는 일본의 극우를 상징하는 정치인이었잖아요. 아베가 미국의 압력 탓에 한일관계를 정상화하지 않으면 안 되는 상황에서 위안부 문제에 대해 일본군의 관여를 인정했어요. 이 점이 가장 중요합니다. 그전까지는 일본군의 관여를 애매하게 인정했어요. 일본 극우 진영에서도 아베가 하는 일이니 마지못해 용인해준 겁니다. 그리고 아베 본인이 사과한 횟수만 19번이에요."

그럼에도 한국에서는 일본이 과거사에 대한 반성과 사죄에 인색하다는 인식이 여전합니다. 반면 일본에서는 한국이 이미 합의한 과거사 문제를 때마다 거론한다는 불만이 나오고요. 이 간극을 어떻게 해야

합니까.

"국제사회에서 사과는 국제법적 문서나 공식 선언으로 완성됩니다. 일본은 1983년부터 2018년까지 총리와 일왕이 과거사 문제에 대해 53회 사과합니다. 내용도 식민 지배, 창씨개명, 징용, 위안부, 침략전쟁까지 망라했어요. 책임과 사과를 더 요구하는 건 과거 전승국이 패전국에나 할 수 있는 겁니다. 우리가 생각하는 '진정한 사과'는 21세기 국제사회에 존재하지 않습니다. 위안부 합의 후에도 강제 연행 증거를 부인하는 일본 정치인이 있지만, 이를 모두 문제 삼고 항의하는 건 무의미해요."

'법정의 친구'

2018년은 한일관계사에서 또 하나의 변곡점이다. 그해 9월 25일 문재인 대통령은 아베 총리를 만나 화해치유재단 해산을 통보했다. 그러면서도 "위안부 합의를 파기하거나 재협상을 요구하지는 않겠다"라고 했다. 이 교수는 "앞뒤가 맞지 않는 주장"이라면서 "문 전 대통령의 반일 정책은 한미관계 악화의 출발점이자 촉매가 됐다. 정치적 이득을 위해 미국이 지지한 위안부 합의를 흔들어 한국 외교의 방향을 바꿨다"라고 말했다. 같은 해 10월 30일에는 대법원이 일제 징용 피해자들에게 해당 일본 기업이 배상해야 한다는 판결을 확정했다. 일본은 주일한국대사를 불러 항의하는 등 강하게 반발했다.

새로운 주류의 탄생

일본은 2018년 대법원 판결을 기존 합의와 약속을 어긴 국제법 위반으로 봅니다.

"대법원은 청구권협정을 국내법으로 해석하는 등 시종일관 국제법을 국내적 관점에서 부인했습니다. 한국 헌법을 이유로 일본 판결을 승인하지 않았고, 한국 법으로 신일철주금을 일본제철의 승계 기업으로 인정했어요. 개인의 손해배상청구권이 소멸하지 않았고, 국가와 개인을 분리해 외교적 보호권이 행사되지 않았다고 판시했습니다."

개인의 권리가 국가 간 합의(청구권협정)로 사라질 수 있느냐가 쟁점인데요.

"대법원은 국가와 개인의 '연결고리'를 부정함으로써 '일괄보상협정'으로서 청구권협정의 존재 의의를 부인했어요. 이 판결은 '국제법상 의무 위반은 국내법으로 정당화되지 않는다'라는 국제법 원칙에도 반합니다. 신의성실의 원칙, 약속 준수의 원칙 및 금반언禁反言, estoppel의 원칙을 부인하고 사법부의 권한을 넘는 내용을 담았어요. 국가 간 합의와 무관하게 개인의 청구권이 인정된다는 주장은 국제법적 정당성을 갖지 못합니다. 일본도 패전 후 개인의 청구권을 인정했지만, 이는 실현될 수 없는 형식적 권리를 인정한 것으로 대법원의 입장과 맥락이 달라요."

미국은 '사법 자제의 원칙'에 의해 법원이 행정부와 협의해 외교적 사건에 대한 판결을 내리지 않습니까.

"선진국은 사법부가 행정부와 협의해 외교적 사건을 판단합니다. 영국은 '행정부 확인서'를 받고 미국은 '법정의 친구'라는 제도로 국무성과 전문가 의견을 들어요. 태평양전쟁 당시 노역에 동원됐던 미국 전쟁포로들이 1999년 미국 주재 일본 회사를 상대로 소송을 제기한 사건이 있었는데요. 연방 지법의 워커Vaughn Walker 판사는 2000년 9월 판결에서 원고의 청구를 기각하며, '샌프란시스코 강화조약으로 경제적 측면에서 원고들의 고난에 대한 보상은 거부됐지만, 원고들과 수많은 전쟁 생존자들이 자유롭고 평화로운 세상에서 자신들과 후손을 위한 삶의 풍요로움을 누리는 것이 바로 그 보상이다'라고 판시했습니다."

한국 대법원 판결과 정반대인 셈인데요.

"법원이 국무성 의견을 듣고 '사법 자제의 원칙'을 지켰기 때문이죠. '국민의 안녕이 최고의 법이다'라는 로마법 원칙과 '전체의 평화가 부분의 처분에 맡겨져서는 안 된다'는 미국 사법부 입장이 재확인됐다는 점을 주목해야 합니다. 미일동맹은 이 판결 이후 더 견고해졌고요."

이 교수는 국제법 중에서도 국제해양법에 정통하다. 국제해양법학회 회장도 지냈다. 그가 최근 주시하는 사안은 대륙붕공동개발협정 문제다. 한일 양국은 1978년 6월 체결된 대륙붕공동개발협정으로 동중국해에서 대륙붕의 경계획정을 유보하고 석유 자원을 공동 개발하기로 합의했다. 협정은 2028년 6월 종료된다. 일본은 3년 전에 종료를 한국에 통보할 수 있다. 협정이 종료되면 양국이 해당 해역을 절반씩 나눌 이유는 사라진다.

> **대륙붕공동개발협정 종료가 한일관계 갈등의 새로운 뇌관이 될 수 있어 보이는데요.**
>
> "한일 양국은 1978년 6월 체결된 대륙붕공동개발협정으로 동중국해에서 대륙붕의 경계 획정을 유보하고 일단 석유 자원을 공동 개발하기로 합의했죠. 일본은 1969년 국제사법재판소의 북해대륙붕사건 판결 때문에 중간선 원칙을 한국에 밀어붙일 수 없었어요. 그러다가 1980년대부터 배타적경제수역EEZ의 등장으로 일본에 유리한 환경이 조성됩니다. 중간선이 해양 경계의 대세가 돼 일본은 협정을 유지할 필요가 없게 됐죠. 일본은 2025년 6월 한국에 협정 종료를 통보할 겁니다. 국제법적으로 한국이 절대 불리한 상황이에요. 정부가 지금부터 대비해 피해를 최소화해야 합니다."

국제해양법과 관련해 또 다른 현안은 일본의 후쿠시마 오염수 방류 방침이다. 더불어민주당은 일본이 해양 오염 방지 의무를 규정한 유엔해양법협약과 폐기물의 해양투기를 금지한 런던협약·의정서 등을 위반하는 것이라고 주장하고 있다.

> **야당은 후쿠시마 오염수 방류 문제를 국제해양법재판소에 제소하자고 했습니다.**

"원전 사고 발생 후 2년간 오염수 방류로 후쿠시마 주변 해역에 피해가 발생했지만, 태평양 전체 생태계는 영향을 받지 않았어요. 2013년 3월부터 일본은 다핵종제거설비로 오염수를 정화해 탱크에 보존했고, 국제원자력기구의 검증을 거쳐 방류를 결정했고요. 유엔해양법협약은 해양환경의 보호와 보전 및 분쟁 해결 절차를 상세히 규정하고 있지만, 그 절차를 오염수 문제에 그대로 적용하기는 어려워요. 방대한 해양환경 피해와 인과관계 입증도 쉽지 않죠. 문재인 정부도 국제해양법재판소 제소를 진지하게 검토했다가 포기했어요. 오염수 방류는 런던협약상 해양투기에 해당하지도 않아요."

당당하게, 일본 바라봐야

2023년 3월 21일 국무회의에서 윤석열 대통령은 "이제는 일본을 당당하고 자신 있게 대해야 한다"라고 말했다. 이 교수 역시 "일본의 잘못을 단호히 지적하되, 일본을 당당하게 바라봐야 한다"라고 강조했다. 그는 "일본에 유학 갔을 때만 해도 일본 지식인들은 '한국에 죄의식을 느낀다'는 말을 달고 살았다. 한국의 국력이 일본과 동등한 수준에 이르자 그들의 한 수 접어주는 태도는 사라졌다. 도리어 한국에 라이벌 의식을 느낀다"라고도 했다.

말하자면 한국은 더는 식민지도 변두리 국가도 아니다. 산업화와 민주화, 탈냉전을 거쳐 한국은 과거의 제국주의 국가와 어깨를 겨누는 국력을 갖췄다. '샌프란시스코 체제'와 '65년 체제' 당시의 한국은 오늘날 없다. 한반도를 식민 지배한 일본조차 그렇게 생각한다. 친일·반일 프레임을 넘어 선진국의 눈으로 한일관계를 직시할 때다. 이것이 '대한민국 75년과 일본'을 다룬 이 인터뷰의 고갱이다.

"조세 있는 민주주의가 좋은 민주주의 입니다"

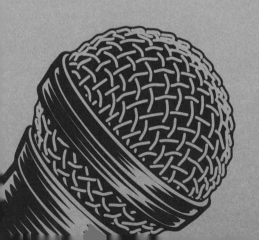

조세통通이 된
노동운동가

손낙구

1986년 경기 안산시 반월공단 위장취업.
1999년 민주노총 대변인. 2004년 민주노총 정책국장. 2004년 심상정 민주노동당 의원 보좌관. 2008년 민주노동당 대변인. 2011년 손학규 민주통합당 대표 보좌관. 2022년 이재명 더불어민주당 대선후보 선거대책위원회 정책본부 부실장.

손낙구 보좌관(김정호 민주당 의원실)은 1962년생이다. 그를 수식하는 단어 사이에는 묘한 이질감이 있다. 특히 2011년을 기점으로 단절선이 뚜렷하다. 그는 민주노총 시절 문재ਮ를 갖춘 대변인으로 명성을 얻었다. 단병호 (당시) 위원장보다 유명하다는 말이 돌 정도였다. 그런 그가 거대 정당인 민주당으로 적을 옮겼으니 그 자체로 뉴스거리였다.

'노동계 '입' 손낙구, 손학규 브레인으로', '손학규 정책보좌관에 민

손낙구 ─────────

1962년 출생 • 건국대 문학(역사학) 박사 • 민주노동조합총연맹(민주노총) 대변인 • 정책국장 • 국회 보좌관(민주노동당 · 더불어민주당)

새로운 주류의 탄생

주노총 출신 손낙구', '손학규로 간 손낙구', '진보 보좌관 임명…손학
규 더 좌로?', '손학규, 보좌관에 전 민주노총 대변인을 선임', '손학규,
노동계 '입' 출신 孫 보좌관 발탁'.[17]

그에게는 유쾌한 회고가 아니다. 2022년 4월 6일 국회에서 만난 그
는 과거를 담담히 되뇌었다.

> "20대 중반에 노동운동을 시작해 40대 후반을 진보정당 일선에
> 서 맞이했던 가난한 가장家長이 막다른 골목에서 온전히 월급 받
> 는 직업 중 하나를 선택한 것이었어요. 지금 다시 돌아봐도 그
> 이유였죠. 또 심상정 의원과 끝까지 민주노동당 분당을 막으려
> 애서 봤는데 잘 안 됐잖아요. 사실상 민주노동당이 문 닫게 되
> 면서 운동가로도 지쳤죠. 내 딴에는 그런 사정으로 취직한 건데,
> 언론에 기사가 많이 나서 심리적으로 굉장히 힘들었어요."

2011년 6월 26일 박상훈 후마니타스 대표는 《한겨레》에 〈손낙구의
선택〉이라는 칼럼을 썼다. 핵심은 "그는 재능이 있는 사람이고 의지도
굳고 전문성도 있는 사람이었지만, 진보의 세계 안에서 삶을 유지할
방법을 찾긴 쉽지 않았다"라는 거다. 손낙구가 말했다.

---

17 '노동계 '입' 손낙구, 손학규 브레인으로'《한겨레》, '손학규 정책보좌관에 민주노총 출
신 손낙구'《중앙일보》, '손학규로 간 손낙구'《경향신문》, '진보 보좌관 임명…손학규
더 좌로?'《매일경제》, '손학규, 보좌관에 전 민주노총 대변인을 선임'《조선일보》, '손학
규, 노동계 '입' 출신 孫 보좌관 발탁'《한국경제》.

"상훈이도 자기 나름에는 나를 생각해서 쓴 건데, 저는 힘들었어요. 말하자면 힘들고 부상당해서 운동을 더 못하고 후방으로 가는데, 막 관심을 받으니 힘들더라고요.(웃음)"

'대표 없이 과세 없다'

사실 그를 만나기로 마음먹은 계기는 따로 있다. 그 얘기부터 해보자. 그는 2008년 『부동산 계급사회』, 2010년 『대한민국 정치사회 지도』를 냈다. 2022년에는 『조세 없는 민주주의의 기원』(이하 『기원』)을 출간했다. 각주만 1,000개가 넘는 대작이다. 읽다 보면 경제 규모에 비해 조세 부담률이 낮은 '작은 조세국가'의 근본 바탕이 일제강점기에 있음을 알게 된다. 그가 2015년 건국대에 제출한 박사학위 논문 「일제하 세무관서의 설치와 운영」이 뼈대다.

노동운동가가 조세 문제를 파고드는 역사학자가 됐습니다.
"연결고리를 찾는다면 민주주의라고 할 수 있죠. 제가 오랫동안 가졌던 문제의식은 민주화가 됐는데 보통 사람들한테 절박한 노동·주거·복지 등 사회경제적 문제가 왜 민주주의에서 중요한 문제로 다루어지지 않느냐는 것이었죠. 노동운동할 때부터 계속 고민이었죠. 미국 시민혁명 때 슬로건이 '대표 없이 과세 없다no taxation without representation'예요. 영국·프랑스의 시민혁명도 유사한 성격을 지녔죠. 즉 조세 문제를 계기로 민주주의가 성립하

새로운 주류의 탄생

고, 그 뒤에는 조세의 지출이라 할 수 있는 복지가 민주주의의 중심 의제가 됩니다. 조세로 한국 근대국가 형성 과정을 살펴보면 한국 민주주의의 구멍을 들여다볼 수 있고 대안도 모색할 수 있지 않을까 싶어 연구를 시작했어요."

노동운동가로서 가졌던 관심이 이어지는데, 다만 렌즈가 달라진 거네요.

"조세로 민주주의를 들여다보면 실질적 내용을 들여다볼 수 있다고 생각한 거죠. 국회에 보좌관으로 들어와서 기획재정위원회에도 있다 보니 고민이 깊어졌죠."

노동운동을 했으니 최장집 고려대 정치외교학과 명예교수가 제안한 '노동 없는 민주주의'의 틀로 더 깊이 파고들 수도 있었을 것 같은데요.

"'노동 없는 민주주의'는 노동이 중요한 의제로 안 다뤄지는 민주주의와 노동자 계급을 기반으로 하는 정당이 없이 보수만의 독점적인 정치체제라는 두 가지 점을 문제 삼잖아요. 그러면 해답은 노동자 계급 기반 정치세력을 만드는 거예요. 일견 너무나 정당한 얘기지만 현실적으로 우리 사회에서 너무 먼 길이에요. 제가 민주노동당 활동도 해봤잖아요. 노동계급 기반 정당을 만들면 다 해결된다? 국회 와서 보니까 아닌 것 같은 거예요. '노동 있는 민주주의'가 먼 훗날 실현된다 해도 그 이전에 '조세 있는 민주주의'를 실현하면 훨씬 나은 민주주익를 만들 수 있다는 생각도 했고요."

『기원』에는 소득조사위원회라는 식민 통치 기구가 소개된다. 소득
조사위원회는 프로이센과 일본에서 납세자의 투표로 선출된 대표들
이 독립적으로 과세표준을 결정할 수 있는 제도를 일컫는다. 일제는
이를 식민지 조선에 이식하면서 성격을 180도 바꿔버린다. 그는 『기
원』에 "소득조사위원의 사회적 배경을 분석한 결과 이들의 역할은 '대
표 없는 과세' 체제의 취약성을 보완하는 외형적 전시행정 장치이자,
지역유력집단을 조세행정의 파트너로 조직하여 제한적 범위에서나마
동의의 기반을 확대하려는 수단이었다"라고 썼다.

> 소득조사위원회는 저를 포함해 일반 독자들이 처음 접해 봤을 것 같습
> 니다.
> "굉장히 흥미로웠어요. 일본에서 이 제도를 직접선거로 운영한
> 게 더 흥미로웠고요. 일본은 후발 자본주의 국가였는데도 근대
> 민주주의 출발이라 할 수 있는 세금납부자선거체제를 일찍 시작
> 해요."

조선 총독은 입법 명령을 통해 개인소득세를 도입했다. 그의 설명대
로라면 일본에서는 정부가 제출한 소득세법 개정안이 제국의회에서
번번이 부결되거나 대폭 수정된 데 비해 조선에서는 납세자의 동의나
수정이 있을 수 없었다는 것이다.

일제가 남긴 '대표와 동의 없는 강압적 과세'라는 유산은 납세자에게 세금을 수탈로 받아들이게 합니다. 역사와 현실을 연결하는 게 조심스럽지만, 한국 사회에 존재하는 '세금폭탄' 담론과의 연결고리가 있을까요.

"세금은 국가와 사회에서 갈등의 원천이에요. 납세자들이 직접선거로 대표를 선출해 그들의 동의 아래 조세를 어떻게 거둘지, 누구에게 더 많이 거둘지, 무엇을 위해 어디에 쓸지를 결정하는 게 민주주의의 태생적 원리죠. 한국 민주주의는 이 과정이 없던 거예요. 민주주의 안에서 갈등을 해결하는 규칙을 마련해야 했는데 그러질 못했으니 갈등이 심화할 수밖에 없는 셈이죠. 거기다 복지 경험도 일천하기 때문에 '강제적으로 뺏겼다'거나 '내봤자 나한테 돌아오느냐'는 의식이 팽배할 수밖에 없죠. 동의가 안 되는 거죠."

'대표와 동의 없는 강압적 과세'는 시민의 자율성과 권리를 강조하는 자유주의가 한국 현대사에 뿌리내리기 힘들게 한 고리처럼 느껴집니다.

"정치학에 자유화 단계를 거쳐 민주화로 나아간다는 이론이 있어요. 자유화 단계의 핵심은 정치적 반대의 자유가 사회적으로 정착했다는 겁니다. 우리는 자유화가 없는 상태에서 일거에 보통선거권이 여성에게까지 주어졌죠. 보통선거권이 민주화의 지표거든요. 반면 유럽에서는 민주화 이전 자유화 단계 때 '조세있는 민주주의'가 성립해요. 즉 사회경제적 문제가 민주주의의 핵심 의제가 돼 있는 상태에서 보편적 선거권의 민주화 단계로

│ 넘어간 거죠."

사회경제적 문제는 그가 세상을 이해하는 핵심 키워드다. 그는 『기원』 서문에 이렇게 썼다.

"10년 민주정부도 거쳤는데 왜 보통 사람들의 삶은 여전히 고단하고 팍팍한가? 민주화운동 세력 중 상당수가 정치를 변화시킬 수 있는 실질적 지위에도 올랐는데, 왜 평범한 보통 사람들의 사회경제적 문제에 대해 해결 능력이 취약하고 심지어 무심하기까지 한 것일까."

한국 정치는 사회경제적 문제와 관련 없는 이슈로 대립하는 경우가 많습니다.

"민주정부 시기에도 DJ 때는 남북관계, 노무현 정부 때 사학개혁과 지역감정 문제, 문재인 정부 때 검찰개혁 등에 지나치게 올인all in한 면이 있죠. 물론 김대중 정부의 IMF 경제위기 극복이나 문재인 정부의 코로나19 방역, 또 노무현·문재인 정부 때 부동산 투기에 대한 대책 등 사회경제적 이슈가 중요한 담론이 될 때도 있었죠. 하지만 이는 의도했다기보다는 상황이 닥치니까 달라붙었던 거죠. 민주 정부가 노력해서 노동·주거·복지 등의 문제를 정치의 중심 의제로 삼아보지는 못했어요. 냉정히 보면 그렇죠."

민주당 정치인들에게 '검찰개혁이 먹고사는 문제와 무슨 관련이 있느냐' 질문하면 '궁극적으로는 먹고사는 문제와 연결된다'는 답이 돌아

새로운 주류의 탄생

옵니다.

"민주화 세력을 외형적으로 주도하고 혜택도 더 많이 본 민주당의 주류, 즉 민주당 일군의 세력이 가진 인식이 그런 쪽(사회경제적 문제가 아닌 이슈)으로 조금 더 경도돼 있다고 생각해요. 민주화 이후에도 그쪽으로 자꾸 몰입하고 지나치게 힘을 집중하다 보니 이쪽 영역(사회경제적 문제)이 휑해지죠. 그러다 보니 민심과 간극이 생기고 뒤에 가서는 자꾸 주저앉게 되고요. 민주화 세력에 '조세 없는 민주주의'에 대한 인식이 조금 부족했지 않나 싶어요. 그런 생각을 전부터도 했는데, 책을 쓰면서 계속 했죠."

민주화 이후에 어느 정권이 작은 조세국가의 한계를 벗어나려 가장 애썼습니까.

"사회보장비까지 합한 조세부담률을 기준으로 보면, 이명박 정부 때 완연한 하강세였어요. 박근혜 정부 마지막 해에 다소 회복하는 수준을 보였다 그 뒤 문재인 정부에서 이전에 비해 가파른 증가세를 보였죠. 이를 포함해 노무현 정부와 김대중 정부 때 조세부담률이 올랐는데, 민주 정부 때 상대적으로 증가하는 추세죠. 민주당이 국민의힘에 비하면 조금 더 복지에 긍정적이고, 특히 DJ 때부터 확충하려 노력했잖아요. 다만 민주당도 복지 확대를 위해 증세를 해야 한다고 국민을 설득할 엄두는 내지 못했죠."

증세 공론화에 관한 한 거대 양당과 정의당 등 어떤 정치세력도 자유롭지 못한 셈 아닙니까.

"민주노동당이나 정의당은 양당만큼 권한을 갖지 못했으니 책임을 묻기 어렵죠. 정권을 번갈아 가며 담당했던 거대 양당은 증세에 대한 의욕을 거의 내지 못했고, 심지어 감세 기조까지 내건 책임이 있죠. 정의당은 일단 명분상으로는 민주노동당 때보다 증세 담론을 적극적으로 내세우려 했죠. 그러나 의석수도 없고 권한을 갖지 못해 그 이상의 힘을 보탤 수가 없었죠."

복지는 주장하면서 증세에 대한 공론화를 하지 않는 것은 한국 진보의 한계 아닙니까.

"정치가 적극적으로 복지 담론을 형성하다 보면 이를 위해 재원이 필요하다는 얘기가 나올 겁니다. 복지를 위한 증세 협상이 의회에서 이뤄지고, 여기서 협약이 체결될 때 돌파구가 생기죠. 그런데 한국에서는 복지 선거가 계속 안 이뤄지잖아요. 담론은 계속 엉뚱한 데서 형성되고, 지난 대선도 부동산정책 실패에 대한 선거이자 문재인 정부 심판 선거가 되면서 복지 선거가 되지 못했죠."

지난 대선에서 이재명 민주당 후보는 '소확행(소소하지만 확실한 행복)' 시리즈를 통해 생활밀착형 공약을 대거 내놨다. 이 중 '탈모약 건강보험 적용' 공약이 대표적인 히트 아이템으로 꼽혔다. 손낙구는 소확행 시리즈의 실무 책임자였다. 진보를 자처하는 세력이 고작 이런 공약을 복지랍시고 내놓는단 말인가. 내심 이렇게 생각하던 참이라 뻐딱한 투로 물었다.

새로운 주류의 탄생

증세를 위한 설득에 자신이 없으니 획기적 복지국가 담론 대신 소확행이라는 이름으로 자잘한 복지정책을 통해 표를 얻으려는 것 아닙니까.

"소확행은 복지국가 담론과 짝을 이루는 거예요. 복지국가라는 큰 담론을 피부에 와닿는 세부적인 내용으로 구체화한 거죠. 그러니 복지국가 담론과 소확행을 대비시키는 건 적절치 않다고 봐요. 거대 공약도 많이 냈어요. 20개 가까이 됩니다. 하지만 국민들이 거기에 옛날만큼 관심을 안 가져요. 기자들도 소확행에 대해서만 취재하는 거예요."

이번에는 특히 공약 선거가 아니었죠.

"이재명 후보는 증세를 설득할 복지국가 구상 대신 기본소득과 국토보유세를 내놨는데 말하자면 잘 안 먹혔죠. 다음 선거에서는 복지국가 해법으로 큰 그림을 제시하고, 이를 세부적으로 구체화하는 소확행 공약을 짝지어 내놓으면 의미가 있겠죠."

부동산 6계급의 이해관계

전작은 부동산 불평등을 다뤘고 이번 책은 조세를 다뤘습니다. 마침 민주당의 정권 재창출 실패를 부동산 조세 정책에 대한 저항이라고 해석하는 시각이 있는데요.

"『부동산 계급사회』에서 부동산 6계급을 제안했어요. 1계급은 부동산 부자예요. 주택 수로는 여러 채를 가진 계급이죠. 6계급은 지하방이나 고시원 같은 데 사는 사람들이에요. 폭등하면 1계급은 자산이 늘어나니 무조건 좋죠. 2계급은 집을 한 채 가진 사람인데, (희비가) 갈리죠. 강남에 한 채 갖고 있는 사람은 좋고, 강북이나 시골에 한 채 갖고 있는 사람은 장기적으로 손해죠. 6계급은 가격이 폭등하면 '폭망'하죠. 부동산 가격이 폭등해 6계급부터 2계급 다수까지 고통스러워진 게 민심 이반을 불러왔죠. (다만) 부동산 가격 상승에 따른 조세 저항은 부분적인 현상입니다. 거기에 해당하는 유권자는 소수죠. 그러나 부동산정책 실패, 나아가 대다수 보통 사람이 가진 절박한 삶의 문제를 정치에서 중요하게 다루지 못한 점에 대한 민심 이반이 대선의 실패로 이어진 건 사실이죠."

지난 대선에서 정의당이 참패했습니다. 심상정 의원과 함께 일하기도 했는데, 어떤 소회가 듭니까.

"아쉽죠. 2010년에 『대한민국 정치사회 지도』를 쓰면서 분석했을 때도 (당시) 민주노동당이 지지 기반을 정확히 찾지 못한 상태였어요. 정의당도 그 상태를 못 벗어나니 선거 구도에 따라서 지지율의 부침이 심해요. 민주당이 확실히 이기거나 확실히 질 것 같은 선거에서는 (성적이) 잘 나오죠. 유권자들이 미래 투자 개념으로 표를 주니까요. 박빙 구도로 가면 유권자들이 진보정당의 미래에 투자할 여력이 없으니 지지율이 낮아져요. 어려운 조건에서 심 의원이 진보정당의 짐을 외롭게 여태까지 짊어져 왔고, 이번에도 고생이 많았죠."

진보논객의 대명사인 홍세화 장발장은행 은행장은 《신동아》 2021년 1월 호 인터뷰에서 민주화운동 세대(86세대)를 두고 "제대로 공부를 한 것도 아니고 실제로 돈 버는 게 얼마나 어려운지도 모르는 민주건달"이라고 지칭했다.

86세대의 지적 불성실함을 지적하는 홍세화 씨의 평가에 대해 어떻게 생각합니까.

"제가 얼치기 역사학자잖아요.(웃음) 한국 근현대사를 공부해 보니 1920년대와 1980년대에 지식인 집단이 대거 농민과 노동자 속으로 들어가요. 세계사에서도 보기 드문 현상인데, 이후 30~40년의 시대정신을 만드는 값진 자양분이 됩니다. 이것이 한국 근대 100년의 값진 지성사라고 생각한 적이 있어요. 사실 그런 지향성을 포기하지 않고 노동자와 농민 속에서 활동하는 사람들도 아직 있어요. 민중 속으로 들어가진 않았지만 그런 마음으로 한국 사회에 대해 공부한 사람들도 있죠. 홍 선생님이 지목한 일군의 대상이 있겠죠. 그러나 그들이 이 값진 지성사를 대변할 수는 없다고 봐요. 홍 선생님의 지적과는 별개로, 1980년대부터 민중 속에서 헌신해 온 사람들이 사회 변화에 많은 기여를 했잖아요. 그에 대한 공을 충분히 평가해야 하지만, 한계를 성찰하고 이를 극복하는 노력도 매우 중요하죠. 그것이 민주화를 완성할 수 있는 열쇠가 아닐까 생각해요."

그는 학자형 달변가다. 말을 듣다 보면 독서의 넓이와 깊이가 느껴진다. 홍세화식 분류법을 빌리자면 '민주건달'에서 가장 거리가 먼 민주화운동 세대일지도 모르겠다. 그런 그가 적을 옮긴 뒤 대중적으로 가장 뚜렷한 존재감을 발산한 때는 2012년이다. 그해 민주통합당(현 민주당) 대선 경선에 나선 손학규 후보의 슬로건이 '저녁이 있는 삶'이었는데, 그 기획자가 손낙구다. 이때를 계기로 그는 민주당에 더 깊이 착근해 갔다.

지금은 '민주노총 손낙구'보다 '민주당 손낙구'가 더 자연스러워 보입니다.
"노동운동을 마무리한 지가 올해로 18년이 됐으니 '민주노총 손낙구'라는 표현은 자연스럽지 않은 게 당연하죠. 손학규 대표 보

새로운 주류의 탄생

좌관을 시작하면서 마음속으로 생각한 게 두 가지가 있었는데, 첫 번째는 '지금부터 나는 생계형 보좌관이다. 온전한 월급을 계속 받는 게 매우 중요하다'라는 것이었어요. 두 번째는 젊은 날 노동운동을 선택해 40대까지 보람 있게 했는데, 그 시간을 후회하지 않을 상황을 만들어야 한다는 것이었죠. 노동운동한 걸 후회하면 내 인생 전체가 불행해질 수 있으니까요. 그러지 않으려면 경제적으로 더 상황이 악화되지 않아야 한다고 생각했죠. 그러면 후회해 버릴 거 아니에요? '뭐 한다고 노동운동해서 말년이 이렇게 비참해지는 건가' 생각할 수 있으니⋯. 민주당에 와서 그 두 가지는 나름 지켜왔고 현재까지는 그 앞의 삶을 후회하지 않아요."

가장家長의 밥벌이는 신성하면서도 고단한 일이다. "밥에는 대책이 없다. 한두 끼를 먹어서 되는 일이 아니라, 죽는 날까지 때가 되면 반드시 먹어야 한다. 이것이 밥이다. 이것이 진저리 나는 밥이라는 것이다."[18] 손낙구는 낯선 정당에서 고단한 밥벌이를 하는 속에서도 어떻게든 의미를 찾는다. 그가 가진 미덕 같기도 하다.

"생계로 왔지만 전에는 못 하던 걸 할 수 있게 되더군요. 민주노총에서는 조합원 역량을 갖고 대중조직의 역할까지만 할 수 있었고, 민주노동당 때는 의원 10명으로 할 수 있는 일만 했는데,

---

18 김훈, 『밥벌이의 지겨움』 중.

민주당에 오니 의석도 많고 또 그때는 당대표실에 있었으니 할 수 있는 게 많았죠. 당시 '협동조합 기본법'을 발의해 통과까지 됐는데, 민주노총과 민주노동당에 있었으면 못 할 일이었죠."

11년 전에는 민주당에 입당하지 않겠다고 했는데, 아직도 당원이 아닙니까.

"생계를 위해 보좌관이 되는데 입당을 필수적으로 해야 한다는 게 (이치에) 맞지 않다고 생각했어요. 손 대표께도 설명했죠. '신념을 위해 민주당에 왔거나, 나중에 민주당에서 국회의원 출마할 계획으로 온 게 아니라 취직을 위해 왔는데 입당하는 것은 노동운동을 함께 했던 동료들한테 얼굴을 들 수가 없는 일입니다'라고 했죠. 손 대표가 '그럴 수 있겠구먼. 그렇게 해'라고 말씀하셔서 (입당하지 않고) 그냥 있었어요. 그러다 분위기가 변했어요. 국민의힘 계열 정당과 격돌이 심해지면서 입당에 대해 이전보다 (기준이) 타이트해졌죠."

조선노동당 당원이 되는 것도 아니고

그는 "그런 건 버틸 수 있었다"라고 했다. 과거 동지들에 대한 미안함 때문이었으리라. 그런 그가 입당하지 않을 수 없게 되는 계기가 생긴다. 현재 동지들에 대한 미안함이 주된 이유다.

새로운 주류의 탄생

"보좌관이 당연직 대의원이 되는 거예요. '보좌관님 당연직 대의원 올립니다' 하면 내가 '당원이 아니야' 설명해야 하고, 다른 친구한테 하라고 부탁해야 하고…. 그 뒤에는 보좌관 직책 당비가 생기더라고요. 그러니 (입당하지 않은 상태로) 그렇게 있는 게 불편해지고 다른 보좌진들한테 미안해졌죠. 계속 보좌관으로 일하려면, 즉 생계를 위해 당원이 돼야 하는 상황이 됐죠."

생계를 위해 보좌관이 됐고 생계를 위해 당원도 된 셈이네요.
"원래도 (입당이) 중요하다고 생각한 건 아니에요. 무슨 조선노동당 당원이 되는 것도 아니고.(웃음)"

인터뷰를 마친 뒤 그는 다시 밥벌이의 현장인 보좌관 책상으로 돌아갔다.

"검찰개혁은
진보가 아니라
기득권
싸움입니다"

견결하고
단호한 좌파
김규항

책장에 기대 카메라를 응시하는 김규항의 눈
빛이 매섭다. 웃음기 없는 얼굴 사이로 견결한 원칙주의자의 표정이
스쳤다. 2021년 2월 3일 오후. 서울 마포구 서교동은 고요했다. 약속
장소인 북 카페에는 우아한 클래식 선율만 도드라졌다. 이런 분위기에
서 『혁명노트』(2020)의 필자와 진보, 위선, 기득권에 대해 대화하려니
영 어색했다. 인터뷰에 응한 계기부터 물었다. 마침 그는 이즈음《중앙
일보》에 칼럼을 연재하기 시작했다. 전에는《한겨레》와《경향신문》에
글을 썼던 그다. 진영 논리로 세상을 재단하는 이들의 눈에는 그의 행
보가 '일탈'로 보일 것이다. 별로 개의치 않는다는 표정으로 그가 말
했다.

김규항 ─────────────────────────────
1962년 출생 • 한신대 독어독문학과 졸업 • 사회문화비평지《아웃사이더》편집주
간 • 어린이 교양지《고래가 그랬어》발행인

　　　　　　　　　　　　　　　　　　　　새로운 주류의 탄생

"저는 지금의 진보·보수 구도에 동의하지 않습니다. 안티조선 운동과 관련해서 '조·중·동' vs '한겨레·경향'이라는 구도가 생겼는데, 제 관점은 아니었고 자유주의자들의 의제였죠. 안티조선 운동에 저를 포함한 좌파 일부가 연대했던 셈인데, 지금은 그런 구도가 유의미하지 않죠. 최근《한겨레》기자들의 집단 반발에서 드러났듯, 이미 진영 논리로 추락했고요. 그러니 저한테는 모두 '우리 신문'은 아닌 겁니다. 제 생각을 시민과 소통하는 수단일 뿐이죠."

단호하다. 그는 1998년 첫 칼럼을 쓰면서 언론에 등장했다. 이후 진보논객으로 이름을 날렸다. 2000년에는 진중권 광운대 교수, 홍세화 장발장은행 은행장과 잡지《아웃사이더》를 창간했다. 개중에서도 그는 유독 계급 문제에 천착했다. 혹자는 그를 두고 '비타협적 좌파'라고 평했다. 한때 진중권과 격렬한 '진보 논쟁'을 벌인 적도 있다. 그러다 두 사람이 오랜만에 같은 전선에 섰는데, 바로 '조국 사태' 때다.

조국·오연호가 깨버린 룰

'조국 사태'에 대해 쓴 글을 읽어보면 분노가 느껴질 정도였습니다.
"좌우를 막론하고 (조국 사태에) 분노를 안 느끼는 게 오히려 이상하다고 생각해요. 예전에 제가 그런 말을 한 적이 있습니다. '보수적인 부모들은 아이가 일류내 힉생이 되길 바라고, 진보적인 부모들은 아이가 의식 있는 일류대 학생이 되길 바란다'라고 요. (86세대인) 제 또래들에 대한 비판이었죠. 조국 씨는 그중에서 도 아주 독특한 캐릭터 같아요. 사회적 발언과 (실제) 행태가 배 치되는 수준도 그렇고, 그런 행태가 공론화됐을 때 파렴치함의 수준도 그렇고요."

2010년 조국 당시 서울대 교수는 오연호 오마이뉴스 대표기자와 『진보집권플랜』을 출간했다. 이 책은 공전의 히트를 기록했다. 당시 김 규항은《한겨레》칼럼을 통해 책 제목을 문제 삼으며 "'시민집권플랜' 혹은 '민주집권플랜'쯤이면 충분하다"라고 쓴 바 있다.

10년 전부터 민주당계 정당이 진보를 참칭하고 있다고 본 셈입니다.
"지금 더불어민주당을 진보라고 일컫는데, '진보집권플랜'이 나 오기 전만 해도 민주당은 스스로를 개혁세력이라고 했어요. 일 종의 룰이 작동한 겁니다. 진보는 좌파적인 의미, 그러니까 노동 계급 문제나 사회주의·사민주의적 전망을 논하는 세력을 지칭 했는데 두 사람(조국, 오연호)이 룰을 깼죠. 일종의 역사적 전환이 라고 생각해 (두 사람을) 비판하는 글을 썼습니다."

김규항·진중권의 '진보 논쟁'은 이때 발발했다. 진중권이 같은《한 겨레》칼럼을 통해 김규항을 겨냥해 "'전능한 위치'에서 '진짜 좌 파'와 '가짜 좌파' 딱지를 붙이고 있다"라고 비판한 것이다. 그러면서 진중권은 "(김규항이) 조국·오연호에게 '중산층 엘리트' 딱지를 붙였

다. 정권이 바뀐다고 조국 교수의 팔자가 설마 획기적으로 바뀌겠는
가. '중산층'에 '엘리트'쯤 되면 굳이 '좌파' 딱지 없어도 먹고 산다"라
고 썼다.

> 진 교수는 정권 바뀐다고 조국 교수 팔자가 바뀌겠느냐 썼는데, 결과
> 적으로는….
> "제가 아까 역사적 전환이라고 표현했는데, (당시) 진중권 씨가
> 생각이 짧았죠."

> 두 분은 인연이 있지 않나요.
> "아주 친하지는 않았지만 인연은 오래됐죠. 제 결혼식 사진에도
> 나오는 인물이니까요.(웃음) 근래는 못 봤어요."

> 진 교수와의 논쟁에서 "개혁우파 세력이 집권하면 세상이 어떨까는
> 전주를 보면 된다. 버스 노동자들이 86일째 추위와 폭력 속에 파업하
> 고 있는데 민주당이 장악한 전주시와 전주시의회는 이명박보다 덜하
> 지 않다"라고 썼습니다. 문재인 정부의 행태를 예측한 것처럼 보입
> 니다.
> "예측이 아니라, 이미 그때도 겉으로 드러나지 않았을 뿐 수면
> 아래에는 완성 단계에 있는 문제였습니다. 스캔들이 터진 뒤에
> 야 조국 씨에게 실망한다? 너무 둔한 거죠. 진중권 씨와 논쟁할
> 때 저를 '진보감별사'라고 말하는 사람들도 있었어요. 그런 얄고
> 경박한 태도가 사유주의 세력이 진보 딱지를 차지하고 (진보정치

의) 현실을 장악해 가는 상황을 더 악화시킨 셈이죠."

흔히 문재인 정권을 두고 '운동권 정권'이라 한다. 그가 보기에는 허구의 딱지 붙이기다. 그의 블로그에서 찾은 문장에 따르자면 그렇다.

"그들이 고수하는 운동권 습성이 딱 하나 있긴 하다. 당시 적, 현재의 극우 기득권 세력을 여전히 사회 진보와 윤리의 유일한 기준으로 삼는 것이다. 그래서 희한한 상황이 연출된다. 극우 세력의 특권과 자산을 제 것으로 만드는 걸 사회 진보이자 윤리 회복이라 믿는다."

문재인 정부는 검찰개혁과 공수처(고위공직자범죄수사처) 설치가 역사의 진보라고 주장합니다.

"(내세운) 대의명분은 그런데, 사실은 엘리트 권력끼리의 기득권 싸움입니다. 검찰을 어느 쪽이 장악하느냐의 문제죠. 여권이 노무현 전 대통령의 죽음 때문에 검찰에 부정적 감정을 갖는 건 이해합니다. 저는 노 전 대통령이 검찰 때문에 돌아가셨다고 생각하지는 않습니다. 고졸로 대통령까지 된 분이 그깟 모욕을 받았다고 죽겠습니까. 그분이 죽은 건 너무 허무한 상태에 처했기 때문이었겠죠. 2009년 노 전 대통령이 홈페이지에 '여러분은 저를 버려야 한다'고 쓰기도 했어요. 《한겨레》 사설 제목은 '노 전 대통령, 국민 가슴에 대못 박았다'였습니다. 그런데 노 전 대통령이 돌아가시니 (여론이) 확 바뀌어버렸어요. 한 정권에 대한 평가

새로운 주류의 탄생

가 완전히 뒤바뀌는 것은 지나치게 감상적이죠. 정치인들은 그 것을 이용하고요."

지금은 '조국 지지'냐 '조국 반대'냐가 정치 성향을 나누는 잣대처럼 쓰입니다.

"저는 자유주의 진영 내의 윤리 논쟁에 불과하다고 봅니다. 한 국 사회 상위 20% 끼리의 싸움이죠. 80%의 삶엔 큰 의미가 없 고요. 그 윤리 논쟁을 사회 진보와 관련한 엄청난 대립인 것처럼 부풀리는 게 극렬 지지자들이죠. 매우 나쁜 의미에서 종교 체제 입니다. 그들은 이렇게 말합니다. '노동문제도 중요하지만 지금 은 수구세력을 절멸하는 게 선결 과제다. 그러니 이 정권을 지켜야 한다.' 파탄이 난 논리죠. 사회 진보가 한 정권, 한 인물의 수호로 환원되는 것은 우상화입니다. 나치나 스탈린주의, 모택동의 중국도 마찬가지였죠. 사회주의를 자처하는 저 위(북한)의 말도 안 되는 전제정도 같은 우상화에 빠져 있죠."

박노자와 강남순, 의아하다

화제를 다른 진보논객으로 돌렸다. 박노자 노르웨이 오슬로대 교수는 2020년 12월 11일 《한겨레》 인터뷰에서 "조국 교수는 한국 사회의 상류층이다. 문제가 됐던 일부 부분은 상류층 관행이었다"라고 했다. 이어 "검찰이 조국 교수의 신상을 털 만큼 털었다. 대학원생 착취 건, 성희롱 건이 하나도 안 나왔다. 이런 교수가 대한민국에 얼마나 있겠나"라고 주장했다. 김규항과 박노자는 한 시대를 풍미한 진보논객 중에서도 가장 급진적인 축에 속한다는 공통점이 있다.

> **박노자 교수는 왜 그런 주장을 할까요.**
> "저도 궁금하군요.(웃음) 그의 주장은 (조 전 장관이) 잘못이 없다는 건가요, 잘못은 분명한데 다른 사람에 비해 가혹한 대우를 받는다는 건가요. 지식인으로서 부끄럽고 매우 궁색한 논리예요. 엘리트일수록 특혜 없이 평가받아야 한다고 말해야죠. 비슷한 취지의 주장을 하는 분이 많이 있죠. 강남순 교수(텍사스크리스천대)는 제가 발행하는 어린이 교양지 《고래가 그랬어》에 페미니

즘 꼭지를 연재하던 분인데….”

전말은 이렇다. 강남순 교수는 2019년 9월 1일 페이스북에 “법무장
관 후보자인 조국 교수를 끌어내리기 위하여 제1야당은 물론 소위 ‘진
보’라고 하는 이들이 ‘순수주의’를 내세우며 조국 교수만이 아니라 그
가족들에 대한 상상하기 어려운 야만적 비난을 퍼붓고 있다”라고 썼
다. 김규항이 덧붙였다.

“저는 ‘조국 반대’가 대단한 진보적 의제라고 생각하지 않아요.
그래서 좌파와 페미니스트가 그런 논리를 내놓으면 의아하죠.”

좌파와 페미니스트 지식인들이 평소에는 근본주의적인 이야기를 하
다가 조 전 장관에 대해 말할 때는 현실주의적 이유를 들이대는 것 같
더군요.
“그 현실이 뭘까요. 자신이 속한 계층이나 집단의 이해득실이겠
죠. 소신 있게 말해도 밥 벌어먹고 살 수 있는 사람들이 그러는
이유는 철학과 사회의식에 큰 구멍이 있다는 뜻입니다. 고작 이
런 일 갖고 ‘삑사리’가 날 정도면 도대체 이 사람들이 갖고 있는
지성이 어떤 거였을까 의심할 만해요.”

조국 백서로 불린 『검찰개혁과 촛불시민』에서 김민웅 경희대 교수는
“우리는 대통령만 바꾸고 이 사회의 기득권 체제에는 아직 손도 대
보지 못했다. 승리했다고 여겼으나 사실은 포위돼 있었다”라고 했습

니다.

"사실과 전혀 다릅니다. 민주화운동을 했던 자유주의 세력이 기존에 수구라고 불리던 세력과 대등한 수준에 이른 지는 오래됐어요. 사회 문화 부문에선 오히려 압도하죠. 그런 기반을 갖고 있었으니 『진보집권플랜』 같은 담론을 터뜨릴 수 있었던 겁니다. '기득권 세력에의 저항'이라는 표현은 맞아요. 단, 자신들이 기득권의 절반 이상을 점하고 있다는 사실은 빼놓고 얘기하죠. 그런 주장을 너무 진실한 표정으로 하면, 사회적 견해가 아니라 맹목적 신앙인 거죠. 제정신이 아닙니다."

홍세화 선생은 민주화운동을 한 86세대를 '민주건달'이라 칭했습니다. 제대로 공부를 한 것도 아니고 실제로 돈 버는 게 얼마나 어려운지도 모른다는 겁니다.

"건달이 들으면 서운할 겁니다. 건달들은 자신들과 양아치를 엄격히 구분합니다.(웃음) 양아치죠. 사익 추구에 명예 따위는 내팽개친 지 오래니까요."

그는 2019년 8월 22일 블로그에 "진보 기득권 세력의 최근 행동대장으로서 조국의 '애국이냐 이적이냐' 선동에 열렬히 호응하는 인민이, 그 실체도 모호한 사법개혁이나 공수처 설치가 유전무죄 무전유죄 현실을 바꿔줄 거라 믿는 인민이, 조국의 이해 추구 행태에 새삼 실망하고 분노하는 건 슬픈 코미디"라고 썼다.

새로운 주류의 탄생

왜 슬픈 코미디라고 했나요.

"사회경제적 상층이 조국 씨를 지지하는 것은, 뭐 그럴 수 있죠. 이해관계가 합치되니까요. 하지만 생존의 절벽에 있을 뿐 아니라 아이들의 교육 경쟁에서도 뒤처져 있는 사람들이 조국 씨를 지지하는 것은 참 슬픈 일이죠. 사이비종교 같은 거니까요. SNS에서 조국이 어떻고 추미애가 어떻고 매일 논쟁하는 사람들은 사실 상위 20% 계층이에요. 그들이 과잉 대표돼 있죠."

이 대목에서 그는 "민주당 지지세가 강력해진 배경을 이해해야 한다"라면서 말머리를 돌렸다. 이어지는 말에는 한국 노동운동의 역설이 응축돼 있다.

"1980년대 후반 울산, 거제의 대공장 정규직 등 대기업 생산직들이 노동운동의 주력이 됩니다. 이들이 독점자본, 즉 재벌과 부딪쳤습니다. 그러다 독점자본과 국가는 어느 순간 전략을 바꿉니다. 임금과 사내 복지 수준을 확 올리면서 대기업 정규직을 중산층화한 겁니다. 이후 대기업 정규직의 묵인과 협조 아래 신규 고용과 나머지 노동자를 몽땅 불안정 비정규직으로 만들었죠. 울산에 가보면 비정규직 노동자들이 '정규직 형님들'이라고 표현해요."

형님들이요?

"그들 세대에는 정규직 고용이랄 게 없으니 (정규직과 비정규직이)

세대 비슷하게 나뉘어버린 거예요. 한국의 상위 20%는 몇 개 독점자본과 대기업 정규직, 그리고 공공부문 정규직이 차지하고 있어요. 그 20%가 민주당 지지자의 주력이자 민주노총의 주력이에요. 이 사람들이 과거에는 진보정치를 지지했어요. 이제는 관심이 계급에서 주식과 부동산으로 바뀌면서 진보정치를 부담스럽게 여기게 됐습니다. 나름 과거에 민주화운동을 지지했으니 국민의힘을 찍을 수는 없고, 그러면 민주당이 딱인 겁니다. 노동 의제에서 두 세력의 차이가 없다는 걸 모르지는 않지만, 저쪽(국민의힘)은 수구라고 애써 강조하면서 민주당을 지지하는 거죠."

그럼 정의당이 민주당의 자리를 꿰차는 게 진보입니까.
"정의당은 태생부터 민주당 진영의 일부(참여당계)와 NL, 옛 진보신당에서 나간 PD가 결합한 애매한 성격을 띠고 있습니다. 원래 진보정치는 '의회 전술'이죠. 자본주의 변혁 혹은 개혁이라는 목표를 위해 의회를 사용하는 것이지, 의회가 최종 목적이 아니에요. 그런데 어느 순간부터 의회가 목표가 됐습니다. 몇 석을 얻느냐가 중심이 되다 보니 대중적으로 알려진 심상정·고 노회찬 같은 정치인들이 과過대표됐습니다. 이분들이 자유주의 진영에 가까워지면서 '민주당 2중대'라는 말이 나올 정도가 됐어요. 엄격히 말하면 진보정치는 잠정적으로는 궤멸한 상태죠."

도리 없는 시기가 있다

그의 블로그에는 이런 글귀가 있다. "그에 관한 오랜 속담이 있다. '유시민을 좋아하지 않는 데 필요한 건 기억력뿐이다.'" 배경은 이렇다. 2020년 1월 22일 유시민 당시 노무현재단 이사장은 2019년 12월 24일 유튜브 '알릴레오'에서 검찰이 노무현재단 계좌를 사찰했다는 의혹을 제기한 데 대해 "사실이 아니었다고 판단한다"라며 검찰과 재단 후원회원, 시민들에게 사과했다. 김규항이 말했다.

> "지난해에 정치비평을 하지 않겠다고 선언해 놓고 실제로는 깊숙이 개입하면서 (정치활동을) 했잖아요. 결국 사과까지 할 상황으로 이어졌는데, 사과의 문장은 정말 점잖고 성찰적이에요. 표정이 확 바뀝니다."

블로그에는 "얼마간 침묵하다가 잔뜩 사색하는 얼굴로 『어떻게 살 것인가』 같은 책을 내고, 그게 먹히면 다시 스위치가 켜지듯 예의 정치적 활동을 재개할 가능성이 높다"라고 썼던데요.
"성찰하는 표정과 교활한 정치활동, 이 두 가지가 계속 반복돼요. 유시민 씨는 그런 반복이 많은 대중에게 먹힌다는 것을 알고 있고, 그것을 계산하면서 행동하죠. 누구나 상황이나 처지에 따라 얼마간은 두 가지 모습을 모두 보입니다. 하지만 유시민 씨는 그 격차가 혐오감이 들 정도죠. 굳이 그렇게 살아야 할까요?"

민주당은 거대 의석을 갖고 별 토론 없이 쟁점 법안을 통과시키는데 자유주의 감수성도 부족한 것 아닙니까.

"민주당이 이념적으로 자유주의에 뿌리를 두고 있고, 내부에는 진보 이념의 찌꺼기까지 갖고 있지만 이젠 수구 정당입니다. 기득권 유지를 위해 의미 있는 사회 변화를 거부하는 집단을 수구라고 한다면 국민의힘은 구舊수구이고 민주당은 신新수구죠. 진영의 기득권을 늘리기 위해 모든 사회적 대의명분을 사용하면서 대중을 현혹하고 있어요."

그의 비평은 정치적이다. 좌파라는 지향을 명징하게 드러내고 이 기준에 맞춰 시사를 진단한다. 그의 태도는 정치적이지 않다. 대중에게 아부하지 않고 대중이 듣고 싶은 말을 해주지도 않기 때문이다. 이를테면 이런 식이다.

"많은 시민은 주권자로서 특정 정치세력의 이념이 자신이 속한 계급, 계층과 얼마나 합치되는지를 생각하지 않습니다. 정치는 사회 성원 일반이 가진 의식의 반영, 그 이상도 이하도 아닙니다. 시민들이 '우리가 어떤 꼴이기에, 얼마나 만만해 보이기에 정치권이 저럴까'라는 생각을 할 때가 됐습니다."

대중과의 접점이 줄면 공론의 장에서는 주변부로 밀려난다. 그는 "지난해 신간(『혁명노트』)을 냈더니 '대중과의 접촉이 적고 누구보다 조용한 논객'이라는 평이 나왔다"라고 했다.

새로운 주류의 탄생

특별한 이유가 있습니까.

"없습니다. 대중과 더 많이 접촉하려면 방송에 나가야 하는데, 방송에서 계급을 논하고 자본주의 극복을 이야기하면 그건 방송 사고인 겁니다. 명시적으로 쓰여 있지 않지만, 방송이라는 콘텍스트에는 엄격한 제약이 있고 어기면 모두가 불편해지죠."

활동을 안 한 게 아니라….

"저 개인이 아니라 (좌파적) 지향이 민주당이나 자유주의 세력에 계속 밀려나면서 쪼그라든 결과겠죠. 역사에는 그래프가 있고 노력해도 도리가 없는 시기가 있기 마련이죠. '조국 사태'는 불과 얼마 전 일이지만, 제가 민주당이 진보가 아니라고 비판한 건 벌써 20년이 돼가요. 그간의 사회적 상황을 고려하면 저의 주장이 대중적으로 읽히기는 어려웠겠죠."

'더 팔리기 위해 애써 대중과 코드를 맞출 생각은 없는 사람.' 그와 90여 분간 인터뷰를 한 뒤 든 생각이다. 그에게서 '이 정도면 글쟁이로서 괜찮은 삶'이라는 낙관이 읽혔다. 그는 "대중을 오랫동안 불편하게 했는데도 여전히 내 글을 읽는 사람이 있다는 건 감사한 일"이라고 했다.

"실력으로
86세대
이기고
싶습니다"

쓰레기에
꽂힌
진보 청년

이동학

그는 음지陰地에서 자란 사람이다. 그의 삶을 큰 덩어리로 요약하면 이렇다. 1982년 강원 화천에서 태어나 대전에서 자랐다. 열세 살 때 아버지를 잃었다. 생계를 위해 신문과 피자를 배달했다. 겨울엔 군고구마 장수가 됐다. 대전공고를 나왔다. 해병대 전역 이후 200만 원짜리 구닥다리 트럭을 사서 노점상을 했다. 토스트와 생과일주스를 팔았다. 스물네 살에 느닷없이 경기대 법학과에 입학했는데, '불법' 노점상을 하면서 법을 알아야겠다고 결심했기 때문이란다. 졸업 뒤엔 서울 영등포에 카페를 차렸다. 임차료 내기도 벅차 금세 접었다곤 했지만 말이다.

애처롭되 흥미를 돋우는 이 서사의 주인공은 이동학이다. 생글생글한 미소가 돋보이는 인상이다. 고난이 사람의 낯에 그늘을 드리운다는

이동학 ─────────────────────────────
1982년 출생 • 경기대 법학과 학사 • 새정치민주연합 혁신위원회 위원 • 더불어민주당 청년최고위원 • 쓰레기센터 대표

새로운 주류의 탄생

건 편견에 불과하다. 2015년 문재인 대표 체제의 새정치민주연합(현 더불어민주당)에서 혁신위원에 발탁돼 주목받았다. 그의 나이 서른세 살 때다. 혁신위에서 함께 활동한 인물 중 한 명이 조국 당시 서울대 교수(전 법무부 장관)다. 2021년에는 지명직 청년 최고위원에 기용됐다. 어느덧 사십 줄을 넘겼지만 지금도 청년 정치의 상징적 인물로 꼽힌다. '무늬만 청년'이 차고 넘치는 여의도에서 주류와의 싸움을 마다하지 않는 '진짜 청년'이다.

당내 선출직 경쟁에선 실패를 거듭했다. 전국청년위원장에 두 번 낙선했다. 대학생위원회의 산파이거늘 초대 대학생위원장 선거에서 떨어졌다. 지난해 전당대회에선 당대표에 출사표를 던졌지만 예비경선에서 탈락했다. 역량이 부족한 탓이라고만 말할 수는 없다. 그는 두 차례 전국청년위원장 선거에서 모두 현장 대의원 투표 1위를 했다. 빼어난 연설 솜씨가 빛을 발했다. 다만 강성 지지층 입김이 강한 권리당원 투표에서 큰 격차로 져 낙마했다. 반골의 피가 흐르는 소장파에게는 어쩌면 예정된 운명이었을지도 모른다.

지금은 쓰레기에 대한 관심이 각별하다. 2020년에 낸 『쓰레기책: 왜 지구의 절반은 쓰레기로 뒤덮이는가』는 누적 3만 권이 팔렸다. 출판 불황 시대에 인문·사회 도서로는 놀라운 판매고다. 최근에는 '전 민주당 최고위원'보다 '쓰레기센터 대표' 직함이 익숙하다. 그와 인터뷰한 날은 2023년 11월 9일이었는데, 이날 오전에도 초등학교에서 강연을 하고 왔다고 했다.

| "학교에 갔더니 아이들이 '나 저 사람 알아, 동학 아저씨 아니

야?' 이래요.(웃음) 이 친구들이 3학년 때 제 책을 읽었다는 거예요. 놀랐는데, '책이 잘 팔리고 있구나' 생각했죠."

환경 전문가로 경력을 이어가면 되지 않나요. 왜 꼭 정치를 하려 합니까.

"고등학교 3학년 때 세상을 바꿀 수 있는 방법을 세 가지로 정의했어요. 첫 번째로는 봉사활동을 하는 거예요. 전 세계는 아니어도 내가 돕는 사람의 세상을 바꿀 수 있죠. 두 번째로, 돈을 많이 벌면 세상을 바꿀 수 있어요. 1,000만 원 벌어 1,000명의 아이들에게 1만 원씩 기부하는 것도 세상을 바꾸는 방법이죠. 세 번째가 정치였어요. 좋은 법을 만들어 가장 효율적으로 세상을 바꾸는 수단이 정치라고 생각했어요. 쓰레기 문제에 대한 활동으로도 세상을 더 나아지게 할 수 있다고 생각하는데, 가장 효율적이고 강력한 수단은 정치예요. 그래서 '생활 정치인'으로 살아가는 겁니다."

그는 민주당 혁신위원이던 2015년 "(당이) 대기업을 적대시하고 기업주와 노동자를 가해자와 피해자로 보는 인식에서 벗어나야 한다"라고 했다. 민주당 주류의 인식과는 결이 명징하게 다르다.

한국 진보는 기업을 착취의 주체로 여기는 경향이 있습니다. 한데 기업을 적대시하지 말아야 한다는 주장을 해온 이유가 뭔가요.

"기업을 적대시해서 얻을 게 없어요. 기업이 불법·탈법을 저지

새로운 주류의 탄생

르면 사회정의 차원에서 조치를 취해야 하지만, 기업가들을 전부 도둑놈으로만 봐서는 안 되죠. 노동자뿐 아니라 기업도 사회의 중요한 주체입니다. 기업이 거둔 수익에서 나온 세금으로 복지도 해야 하는 상황이고요. 그리고 정당이 집권하면 기업가들을 중용해 함께 일하잖아요. 그런데도 (기업인들에게) 적대감을 갖는 건 위선적이라고 봤어요. 노동에도 악惡의 요소가 있고 기업에도 악惡의 요소가 있지, 노동이라고 선이고 기업이라고 악이 아니죠."

8년 전 '최저임금 인상 구호'를 두고 공허하다고 했던데요. 문재인 정부가 추진한 최저임금의 급격한 인상이 민심을 잃는 도화선 중 하나가 됐습니다.

"문재인 정부 내부에서도 논쟁은 했을 거예요. 다만 정책적으로 결단을 내린 거죠. 그 파고는 소상공인뿐 아니라 기업도 견디기 어려웠을 겁니다. 최저임금 인상과 자영업자 지원책, 임대료 정책이 패키지로 시행됐어야 해요. 소상공인 처지에서는 양쪽(피고용인, 임대인)에 뜯기는 상황이 돼버리니 화날 수밖에 없죠."

그는 한국 정치가 '복수극'에 매달리고 있다고 본다. 그의 말대로라면 "서로 가족의 뒤를 캐고 압수수색해서 상대를 감옥에 보내려는 방식"이자 "정치 사망 상태"다. 여당이 되면 무작정 밀어붙이고 야당이 되면 무조건 반대한다. 독주와 비토크라시vetocracy (상대 정책은 무조건 거부하는 파당 정치)는 한국 정치의 맨얼굴이다. 언론의 정치면을 메우는 건 정책이 아니라 상대를 인격적으로 모독하는 단어들이다. 양당 사이의 교착상태가 해소될 기미가 보이지 않는다. 그는 "산업화·민주화 세대에 기대하기는 어렵고, 다음 세대의 과제가 됐다"라고 했다.

86세대(1980년대 학번·1960년대 출생) 용퇴론도 묵은 이야기가 됐습니다. 결국 권력을 가진 자의 선의에 기대야 하는 한계가 또렷하지 않습니까.

"선의만 기대했던 건 아니에요. 세 가지를 지적했어요. 첫째, 86세대의 어젠다가 무엇이냐는 겁니다. 둘째, '사다리 걷어차기'라고 할까요. 올라오려는 에너지를 억누른다고 생각했어요. 셋째, (후세대를) 키워내는 노력조차 하지 않는다는 겁니다. 보수는 전관예우 하듯 관료 중에서 인재를 충원해요. 민주당은 시민사회와 운동권에서 충원하고 전문성 있는 사람을 한두 명 보태는 수준이었는데, 더는 빼먹을 데가 없는 거예요. 씨앗을 뿌리지 않으니 '이어달리기'를 할 사람이 없어요. '떴다방' 정당이 돼가는 겁니다. 지금도 저는 86그룹이 (민주당에) 아주 큰 영향력을 갖고 있는데, 올바른 방향으로 이끌지 못하고 있다고 생각해요. 그들만의 책임으로 볼 수 없고 자극제가 되지 못한 젊은 정치인들에게 첫 번째 책임이 있죠."

아래 세대가 정치적 에너지를 보여주지 못한 결과 아닐까요. 청년 정치가 실패한 현실을 직시해야 할 때기도 하고요.

"당연히 성찰하고 반성해야 해요. 저는 민주당 청년위원장이 돼

새로운 주류의 탄생

유럽의 청년당 모델을 도입하고 싶었어요. 독일 사민당과 청년 사민당을 찾아가 인터뷰해 보니, 이견을 거침없이 얘기하는 분위기였어요. 우리 양당에는 '내부 총질'이라는 무서운 단어가 횡행하잖아요. 주류와 생각을 달리하면 '틀렸다'고 하는 거예요. 사람 중심으로 사고하기 때문입니다. 그 사람이 그 말을 했으면 옳은 말이 되는 거예요. 양당이 똑같아요. 우리 세대도 더 용기 있게 말하면서 뚫고 나갔어야 했는데, 그런 점에서 반성이 필요하죠. 우리의 비전이 무엇이냐 물어도 공허한 거예요. 이번 선거에서는 누가 선의로 '물러나겠다'거나 '험지 가겠다'는 데 기대지 않고 비전을 갖고 경쟁할 수 있는 경선판이 있으면 좋겠습니다."

86세대의 상징적 인사들에 대한 불출마 내지 험지 출마 요구는 할 생각이 없습니까.
"저는 그런 요구를 하지 않을 겁니다. 실력으로 이기고 싶다는 생각이 훨씬 강해요. 현직에 있는 사람들이 국회의원 한 번 더 하면 세상이 더 나아지겠다는 기대감이 있으세요?"

기대감은 사실….
"많은 사람이 느끼는 바가 비슷할 거예요. 그러면 대체할 인물이 있어야 하잖아요. 싸워야죠."

민주당은 시민의 삶과 괴리됐다

상투적 반론을 들이밀자. 문제는 현실이라고. 멀리 갈 것도 없다. 그의 이력을 복기하면 된다. 그는 대의원 투표에 앞서고도 권리당원 투표에서 부진해 연거푸 좌절한 경험이 있다. 지금처럼 적대가 일상인 정치 현실에서 치러지는 총선은 어떻겠는가. 냉소하자면, 당내 경선은 '강경하고 결집력 강한' 당원들이 결정하는 무대가 됐다.

　　　　　　　　　　　　　　　　　새로운 주류의 탄생

경선의 성패를 결정하는 건 당원입니다. 민주당을 두고는 '개딸'로 대표되는 강성 지지층 문제를 거론하는 사람이 많은데요.

"정치인은 지지층이 원하는 일을 해야 할 역할이 있죠. 그리고 지지층이 원하지 않더라도, 혹은 싫더라도 해야 하는 일이 있어요. 지금 후자는 완전히 사라진 거예요. (지지층의) 호응을 받을 일만 하죠. 무책임한 겁니다. 미래는 물론 지구 반대편까지 내다봐야 하는 직업이 국회의원이에요. 연금개혁, 해도 벌써 했어야 됐죠. 임기 뒤로 미루려면 왜 정치를 하는 거예요? 정치가 지지층만을 위한 서비스로 바뀌고 있는 겁니다. 그러니 지금의 국회를 구성하는 사람들이 또 배지를 단다 해도 새로운 세상으로 가겠다는 기대가 없어요."

김용민 민주당 의원이 국회 시정연설을 마친 윤석열 대통령과 악수하면서 "이제 그만두셔야죠"라고 말했다는 사실을 스스로 공개했습니다. 강성 지지층에 어필하려 드는 건 당내 경선에 대한 두려움 때문 아닙니까.

"지지층이 있어야 공천받고 또 본선에 나갈 수 있다고 생각하니 그렇게 되는 거죠."

불편한 진실이겠으나, 당원이 극단화되니 정치인도 따라가는 셈 아닌가요.

"민주주의가 다수결만을 의미하는 건 아니에요. 민주주의는 합의이자 조율이에요. 저는 무조건 투표를 통해 당원들만의 의사를 받아들여야 한다고만 보지 않아요. 정당이 공론장을 어떻게 운영할지가 중요해요. 민주주의는 서로 마주 앉아 숙의하면서 각자의 생각을 보완·발전시켜 나가는 제도예요. 지금처럼 자기 의견을 확대재생산 하면서 사람을 모으고, 또 그들과만 교류하다 보니 (당이) 국민 평균의 생각과 계속 괴리되는 것 아닙니까."

그는 이 대목에서 지역별·광역별·전국별로 공론장을 시스템화하자고 했다. 그의 명명대로라면 '배심원제'다. 이런 식이다. 각 단위별로 100~500명씩 배심원을 둔다. 그들이 1~2주간 온라인에서 자유로이 찬반 의견을 낸다. 그 뒤 체육관 등의 장소를 빌려 토론을 한다. 사뭇 이상적으로 비칠 법한 제안이다. 하지만 이상이 없으면 정치인과 장사꾼이 다를 바가 없다. 그런 의미에서 그의 제안을 여기에 적어둔다.

"시스템 구축에는 돈이 들죠. 민주주의는 원래 돈이 들어갑니다. 이견 있는 사람과 마주 앉아 토론할 인내심을 키우는 거예요. 정치가 성난 시민을 육성하면서 사회를 화나고 스트레스 있는 곳으로 끌고 가선 안 되죠. 당내 경선도 마찬가지예요. 배심원제로 해야 해요. 배심원제는 한 방에 만들 수 없어요. 배심원단 관리부터 교육에 이르는 프로그램이 함께 돌아가야 해요."

배심원으로 참여할 사람들의 상당수는 을乙일 겁니다. 그런데 지금의 민주당은 고학력 중산층의 표를 받는 당이 된 것 아닙니까.
"배심원단은 지역을 돌아다니면서 이웃들과 검찰개혁에 대한

새로운 주류의 탄생

얘기가 아니라, 살아가는 이야기를 나눠야 합니다. 육아 문제도 나오고 어르신 돌봄 문제도 나오겠죠. 그런 이슈가 253개 지역위원회에서 보고서 형태로 한 달에 1~2건씩 올라와야 합니다. 당은 이를 종합해 정책으로 내야 해요. 그러면 '내가 돌봄 문제를 얘기했는데, 민주당이 정책으로 발표하네'라면서 정치 효능감을 갖게 되죠. 사람들의 삶과 민주당을 연결해야 해요. 민주당은 이 연결고리가 깨져버렸죠. 질문의 의도가 뭔지 알겠어요. 민주당은 괴리됐어요. 기득권 정당이 돼버렸고 가진 자들의 정당이 돼 있어요. '조국 사태' 때도 대전에 있는 제 친구들은 관심이 없었어요. 말로만 '깨어 있는 시민의 조직된 힘'을 얘기할 게 아니라, 실제로 사람을 만나 조직하고 얘기를 듣고 이것을 정책으로 연결해야죠."

이상을 경유했으니 다시 현실을 짚자. 민주당 내 계파 갈등 이슈다. 흔한 표현을 빌리면 '친명(친이재명) 일색' 구도 얘기다.

친명이냐 비명(비이재명)이냐 묻는다면 무어라 답하겠습니까.
"우리 모두 친명 아닌가요? 친명 호소를 하는 사람들은 있는 것 같아요. 비명계라고 자칭하는 분들도 있고요. 그런데 규모가 어느 정도인지, (친명과 비명 사이의) 경계가 어디인지는 잘 모르겠어요. 저는 지금 대통령이 아주 무능력하다고 생각하거든요. 그런데 민주주의니까 투표 결과를 존중하는 거예요. 이재명 대표도 마찬가지예요. 임기 동안 존중하는 거예요. 이견을 얘기하면 비명이고 좋은 말만 하면 친명이다? 그런 구분 자체가 바람직하지 않다고 생각해요."

총선에서 '비명 찍어내기'가 있지 않겠느냐는 전망이 많습니다. 조응천 의원은 "비명계는 '도마 위 생선' 신세"라는 표현도 했고요.

"가능성은 5대 5겠죠. 이재명 대표가 만약 그렇게('비명 찍어내기'를) 할 경우 이미지에 엄청난 타격을 받겠죠. 이재명이라는 사람은 다음에 대통령을 노려야 하는 사람이고, 민주당으로서는 아주 소중한 자원입니다. 확장하는 모양새가 아니라 나한테 반대하는 사람을 잘라내는 이미지로 간다? 굉장히 안 좋은 시그널이 될 겁니다. 경선에서 지는 것까지 (대표가) 이기게 만들지는 못하는 거 아닙니까. (다만) 물 흐르듯이 자연스럽게 돼야지, 인위적인 'MSG'를 첨가한다는 느낌이 나는 순간 이 대표한테 타격일 겁니다. 이 대표 입장에서는 오히려 (비명계를) 확 품어버리면 훨씬 큰 지도자의 이미지로 갈 수가 있죠."

이재명 대표의 험지 출마 요구에 대한 입장은 어떻습니까.

"이 대표가 헌신하는 모습을 보일 필요가 있죠. 이 대표가 인천 계양구 국회의원 보궐선거와 당대표 선거에 나오는 과정에서 그전에 이재명을 좋아했던 많은 사람이 '저건 아닌데' 생각했단 말이에요. (이 대표의) 그런 행보에 아쉬움을 느끼는 사람이 꽤 많아요. 저는 구체적으로 험지냐 뭐냐 말은 못 하겠지만, 그런 (헌신하는) 움직임을 보여줌으로써 확실히 달라진 이미지를 만들 수

새로운 주류의 탄생

있지 않을까 생각하죠."

지금 지역구(인천 계양을)에서 다시 출마하는 건 희생은 아니다?
"그건 희생 아니죠.(헛웃음)"

공존과 상생의 정치

조국 전 법무부 장관이 주도하는 '조국 신당'의 출현 가능성은 어떻게
봅니까.
"'조국 신당'을 막을 수는 없다고 생각해요. '조국 신당'이 나오
면 비전으로 국민을 설득해야 한다고 생각합니다. 그런데 '조국
신당'이 나올 경우 또다시 자녀 논란, 표창장 논란, 검찰 논란 등
으로 총선이 상당히 어지러워질 것 같다는 생각은 들어요."

민주당이 조 전 장관과 어떻게 관계 설정을 해야 합니까.
"관계 설정을 할 필요가 없죠. 군이 우리와 '친하다' '안 친하다'
얘기를 할 필요가 없고, (설사) 안 친하다고 한들 국민이 믿어주
시겠어요? 그냥 (현실을) 인정하고 가는 거죠."

선거제 개혁을 놓고 진전이 없습니다. 이번에도 비례 위성정당이 출현
할 것이라는 우려가 많은데요.
"위성정당 출현은 받아들일 수밖에 없다고 봐요. 대신 기존 정

당이 위성정당을 만들어 골목상권까지 침투해선 안 된다는 겁니다. 국민의힘은 애초 법에 동의한 바 없기 때문에 위성정당을 만들었다고 했습니다. 그런데 결국 법이 통과됐잖아요. 통과됐다면 인정하고 존중해야죠. 윤석열 대통령의 인기가 그리 좋지 않은 상황에서 위성정당까지 만든다? 국민한테 심판받을 겁니다. 민주당은 이전에 이미 약속한 대로 위성정당을 안 내는 게 맞습니다."[19]

그의 가족으로는 어머니와 누나가 있다. 가족은 그가 정치를 시작할 때 적극적으로 찬성한 편은 아니라고 한다. 하기야, 적대로 가득한 업業에 삶을 걸겠다고 하니 누가 반기겠는가. 지금은 누구보다 적극적인 지원군이다. 가족 얘기를 할 때 그의 얼굴에 미소가 번졌다.

"누나는 교사예요. 누나와 공무원 연금 문제로 엄청나게 싸웠어요. 제가 공무원 연금 개혁해야 한다고 설득했어요.(웃음) 각자 조금씩 자기 것을 내놓을 때 우리 사회가 더불어 잘 살 수 있잖아요. 나는 잘살고 옆 사람이 못살면 잠깐은 그 우월감에 취할 수 있지만, 옆 사람이 만약 '세상이 너무 부당하다'라면서 가진 자들을 공격하기 시작하면 역으로 더 위험해지는 길이에요. 그래서 저는 공존과 상생을 위해 정치의 역할이 정말 중요하다고 생각

---

19 이재명 민주당 대표는 2024년 2월 5일 긴급 기자회견을 열고 "준연동제(준연동형 비례대표제)의 취지를 살리는 통합형 비례정당을 준비하겠다"고 밝혔다. 현행 제도를 유지하면서 사실상 위성정당인 통합형 비례정당을 만들겠다고 공식화한 셈이다.

새로운 주류의 탄생

해요. 갈등이 났을 때 해결하는 것뿐 아니라, 갈등이 날 만한 일을 미리 파악하는 것도 정치의 역할입니다. 지금의 정치가 그런 역할을 못 하니 사회 도처에서 사람들끼리 싸우고 있는 거예요."

"전 세계가
안 해본
것을
해야 합니다"

진영 넘어선
혁신 전도사
이정동

한국에는 축적이 없다. 시행착오가 쌓이지 않는다. 늘 텅 빈 공백에서 다시 출발한다. 도전적인 '최초의 질문'이 없기 때문이다. 혁신은 시행착오에서 축적한 경험지식에서 비롯한다. 그래야 세상에 없던 제품과 서비스를 고안하는 '개념설계' 역량이 생긴다. 이 과정이 '스케일업scale-up'이다. 한국 기업은 기민한 모방으로 성공담을 썼다. 글로벌 선도 기업이 축적한 모델을 벤치마킹했다. 지금은 개념설계 역량이 부족해 제자리만 걷는다. 추격자 습속을 벗지 못한다. 이정동 서울대 공학전문대학원 교수의 글을 꾸준히 읽다 보면 드는 생각이다.

그와는 두 번 만났다. 2019년 4월 9일 처음 인터뷰했다. 그즈음 그는 대통령경제과학특보였다. 경제과학특보는 전례가 없던 직책이다.

이정동 ————————————————————————

1967년 출생 • 서울대 자원공학 박사 • 한국공학한림원 정회원 • 한국과학기술한림원 정회원 • 대통령비서실 경제과학특별보좌관 • 서울대 공학전문대학원 교수

새로운 주류의 탄생

문재인 전 대통령이 그에게 혁신성장에 관해 자문하기 위해 신설했다. 문 전 대통령은 그가 쓴 『축적의 시간』(2015)과 『축적의 길』(2017)에 감명받았다고 했다. 『축적의 시간』은 유승민 등 보수 정치인들도 추천해 화제가 됐다. 인터뷰 당시 이 교수는 문 전 대통령에게 "혁신성장, 조금 더 구체적으로는 기술혁신에 관해 조언하고 있다"라고 했다. 그는 이날 "산업을 업그레이드하려면 사람의 업그레이드가 필요하다"라고 말했다.

'사람 업그레이드'는 문재인 정부의 기조인 '사람이 먼저'라는 슬로건과 통하네요.

"지금 대기업과 제조 현장에서 (구조조정 탓에) 나오고 있는 사람 상당수가 교육을 많이 받은 분들이에요. 기술적 지식뿐 아니라 현장 경험도 많이 쌓여 있습니다. 정작 나와서 사장死藏되고 있는 실정입니다. 그분들이 회사 나와 호프집 열면 우리 산업에 축적된 기반이 없어지는 겁니다. 우리 사회가 새롭게 축적도 해야 합니다만, 지금까지 쌓아온 축적도 활용해야 해요. 그분들이 학습을 통해 업그레이드되면 고수가 되는 거죠. 그러면 일부는 필히 창업을 할 겁니다. 그게 '경력자 창업'이자 '기술기반 창업'의 사례가 되는 겁니다. 경력자 창업으로 생긴 회사는 청년들을 고용하는 선순환이 이루어져야 합니다."

혁신성장을 경제정책으로 한정할 게 아니라는 말로 들리네요.

"산업계가 그간의 관행을 일신하면서도 축적된 것을 버리지 않고 업그레이드하는 계기로 만들어야 합니다. 우리나라 물적 투자 수익률이 자꾸 떨어지고 있다고 하는데, 그 수익률을 누가 결정하나요? 똑같은 1억 달러를 써서 지은 실리콘밸리 공장과 한국 공장이 왜 각기 다른 결과물을 내놓습니까? 사람이 다르기 때문입니다. 더 정확하게는 사람에 축적된 경험의 활용도가 다르기 때문입니다."

한국이라는 항공모함

그로부터 4년여 가까이 지난 2023년 2월 6일 그의 연구실을 다시 찾았다. 기술과 안보가 얽히고설킨 현실이 자못 심각하다고 생각해서다. 미·중 패권 경쟁의 다른 말은 기술 신新냉전이다. 한국은 기로에 섰다. 신냉전의 포탄이 언제 어떤 식으로 날아들지 모른다. 고유한 전략 기술이 없으면 냉혹한 국제정치에서 '을'의 처지를 벗어나기 어렵다. 반도체·배터리를 빼면 전략 기술이 떠오르지 않는다. 반도체 수출이 급감하면서 경기둔화의 그림자까지 드리웠다. 판이 바뀌는데 출구는 흐릿해 보인다. 그에게 단도직입적으로 물었다.

한국에 반도체·배터리 말고 전략 기술이라 할만한 게 있긴 있습니까.
"반도체와 배터리는 산업이고, 이를 구성하는 기술은 여러 가지입니다. 한국에 전략 산업이 있느냐와, 전략 기술이 있느냐는 조금 다른 얘기에요. 산업으로는 그 두 개가 눈에 띄죠. 비중이 크

새로운 주류의 탄생

니까 경제를 지탱하는 것처럼 보입니다. 실제로는 반도체와 배터리가 너무 많은 주목을 받아요. 우리나라에는 두 산업 말고도 많은 산업이 있습니다. 1인당 국민소득 3만 5,000달러에 세계 4~5위 제조업을 영위하면서 자동차·휴대폰·배터리·조선·플랜트·FDA(미국 식품의약국) 신약·전투기를 다 만드는 나라는 전 세계에 몇 없습니다. 미국, 중국, 일본, 한국 정도입니다. 이 가운데 자원이 하나도 없는 상태에서 3만 5,000달러를 만든 나라는 한국이 유일합니다. 반도체와 배터리가 큰 산업이기는 한데, 그 산업만으로 3만 5,000달러에 도달한 건 아니에요. 한국이라는 항공모함이 생각보다 굉장히 커요."

높은 반도체 의존도가 한국 경제에 부메랑이 될 수 있다는 주장이 있는데요.

"반도체와 삼성전자를 구분해야 합니다. 반도체산업은 잘나가는데 삼성전자와 SK하이닉스가 죽을 쑤는 게 아닙니다. 메모리 반도체에서 두 회사가 워낙 잘하니 두 회사 실적과 반도체 업황이 구분이 안 된 상태죠. 지금의 위기는 코로나19로 인한 영향이 후행해서 나타나는 결과입니다. 곧 다시 떠오를 겁니다. 그럼 (반도체) 값이 또 오르겠죠. 노키아의 사례와는 달라요. 노키아는 (스마트폰) 산업이 떠오르는 시기에 전혀 대응을 못 했습니다. 지금은 우리 기업들이 기술 리더십을 갖고 있는 상태에서 (반도체) 사이클 문제로 나타난 현상이에요. 메모리 반도체는 아직도 긍정적으로 전망합니다."

추격해 오는 후발주자들이 있지 않습니까.

"삼성전자와 SK하이닉스가 쌓아놓은 제조 역량이 대단합니다. 중국이 쫓아오기 쉽지 않죠. 걱정을 안 할 수 없지만 과민반응할 필요는 없습니다. 최근 반도체 학과를 열심히 만드는데, 반도체 학과 출신들이 반도체를 만드는 게 아니에요. 물리학, 화학, 재료 전공자가 각기 있어야 합니다. 모터 기술도 활용되니 전기과 전공자도 필요하죠. 급하니 물리학, 화학 전공자들한테 '그런 거 하지 말고 반도체 해'라는 식인데, 지나친 위기의식이 잘못된 단기 대응으로 이어지고 왜곡을 낳습니다. 아니, 한국이 반도체로만 먹고사나요? 조선과 자동차도 있어야 할 게 아닌가요? 배터리도 배터리 학과가 아니라 소재와 화학 전공자가 협업해 만들어요. '펀더멘털한' 인력을 골고루 키우고 융합할 수 있는 환경이 조성돼야 합니다. 너무 특화된 형태로 키우면 오히려 산업 변화에 대한 적응 역량이 떨어질 우려가 있어요."

윤석열 정부와 여당은 '반도체 특별법'을 통해 시설투자 세액공제를 확대하겠다고 했는데요.

"차세대로 무얼 해야 할지 기업이 더 잘 아니까 투자 세액공제가 좋죠. 정부는 민간을 뒷받침하는 인프라, 법·제도, 거버넌스를 조성하는 게 낫습니다. 굳이 정부가 R&D(연구개발)를 하겠다면 실패를 각오한 도전적인 '차차세대'를 해야 해요. 기업이 들었을 때 고개를 갸웃거릴 수준의 R&D는 정부가 나서는 거죠."

새로운 주류의 탄생

밖으로는 중국 반도체가 위협이다. 중국의 '기술 굴기'가 심상치 않다. 미국은 첨단 반도체 제조 장비를 중국 업체에 판매하지 못하게 하는 수출 통제 조치에 나섰다. 한국에는 위기인가 기회인가.

중국은 연구자 수는 물론 R&D 비용도 압도적입니다. 이런 이유로 한 중 반도체 격차가 좁혀지리라는 우려가 여전합니다.

"D램을 포함해 한국이 잘하는 분야에서는 아직 격차가 있습니다. 돈으로 될 일이면 일찍 다 했죠. 중국 축구와 똑같아요.(웃음) 저보고 걱정하라면 중국이 역점을 두는 중급中級의 반도체 시장을 언급하겠어요. 미국은 메모리건 비메모리건 중국이 첨단 제품 만드는 걸 막으려 합니다. 그런데 실제로는 상당히 많은 기술이 첨단이 아닌 중간 단위에서 움직여요. 중국도 조금씩 전략을 바꾸는 것 같아요. 미국이 저 난리를 치니까 '오케이, 첨단 안 하고 중급 하겠다'는 겁니다. 중급은 (미국이) 안 막으니까요. 중급 시장이 생각보다 굉장히 커요. 프런티어 밑에 있는 시장에서 새로운 공정과 설계 기법을 만들면서 승부를 볼 경우 (중국에) 예상치 못한 돌파구가 열릴 수 있습니다."

한국도 중급 시장을 놓칠 수 없지 않나요.
"(고급과 중급을) 다 할 수는 없습니다."

"영국 옥스퍼드대 학술지 《과학과 공공 정책Science and Public Policy》 편집장으로 일하면서 보니 중국 논문이 100개 투고될 때 한국은 10개

수준"이라고 말씀하셨더군요.

"국내 기관에서 분석한 결과로는 인용 횟수 상위 1%의 논문 건수로도 중국이 벌써 세계 1, 2위 수준에 올랐습니다. 한국은 14위에요. 논문의 질로도 중국이 세계 1위에 올랐다는 통계도 심심찮게 나오고 있습니다. 1위건 2위건 추세로 보면 중국이 논문에서는 미국을 추월했다는 생각이 들어요. 그런데 제가 말하는 수치는 발표된 논문 기준입니다. 투고된 논문은 아무도 통계를 잡은 적이 없어요. 제가 맡은 학술지와 제가 아는 다른 학술지 편집장들에게 물은 결과를 종합하면 중국의 투고 논문이 압도적으로 많습니다. 논문 게재 거절 사유를 듣고 나면 중국 연구자들의 실력이 향상되겠죠. 이것을 계속 반복합니다."

그것이야말로 양을 통한 축적 아닌가요.
"그렇습니다. 이 과정을 통해 스케일업 하는 속도가 매우 빨라요. 우리는 부끄러워서 못 낼 것 같은데 또 내요. 그런 점이 무섭습니다."

"포항제철 지을 때 얘기"

일각에서는 기술 신냉전에 살아남기 위해 기술 독립을 주장합니다. 윤석열 대통령도 "소재나 부품, 장비 국산화를 위해 더욱 힘써야 한다"라고 했고요. 국산화가 만능열쇠는 아니지 않나요.

새로운 주류의 탄생

"알파부터 오메가까지 한국이 다 하겠다고 하면 국회의원도 좋아하고 언론도 좋아하죠. 그런데 그것이 세컨드 기술일 가능성이 높습니다. 폐쇄적 기술 주권이 아니라 협력적 기술 주권의 틀을 만들어야 합니다. 협력적 기술 주권하에서라야 경제안보도 강화됩니다. '네가 이걸 문제 삼아? 나는 이걸 문제 삼을게'라고 얘기할 수 있어야 경제안보를 지킬 수 있어요. '네가 문제 삼을 수 있으니 내가 직접 개발하겠다'라고 하면 기술 포트폴리오가 너무 넓어져 다 커버할 수가 없습니다. 독립이나 자부심 같은 단어와 연결되는 순간 특정 기술을 미는 이익집단의 이해에 매몰될 가능성도 생기고요. 기술 주권을 지키려면 역설적으로 더 개방적이고 더 협력적으로 가야 해요."

독일과 협력해야 한다는 주장은 왜 꺼냈나요.

"미국과 EU(유럽연합)는 TTC(무역기술위원회)를 해요. 여기서 나온 어젠다를 투영하는 곳이 예를 들어 '쿼드' 같은 것입니다. 쿼드의 서브 커뮤니티 중 하나가 AI 커뮤니티에요. 4명이 마주 앉아 '똑같은 거 하지 말자'며 역할 분담을 합니다. 한국도 이처럼 협력의 대안을 넓혀가야 합니다. EU는 뜯어보면 남은 나라가 프랑스와 독일뿐이에요. 두 나라 간에도 기술력 차이가 제법 벌어져 있습니다. 현재 EU의 '테크' 리더십을 쥔 나라는 사실상 독일이에요. 한국과 독일 사이에는 포트폴리오가 겹치지 않습니다. 대표적으로 스마트 팩토리 분야에서 한국과 독일이 협력하면 양쪽 다 덕 볼 일이 많죠. 한국은 기계가 약하되 소프트웨어가 강하고, 독일은 IT는 약한데 기계가 강하니까요. 주고받을 게 많습니다."

과학기술이 국제질서의 중심에 놓이는 기정학技政學 시대입니다. 국수주의적 정치인들이 국산화 담론을 이용할 여지도 있고요. 이런 현실을 무시할 수는 없지 않나요.

"무시할 수는 없는데, 유럽에서도 분위기가 달라지고 있어요. 협력을 통해 글로벌 공급망 위기를 해소할 수 있다는 논의가 나옵니다. 몇 년간 미중 갈등 탓에 기술 주권에 대한 관심이 높아지고 (각국이 기술적으로) 독립하는 방향으로 움직였잖아요. 지금은 '이것이 답이 아니네'라는 인식이 생겨나고 있어요. 그래서 각국이 짝짓기를 합니다. 쿼드도 그 일환이죠. 중국의 경우 세계 인터넷 콘퍼런스World Internet Conference를 해요. 한국도 국가적 독립의 좁은 틀을 벗어나야 합니다. 이건 19세기 쇄국에 가까운 행보입니다. 큰일 날 일이에요. 독립이라는 단어를 빨리 없애야 합니다. 혼자 돌아다니면 국제무대에서 물건 못 팔아먹습니다. 협력하지 않으면 국제표준에 끼워주지도 않아요."

국산화나 독립에 대한 착시 효과가 강해 보입니다. 옛날 신문을 보는 느낌도 나고요.

"옛날 신문이죠. 1970년대 포항제철 지을 때 얘기입니다."

그렇다면 G2 경쟁 구도에서 한국은 어떻게 대응해야 하나요.

새로운 주류의 탄생

"한국이 글로벌 밸류체인(가치사슬)상에서 중요한 역할을 할 수 있도록 깊이를 갖춘 영역을 많이 만들어야 합니다. 차세대나 차차세대에서 승부를 보던지. 우리가 상당한 규모로 산업 및 기술 기반을 갖춘 건 사실이지만, 우리나라를 통과하지 않고는 안 될 만한 산업이나 기술이 무엇이 있을까 물었을 때는 솔직히 고개를 갸우뚱하게 되거든요. 예를 들어 기술 기반 벤처 스타트업을 획기적으로 육성해서 차세대와 차차세대 기술의 싹을 키워야 해요."

"아카데미가 10만 개쯤 생겼으면…"

2019년 4월로 돌아가 보자. 대통령경제과학특보였던 그에게 '혁신성장은 단임 정부 안에 결론 내기 힘든 문제 아닌가'라고 물은 적이 있다. 겉으로 내색은 안 했지만 당시 정부의 혁신성장이 포장지만 휘황찬란한 구호에 불과하다는 문제의식에서 나온 질문이었다. 그는 "혁신성장에서는 정부(의 차이)를 반드시 넘어서야 한다. 누구라도 승계, 발전시켜야 한다"면서 "대통령을 포함해서 우리 사회 의사결정 라인에 있는 사람들 사이에 산업 혁신의 문제에서만큼은 비정치화가 필요하다"라고 역설했다. 그 사이 정권이 교체됐으니 재차 물을 필요가 있다.

정부가 바뀌면서 혁신성장에서도 단절선만 짙어 보입니다.

"오늘 읽은 논문에 따르면 역대 정부가 발표한 혁신성장 기술을 쭉 연결해 보니 거의 연속적으로 유지됐다고 해요. 이번에 (윤석열 정부가) 발표한 국가전략기술도 2021년 12월 문재인 정부가 발표한 10개 기술에 2개를 추가한 겁니다."

윤석열 정부는 문재인 정부가 2021년 12월 발표한 10대 필수전략 기술에 '첨단 모빌리티'와 '차세대 원자력'을 추가하고, 기존 '우주항공'에 '해양' 분야를 더했다. 12대 국가전략기술의 예산을 연평균 10% 안팎 증액해 앞으로 5년간 총 25조 원 이상을 투자하겠다고 했다. 그의 설명이다.

"1980~1990년대에 GDP 대비 R&D 투자 비율이 1~2%가 됐어요. 지금은 4%대입니다. 대통령은 군인이었다가 민간인으로, 보수였다가 진보로, 다시 보수로 바뀌는데도 이 비율만큼은 계속 상승했어요. 정부 예산 토의할 때 '다리 놓아라 마라' 난리 치면서도 R&D만큼은 손대면 안 된다는 공감대가 있던 겁니다. 지금 선진국 중에도 우리나라가 1인당 국민소득 5,000달러 수준일 때 들인 R&D 비용에 다다르지 못한 데가 많아요. 당시 선진국에서는 한국을 두고 '초등학교 교사도 없는 나라에서 무슨 R&D를 하겠다고 돈을 넣어?'라고 생각했겠죠. 완전히 미친 짓이었죠.(웃음) 그러나 그게 성공비법이었던 겁니다."

2025년에는 이공계 석·박사 과정 학생이 절반 이하로 감소한다는 조

새로운 주류의 탄생

사(과학기술정책연구원, 2023년 2월 3일)가 나왔습니다. 과학기술 인재 감소는 피할 수 없는 운명처럼 보이는데요.

"한국에 유학 와서 제 밑에서 공부하던 학생들이 졸업 뒤에는 100% 자국으로 돌아가요. 그들이 한국에 살면서 결혼하고 연구하면 본국서 갖고 있던 작은 인적 네트워크도 우리 자원이 됩니다. 미국의 첨단산업은 이민자가 이끌어가잖아요. 오늘날의 기술은 1970년대 기술과 달리 모두 연결돼 있어요. 이런 상황에서 우리끼리 자주적으로 뭘 해보겠다? 정말 낡은 방식이에요. 전 세계 똑똑한 젊은이들이 첫 번째까지는 아니지만 두 번째 목적지로는 한국을 택하고 판교를 택할 수 있게 (환경을) 만들어야 합니다. 인구가 줄어드는 상황에서 유일한 해결책은 고급 인재 유치입니다. 이를 위해 지금의 상식을 벗어난 수준의 아주 획기적인 움직임을 취해야 할 겁니다."

흔히 창의성을 키우기 위해 초중고 시스템에 대한 교육개혁을 해야 한다는 주장이 나오잖습니까.
"진짜 문제는 신산업이 생겨도 다른 산업에 있던 사람들이 진입을 못 한다는 점이에요. 반도체 인력이 없다고 하는데, 19세 학생이 자라서 사회에서 활동하기까지는 많은 시간이 걸릴 수밖에 없지 않습니까? 최근 반도체산업협회에서 아카데미를 하나 만들었어요. 반도체업에 진입하고 싶은 다른 업종 사람들을 (수강생으로) 받습니다. 몇 개월간 날밤으로 집중 교육을 하면 현장 투입이 가능해요. 정부도 돈을 내고 반도체 기업들도 돈을 내죠."

그가 언급한 건 2022년 12월 1일 출범한 한국반도체아카데미다. 아카데미는 산업계에 필요한 현장 인력을 양성하는 기관을 표방한다. 설계, 장비·부품·패키징 등의 분야에서 총 26개 교육 프로그램을 운영한다고 한다. 초대 원장은 이석희 전 SK하이닉스 사장이 맡았다. 이 교수의 말로 돌아간다.

새로운 주류의 탄생

"그런 아카데미가 산업별로 10만 개쯤 생겼으면 좋겠어요. AI만 해도 분야마다 쓰이는 방식이 다릅니다. 예컨대 언론홍보와 AI를 어떻게 접목할 것이냐에 대한 아카데미를 만드는 거죠. 지금은 (평생학습이) 직업교육과 실업자 대책의 성격이 뒤섞여 있어요. 레벨과 교육 수준이 낮고 하이테크 분야는 없습니다. 주로 하는 일도 (실업급여) 부정수급 단속하는 겁니다. 평생학습이라는 말이 오염된 이유죠. 대학서 졸업하는 23세까지를 담당하는 공식 교육과정과 다른 개념으로, 23세부터 80세를 포괄하는 '거대한 학교'가 필요해요. 이 학교의 연인원은 2,000만 명입니다."

2,000만 명이면 대다수 성인을 포괄하는 셈 아닌가요.

"국내 상용 근로자 규모가 2,700만 명쯤 돼요. 2,700만 명이 매해 학습 혜택을 보도록 해야 합니다. 현재 교육정책의 초점은 연 30만~40만 수준인 19세까지에 맞춰져 있어요. 돈을 수십조 원 쏟아붓고 있지 않습니까? 그러나 대학 졸업 후에는 거의 방치상태예요. 말이 안 돼요. 공식적인 교육은 그것대로 하고, 그 뒷단에 대한 고민을 진지하게 해야 합니다. 베이비붐 세대(1차 1955~1963년생, 2차 1968~1974년생)가 은퇴를 시작했습니다. 한해 100만 명씩 나와요. 제 친구들 보면 황당해요. 멀쩡히 대기업 임원 하고 나와서 완전히 막막한 겁니다. 재교육을 받아야 움직일 텐데 갈 데가 없으니 화산회에 가요. 화요일에 산에 다니는 모임.(웃음) 그들이 그간 축적했던 기반을 업그레이드해서 정당하게 활동할 수 있는 공간을 열어줘야죠."

세상은 '이정동' 하면 축적과 스케일업 등의 단어를 떠올린다. 나의 눈에 그의 활동을 관통하는 낱말은 평생학습이다. 그가 꿈꾸는 나라는 신기술에 대한 학습 기회가 넘치는 나라처럼 보인다.

> "베트남 젊은이가 한국의 아카데미에서 6개월간 교육받고 퍼포먼스가 좋다면 왜 삼성전자에 입사하면 안 되나요? 그러면 한국에서 결혼하고 아이도 낳을 게 아닙니까. 주무 부처는 고용노동부나 교육부 말고 국무총리실이나 산업통상자원부가 맡아야 합니다. 반도체 학과 같은 걸 만들면 '대학이 기업의 인력 양성소인가?'라고 문제 제기하는 분들이 있어요. (정부가) 대학에 와서 분란을 일으킬 필요가 없어요. 진짜 게임은 24세부터인데, 그들을 상대로 어마어마한 공간을 펼쳐놓아야 합니다."

로드맵 밖의 '다른different' 질문

'축적'으로 유명세를 탄 그는 2022년 4월 책 『최초의 질문』을 냈다. 책 전체를 관통하는 문장은 41쪽에 있다. "안타깝게도 한국의 혁신 생태계에서 이렇게 로드맵 밖의 질문을 받아들이지 못하는 관행이 여전하다. 로드맵 밖의 '다른different' 질문은 자기검열로 없애버리고 선진국보다 '더 좋은better' 기술 개발에 집중한다. 탁월한 문제 해결자의 습관에 빠져 있기 때문이다."

새로운 주류의 탄생

『축적의 시간』과 『축적의 길』보다 먼저 읽어야 할 책 같다고 생각했습니다.

"잘 보셨어요. 쓰고 보니 프리퀄이 됐어요."

기존의 책에서 의도했던 바가 효과를 못 냈다고 생각한 건가요.

"어떤 리더가 명시적으로 내 책을 인용했다는 얘기를 들었어요. 아무 일도 안 하고 조직 구성원들로부터 '저런 사람이 어떻게 리더가 됐지?'라는 평을 받는 사람인데, 평계 대기를 '시행착오 축적 중이니 기다려달라' 했다는 겁니다. 막연히 시간을 보낸다고 축적이 이뤄지는 게 아닙니다. 30년 차라고 해서 저절로 고수가 되는 게 아닙니다. 30년 차에도 새로운 시도를 하는 사람이 있고 아닌 사람이 있죠. 나훈아 씨는 계속해서 새로운 노래를 불러요. 쫄딱 망한다 해도 새로운 시도를 할 때 고수로 가는 길이 열립니다. 시행착오나 축적이라는 단어가 도전하지 않는 리더들의 방패막이가 돼선 곤란하다는 생각을 했습니다."

시간만 허투루 보내는 일이 고수가 되는 길인 것처럼 오용된다는 얘긴데, 원인이 뭘까요.

"2000년대 이후 우리 산업이 글로벌하게 자리 잡기 시작했잖아요. (각 산업에서) 오랜 시간을 보낸 사람이 많아졌습니다. '이 분야는 잘 안다'고 생각하는 사람이 많아지면 산업에도 모종의 루틴이 생겨요. 신산업으로 변신해야 할 상황에서 축적이 아닌 퇴직이 니더납니다. 책임은 리더들한테 있죠."

전작들의 화제성에 비하면 산업계가 정말 달라졌나 싶은 생각도 듭니다.

"젊은 친구들에게서 희망을 봐요. 벤처 스타트업 피칭pitching에 가보면 대단한 친구들이 있어요. 젊은 친구들이 뛰고 대기업이 스프링보드springboard가 돼야 합니다. 우리 대기업이 종합상사이던 시절, 지방에 있는 조그만 볼트 만드는 회사가 종합상사를 통해 물건을 팔았어요. 대기업이 제2의 종합상사 역할을 할 때가 됐습니다. 시장을 이해하고 마케팅과 엔지니어링 문제들을 해결해가면서 스케일업하는 건 아이디어를 내는 것과는 다른 문제에요. 이 스케일업에 필요한 많은 역량이 대기업에 축적돼 있습니다. 투자가 됐건 조인트벤처joint venture가 됐건 M&A(인수합병)가 됐건 여러 방식으로 (대기업과 스타트업 간의) 역할을 분담해야 합니다."

몇 년 전엔 젊은 세대를 두고 공무원만 꿈꾼다고 비판하더니, 최근에는 젊은 세대가 보상만 바란다고 낙인찍는 분위기가 있습니다.

"(사회의) 인센티브 구조가 그렇게 짜여 있다면 그에 맞춰 움직이는 게 자연스러운 일이죠. 현재 70살 된 사람들은 젊었을 때 안 그랬나요? 1970년대 초반에 똑똑한 학생들이 서울대 전기과, 전자공학과, 물리학과 간 이유가 뭡니까. 그때는 그 학과에 가는 게 사회적으로 숭상받았기 때문이죠. (수능에서) 만점 받은 학생들이 의대 가는 걸 보면 진짜 가슴 아파요. 그렇다고 학생이나 부모를 욕할 수는 없죠. 훌륭한 인재가 미래를 개척할 인센티브

새로운 주류의 탄생

구조를 어떻게 만들지 고민해야지, MZ세대의 품성을 이야기할 일은 아닙니다."

꾸준히 대중과 소통하는 이유는 뭔가요.
"제 연구 분야는 기술 진화의 원리입니다. 연구를 하는 궁극적 이유는 새로운 것이 창발되는 원리를 알아내고 싶어서예요. 제가 쓰는 칼럼과 책은 기술 진화의 근본 원리를 대중적으로 설명하려는 시도예요. 많은 사람이 자신의 회사를 애플처럼, 자기 자신을 스티브 잡스처럼 만들 수 있는 과학적 원리를 찾고자 합니다. 이 원리를 전파하는 것이 저의 소명이에요."

2019년 4월 첫 번째 인터뷰는 그가 꺼낸 아래와 같은 말로 마무리됐다. 1시간 30분의 대화를 마치고 나니 두 번째 인터뷰의 마무리로도 제격이겠다 싶었다.

"1960~1980년대에는 땅, 기계, 외자 도입을 통해 전략산업을 키웠어요. 1980년대 중반 R&D 개념이 처음 등장합니다. '반도체를 하자' 그러면 이에 필요한 R&D를 집중 지원하자면서 인력을 양성했죠. 선진국이 하는 걸 보고 일정하게 영토가 마련된 곳에 뛰어들었어요. 지금은 선진국 산업 중 우리가 잘할 것 같은 걸 뒤따라 하려 해도 중국이 더 잘합니다. 이제는 'New to the World', 전 세계가 안 해본 것을 해야 합니다."

나가며—
고독하게
결단하는
대통령을 넘어[20]

'청와대 정부'라는 말이 있다. 박상훈 국회미래연구원 초빙연구위원이 고안한 개념이다. 상아탑 바깥에서 민주주의에 대해 강의하고 글을 쓰는 몇 안 되는 정치학자다. 그가 문재인 정부 임기 초인 2018년 낸 책의 제목이『청와대 정부』다. 대통령이 보좌조직인 청와대에 권력을 집중시켜 정부를 운영하는 자의적 통치 체제를 뜻한다. 청와대 주도의 만기친람萬機親覽식 국정 운영이다. 문제의식을 응축한 표현이다.

"청와대는 대통령제를 유사 군주정으로 이끄는 역할을 한다. 대통령을 국민주권의 구현자로 여기고, 의회나 정당들로부터 간섭받지 않는 국가 지도자이기를 바란다. 대통령을 대신해 자신들이 모든 것을 관장하고 지휘하지 않으면 일이 되지 않을 것 같은 강박관념은 '청와대가 권력이 되는 정부'를 낳는다. (…) 그런 청와대는 '민주적 책임 정

---

20 여기서는《신동아》2023년 8월 호에 필자가 쓴〈문재인의 '청와대 정부', 윤석열의 '차관 통치'〉의 내용 일부를 활용했음을 밝혀둔다.

부'와 양립할 수 없는 형용모순이다."

우리가 아는 '수석비서관'도 권위주의의 유산이다. "부처별 수석 체제는 수석이 장관 위에 군림해 부처를 무력화하고, 엄격한 관할권으로 인해 부처 간 협력을 저해하는 것이 문제점으로 지적"됐다. 이는 "행정부 통제를 목적"으로 한다. 신현기 가톨릭대 교수의 논문 「민주화 이후 제도적 대통령의 재구조화에 관한 연구」(《한국행정학보》, 49권 3호, 361~390쪽)에 나오는 대목이다.

여기다 문재인 정부는 장관급인 정책실장을 부활시켰다. 정책실장 밑에 경제수석·사회수석과 별도로 일자리수석과 차관급인 경제보좌관·과학기술보좌관을 뒀다. 정책기획비서관과 통상비서관도 정책실장 밑에서 일했다. 가히 부총리급 위상이다. 자연히 내각의 존재감은 약해졌다. 전형적인 '청와대 정부'다.

그런 청와대는 사라졌다. 공간은 그대로지만 국정의 컨트롤타워 자격을 상실했다. 윤석열 대통령은 집무실을 서울 용산으로 옮겼다. 언론과 소통하겠다며 도어스테핑(출근길 문답)도 했다. 제왕적 대통령제를 탈피하겠다는 취지였다. '청와대'라는 단어가 사라진 자리는 '대통령실'이 채웠다. 여권 인사들은 사석에서 약칭으로 '용산'이라는 말을 애용한다. "용산의 기류" "용산의 구상"이라고 표현하는 식이다.

'용산 시대'에 민주적 책임 정부는 구현됐는가. 실상은 청와대만 떠난 '청와대 정부'다. 내각과 여당이 강해지기보다는 '용산'의 힘이 다른 형태로 세졌다. 대통령실 비서관들이 부처 차관으로 직행하는 사례가 잇달았다. '차관 통치'라는 단어가 회자된 배경이다. 차관은 국정의 핵심 파이프라인이다. 대통령실 수석과 직통으로 일하기 때문이다. 물론 눈에 보이지 않는 상하관계가 있다. 수석이 차관급이니 부처 차관과 수평적으로 일할 것이라고 생각하면 오산이다.

　민주당 정권에서 두 차례 차관을 지낸 전직 관료는 "청와대 정책실에서 어떤 이슈에 관해 소관 부처에 검토를 지시하면 각 부처가 보고서를 쭉 올린다. 궁극에는 조정을 위해 청와대에서 수석들이 참여하는 회의가 열리고 부처 차관들이 간다"라고 말했다. 이어 "수석들이 차관들을 질책할 경우를 대비해 미리 준비를 많이 한다. 그 자리에서 수석과 차관 사이에 실질적인 안案이 만들어지는 경우가 많다"라고 덧붙였다.

　수석과 차관은 청문회도 거치지 않는다. 권력을 위임받는 절차가 생략됐다. 이렇게 임명된 차관이 장관을 건너뛰는 '하극상'을 연출할 필요도 없다. 원래 차관이 하던 일, 즉 수석과 소통만 잘하면 된다. 대통령실의 헤게모니가 큰 상황에서는 그것만으로도 차관에게 힘이 실린다. 실권 없는 장수長壽 장관이 나오기 딱 좋은 구조다. 대통령의 전·현직 참모가 대통령의 대리자로서 현안을 챙기면서도 책임은 지지 않는다는 비판이 나오기 쉽다. 자칫 부처가 대통령실의 '세종시 출장소'라는 비아냥거림이 나올 수 있다. 여당을 '여의도 출장소'라고 부르듯이 말이다. '출장소'의 횡행은 결국 강력한 대통령제의 방증이다.

　'청와대 정부' 개념의 고안자인 박상훈 국회미래연구원 초빙연구위원에게 직접 평가해 달라고 했더니 이런 설명이 돌아왔다.

　"대통령의 국정 철학을 아는 사람이 (차관으로) 간다는데, 안 될 말입니다. 현대 정부론에서는 권력을 쪼개 균형을 만듭니다. 대통령의 철학을 아는 사람이 부처도 장악하고 정당도 장악하면 큰일 나요. 부처의 자율적인 역할이 있습니다. 부처 견제는 정당과 국회가 할 일이에요. 대통령은 오케스트라 지휘자로서 이를 뒷받침하는 존재고, 비서관들은 스태프staff에 불과합니다. 대통령실 자체가 정부조직법에 없어요. 청문회를 한 것도 아니고 대통령이 마음대로 임명할 수 있는데, 이들을 (부처에) 파견하는 건 민주주의 정부 운영 원칙에 어긋나요. 현 정부도 (대통령실) 인원만 줄이고 장소만 청와대에서 옮겼을 뿐, (전 정부와) 구조는 비슷해지고 있어요. 1987년 민주화 이후 청와대가 대통령의 권력을 지키기 위해 내각과 정당을 다양한 형태로 수직 통합하는 게 문제인데, 윤석열 정부도 같은 모습이에요."

역대 대통령은 상징적이라고 할 만한 어젠다를 추구했다. 이를 통해 역사에 제 이름 석 자를 남기려했다. 건국의 공로가 있는 이승만, 산업화를 일군 박정희, 경제 자유화에 시동을 건 전두환, 북방정책을 추진한 노태우, 최초의 문민정부로 기록된 김영삼, 대북포용 정책을 내건 김대중, 탈脫권위의 시대를 연 노무현 등이 있다. 이와 비교하면 이명박, 박근혜 대통령의 유산은 또렷하지 않은 편이다. 뒤이어 집권한 문재인, 윤석열 두 대통령의 절박감을 이해하지 못할 바는 아니다.

실제로도 문 전 대통령이나 윤 대통령 공히 집권과 동시에 개혁을 공언했다. 두 대통령이 사용한 용어는 적폐청산(문 전 대통령)과 반反카르텔(윤 대통령)이다. 다른 표현이지만 실상은 공통점이 많다. 적폐와 카르텔의 자리에는 공직사회와 야당이 있다. 윤석열 정부의 경우, 국회 다수당인 야당을 상대한다. 대통령은 야당 탓에 노동·교육·연금 등 3대 개혁이 어려움에 처했다고 인식할 공산이 크다. 3대 개혁에 진전을 이루려면 국회 입법이 필수이기 때문이다.

새로운 주류의 탄생

고로 개혁을 완수하겠다는 사명감이 커질수록 역설적이게도 '청와대 정부'의 성격이 짙어진다. '복지부동하는 공직사회'와 '발목 잡는 야당'이란 프레임이 내면화한다. 이들과 맞서려면 대통령을 중심으로 한 통치 구조를 더 단단히 다져야 한다는 생각으로 미끄러질 개연성이 생긴다. 남는 결과는 정치의 실종이다. 박상훈 초빙연구위원은 이렇게 우려 섞인 진단을 내놓는다.

"그것은 일종의 개혁군주에 가까운 태도인데, 민주주의가 아닙니다. 대통령이 민주적이냐 판단하는 기준은 딱 하나예요. '정치를 존중하느냐 안 하느냐'입니다. 제가 '청와대 정부'를 문제 삼았던 이유는 정치하지 않는 대통령들이 출현하기 시작했기 때문이에요. 3김(김영삼·김대중·김종필)은 정치를 기본으로 했고, 노무현·이명박 대통령까지도 정치의 기능이 없지 않았습니다. 그다음부터는 정치에서 스스로 멀어지는 이상한 통치자들이 나와요. 정치에서 멀어지면 무슨 방법으로 견제합니까. 정말 문제예요."

2021년 11월 12일 늦은 오후. 윤석열 국민의힘 대선후보를 1시간여 인터뷰했다. 같은 팀에서 일하던 배수강 선배가 마련한 자리에 동석할 기회를 얻었다. 무척이나 궁금했다. 대체 어떤 사람일까. 사실 나는 그날의 대화가 제법 마음에 들었다. 그에게서는 겸양이 엿보였고 또 유연했다. 단점을 캐묻는 질문에도 별다른 반박 없이 자신을 낮추는 자세를 보였다. 모르면 모른다고 했고, 아는 것에 대해서도 딱히 과시하지 않았다. 개방적이고 탈권위적인 사람으로 보였다. 이 사람이 그 강골强骨 검사가 맞는지 궁금해질 정도였다.

그러니 그가 집권 이후 보인 모습에 적잖게 놀랐다. 때마다 그의 입에서 나오는 "반국가 세력"이라는 표현에서는 나쁜 의미에서 전사戰士의 모습이 비쳤다. 폐쇄적이고 권위적인 지도자의 상이다. 왜 이런 사태가 벌어졌을까. 권력을 쥐니 사람도 달라진 걸까. 이유를 알고 싶었다. 어쩌면 그날의 대화에서 단초를 발견할 수 있지 않을까. 그렇게 나는 1만 자가 넘는 녹취록을 다시 읽었다. 그러다 녹취록의 끄트머리에 시선이 멈췄다.

> **마지막 질문입니다. 역대 대통령 중 가장 닮고 싶은 인물은 누구이며 그 이유는 무엇입니까.**
>
> "박정희 전 대통령은 권위주의, 독재, 유신이라는 그림자를 갖고 있지만 당시 박 전 대통령이 국가의 미래 비전을 설정해 (산업화를) 밀어붙이지 않았다면 우리나라가 이렇게 민주화가 됐겠는가 생각합니다. 김대중 전 대통령은 그렇게 탄압을 많이 받았는데도 화해와 용서를 통해 국민통합을 이끌어 냈고, IMF(국제통화기금) 위기를 극복하면서 상당한 경제발전을 이룩했습니다. 한일 관계에서의 '김대중-오부치 선언', 남북 사이에서의 6·15 선언을 이뤄냈고 그것이 노벨평화상 수상의 이유였죠. 하지만 그분이 IT(정보기술) 기반을 구축해 경제발전에 크게 기여한 점은 사람들이 스치고 지나가는 경우가 많습니다. 또 보편적 원리에 따라 원칙 있는 국정 운영을 해왔다는 점을 굉장히 높게 평가합니다. 대통령이 엄청난 권력을 가진 것 같지만, 정치적 카오스(혼돈) 안에서 중심을 잡아야 하기 때문에 늘 고독한 결단을 해야 합니다. 역대 대통령 모두 어려운 상황을 헤쳐 나갔을 겁니다.

그중에서도 두 분(박정희·김대중)은 특히 통찰력을 갖춘 분들이었다고 생각합니다."

당시만 해도 나는 이 발언에 윤석열의 명예심이 녹아 있다고 생각했다. 역사에 자기 어젠다를 남긴 두 전직 대통령과 같은 반열에 오르고 싶다는 뜻으로 읽혔다. 보다 정직하게는, 그의 장점이 드러난 발언으로 평가했다. 이제야 알겠다. 내가 중요한 걸 놓쳤다. 집무실에 틀어박혀 '고독한 결단'을 내리는 대통령은 민주주의와 거리가 멀다. 권력 꼭짓점에 위치한 1인의 말 한마디에 운영되는 국정은 효율적일 순 있어도 민주적이지는 않다. 운이 좋아야 효율이지, 확률적으로는 부작용을 양산할 위험이 다분하다.

지금이라도 윤 대통령이 '고독한 결단' 대신 시끌벅적한 타협을 지향하기를 바란다. '양당 모두 싫다'는 사람이 왜 늘고 있는지 곰곰이 복기해 볼 일이다. 혹여 "이번 대통령도 독선에 빠져 허송세월했다"라는 말이 나온다면 그건 개인의 실패가 아니다. 갈림길에서 책을 내놓으며 내게 묻는다. 적대가 뉴노멀New Normal인 걸 알면서도 왜 이 책을 썼냐고. 나의 답으로 긴 여정을 마무리한다. "표준은 바뀌기 마련입니다. 바뀐 표준을 설계한 사람들을 새로운 주류라 칭합니다. 선불리 포기할 일이 아닙니다."

참고문헌

- 강원택, 「2017년 대통령선거에서의 보수 정치: 몰락 혹은 분화?」, 《한국정당학회보》 제16권 2호, 5~33쪽.
- 강준만, 〈강준만의 화이부동: 왜 이준석은 그런 오판을 했을까?〉, 《경향신문》, 2023년 3월 15일 자.
- 고재석, 〈문재인의 '청와대 정부', 윤석열의 '차관 통치'〉, 《신동아》, 2023년 8월 호.
- 금태섭, 『이기는 야당을 갖고 싶다: 고백한다. 우리의 실패를 생각한다. 이기는 방법을』(푸른숲, 2015).
- 금태섭, 〈현직검사가 말하는 수사 제대로 받는 법: 피의자가 됐을 때 차라리 아무 것도 하지 말라〉, 《한겨레》, 2006년 9월 10일 자.
- 김규항, 『혁명노트』(알마, 2020).
- 김난도·최지혜·이수진·이향은, 『더현대 서울 인사이트: 사람들이 몰려드는 '페르소나 공간'의 비밀』(다산북스, 2022).
- 김소희, 〈김소희의 정치의 품격: 이 꼴 저 꼴 다 보기 싫을 때, 유승민〉, 《한겨레21》, 1433호.
- 김용범, 권순우 정리, 『격변과 균형: 한국경제의 새로운 30년을 향하여』(창비, 2022).

새로운 주류의 탄생

- 김정훈, 〈盧대통령 '일본제국 흥망사' 탐독〉, 《동아일보》, 2005년 4월 5일 자.
- 김종인·곽효민, 『김종인, 대화: 스물 효민 묻고, 여든 종인 답하다』(동아일보사, 2021).
- 김준형, 『영원한 동맹이라는 역설: 새로 읽는 한미관계사』(창비, 2021).
- 김현미, 〈홍세화 "민주건달들이여 진보를 참칭하지 마라"〉, 《신동아》, 2021년 1월 호.
- 김훈, 『밥벌이의 지겨움: 김훈 世說, 두 번째』(생각의나무, 2007).
- 대런 아세모글루·제임스 A. 로빈슨, 장경덕 옮김, 『좁은 회랑: 국가, 사회 그리고 자유의 운명』(시공사, 2020) (원제: The Narrow Corridor: States, Societies, and the Fate of Liberty).
- 도리스 키언스 굿윈, 이수연 옮김, 『권력의 조건: 라이벌까지 끌어안은 링컨의 포용 리더십』(아르테, 2013) (원제: Team Of Rivals: The Political Genius Of Abraham Lincoln).
- 라종일·김현진·현종희, 『한국의 발견: 한국인은 스스로를 어떻게 발견하고 있는가』(루아크, 2021).
- 박노자, 〈박노자가 옛 동료 진중권에게 "문재인 정권 진짜 권력 아니다"〉, 《한겨레》 홈페이지, 2020년 12월 11일. https://www.hani.co.kr/arti/society/society_general/973828.html.
- 박상훈, 『청와대 정부: '민주 정부란 무엇인가'를 생각하다』(후마니타스, 2018).
- 박수찬, 〈정치에 할 말 있다 [14] 조갑제 조갑제닷컴 대표: "이준석, 보수에 경쟁과 활기를 줄 사람… 젊을 때 YS 닮았다"〉, 《조선일보》, 2023년 12월 4일 자.
- 서울대학교 공과대학·이정동, 『축적의 시간: 서울공대 26명의 석학이 던지는 한국 산업의 미래를 위한 제언』(지식노마드, 2015).

- 손낙구, 『부동산 계급사회』(후마니타스, 2008).
- 손낙구, 『조세 없는 민주주의의 기원: 1934~60년 세무 기구 분석』(후마니타스, 2022).
- 스티븐 레비츠키·대니얼 지블랫, 박세연 옮김, 『어떻게 민주주의는 무너지는가: 우리가 놓치는 민주주의 위기 신호』(어크로스, 2018) (원제: How Democracies Die).
- 시오노 나나미, 김석희 옮김, 『로마인 이야기 6: 팍스 로마나』(한길사, 1997) (원제: ローマ人の 物語).
- 신기욱, 이진준 옮김, 『한국 민족주의의 계보와 정치』(창비, 2009) (원제: Ethnic Nationalism in Korea: Genealogy, Politics, and Legacy).
- 신기욱, 『민주주의의 모험: 대립과 분열의 시대를 건너는 법』(인물과사상사, 2023).
- 신현기, 「민주화 이후 제도적 대통령의 재구조화에 관한 연구」《한국행정학보》 제49권 3호, 361~390쪽.
- 심상정, 『실패로부터 배운다는 것: 무엇을 버리고 무엇을 지킬 것인가』(웅진지식하우스, 2013).
- 얀-베르너 뮐러, 노시내 옮김, 『누가 포퓰리스트인가: 그가 말하는 '국민' 안에 내가 들어갈까』(마티, 2017) (원제: What is Populism?).
- 에드먼드 버크, 이태숙 옮김, 『프랑스혁명에 관한 성찰』(한길사, 2008) (원제: Reflections on the Revolution in France).
- 오연호·조국, 『진보집권플랜: 오연호가 묻고 조국이 답하다』(오마이북, 2010).
- 유시민, 『어떻게 살 것인가: 힐링에서 스탠딩으로!』(생각의길, 2013).
- 유재성, 「부동층과 이동 투표자의 특성과 투표 선택」, 동아시아연구원(EAI) 워킹페이퍼. https://www.eai.or.kr/new/ko/project/view.asp?intSeq= 21249&code=115.
- 이동학, 『쓰레기책: 왜 지구의 절반은 쓰레기로 뒤덮이는가』(오도스, 2020).

- 이정동, 『축적의 길: 축적의 시간 두 번째 이야기』(지식노마드, 2017).
- 이정동, 『최초의 질문: 기술 선진국의 조건』(민음사, 2022).
- 이창위, 『토착왜구와 죽창부대의 사이에서: 국제법과 국제정치로 본 한일 관계사』(박영사, 2023).
- 정진민·길정아, 「18대 대선에서 나타난 한국 무당파 유권자의 특성과 행태: 인지적 동원을 중심으로」, 《국가전략》 제20권 3호, 135~162쪽.
- 조국백서추진위원회, 『검찰개혁과 촛불시민: 조국 사태로 본 정치검찰과 언론』(오마이북, 2020).
- 찰스 굿하트·마노즈 프라단, 백우진 옮김, 『인구 대역전: 인플레이션이 온 다』(생각의힘, 2021)(원제: The Great Demographic Reversal: Ageing Societies, Waning Inequality, and an Inflation Revival).
- 최병천, 『좋은 불평등: 글로벌 자본주의 변동으로 보는 한국 불평등 30년』(메디치미디어, 2022).
- 프랜시스 후쿠야마, 이수경 옮김, 『존중받지 못하는 자들을 위한 정치학: 존 엄에 대한 요구와 분노의 정치에 대하여』(한국경제신문, 2020)(원제: Identity: The Demand for Dignity and the Politics of Resentment).
- 한규섭, 〈[동아광장] 윤석열 대통령의 최대 리스크〉, 《동아일보》, 2022년 8월 9일 자.
- Ross Douthat, "Is South Korea Disappearing?", 《The New York Times》, 2023. 12.2.

새로운
주류의
탄생

김규항

금태섭

유승민

오세훈

이준석

김종인

안철수

김세연

최병천

김용범 신기욱 라종일 임지현 손낙구 조성주 이창위

이정동 이동학

혐오와 극단을 넘는
열여덟 번의 대화

새로운 주류의 탄생

혐오와 극단을 넘는 열여덟 번의 대화

© 고재석, 2024, Printed in Seoul, Korea

초판 1 쇄 찍은날	2024년 2월 7일
초판 1 쇄 펴낸날	2024년 2월 21일
지은이	고재석
펴낸이	한성봉
편집	최창문·이종석·오시경·권지연·이동현·김선형·전유경
콘텐츠제작	안상준
디자인	최세정
마케팅	박신용·오주형·박민지·이예지
경영지원	국지연·송인경
펴낸곳	도서출판 동아시아
등록	1998년 3월 5일 제1998-000243호
주소	서울시 중구 퇴계로30길 15-8 [필동1가 26] 무석빌딩 2층
페이스북	www.facebook.com/dongasiabooks
전자우편	dongasiabook@naver.com
블로그	blog.naver.com/dongasiabook
인스타그램	www.instargram.com/dongasiabook
전화	02) 757-9724, 5
팩스	02) 757-9726
ISBN	978-89-6262-057-3 03340

만든 사람들

편집	김선형·전인수
디자인	페이퍼컷 장상호